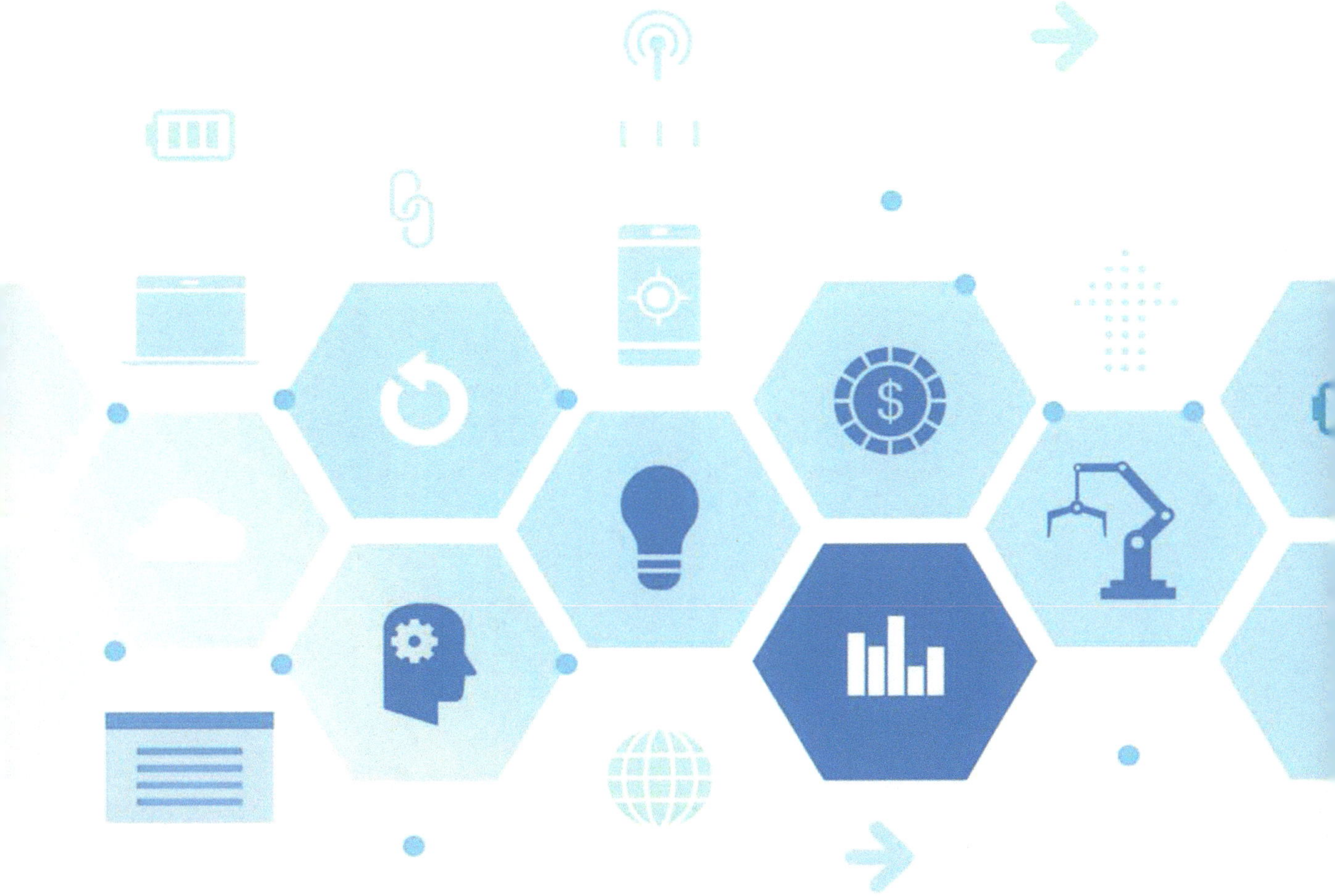

TECHNOLOGY ROADMAP FOR SME

중소기업 전략기술로드맵
2022-2024
기능성 식품

중소벤처기업부, 중소기업기술정보진흥원

기둥 서기

Contents

◆ 전략 분야

전략분야 선정배경 ·· 1

기능성 식품
1. 개요 ··· 7
2. 시장 분석 ·· 13
3. 기술 분석 ·· 23
4. 정책 분석 ·· 29
5. 중소기업 전략 제품 ·· 37

◆ 전략 제품

가정간편식 제품(HMR 제품)
1. 개요 ·· 46
2. 산업 및 시장 분석 ·· 51
3. 기술개발 동향 ·· 58
4. 특허 동향 ·· 67
5. 요소기술 도출 ·· 78
6. 전략제품 기술로드맵 ·· 83

건강기능성 식품
1. 개요 ·· 92
2. 산업 및 시장 분석 ·· 99
3. 기술개발 동향 ·· 104
4. 특허 동향 ·· 113
5. 요소기술 도출 ·· 124
6. 전략제품 기술로드맵 ·· 129

특수용도식품(케어푸드)

1. 개요 ·· 136
2. 산업 및 시장 분석 ·· 141
3. 기술개발 동향 ·· 149
4. 특허 동향 ··· 160
5. 요소기술 도출 ·· 171
6. 전략제품 기술로드맵 ··· 176

대체식품

1. 개요 ·· 184
2. 산업 및 시장 분석 ·· 189
3. 기술개발 동향 ·· 195
4. 특허 동향 ··· 203
5. 요소기술 도출 ·· 214
6. 전략제품 기술로드맵 ··· 219

반려동물 식품/기능성 사료

1. 개요 ·· 226
2. 산업 및 시장 분석 ·· 233
3. 기술개발 동향 ·· 239
4. 특허 동향 ··· 249
5. 요소기술 도출 ·· 260
6. 전략제품 기술로드맵 ··· 265

기능성 식품

전략분야 선정배경

　기능성 식품은 물리적·생화학적·생물공학적 수법 등을 이용하여 해당 식품의 기능이 특정 목적에 작용/발현되도록 부가가치를 부여한 식품으로, 코로나19 판데믹 이후 급속도로 성장하고 있다. 소비자들의 건강 및 면역에 대한 관심 고조 및 재택근무, 원격 수업 등 라이프스타일 변화로 인해 건강 기능성과 편의성을 강화한 제품에 대한 수요가 높아지고 있으며, 탄소중립 및 ESG경영 등의 글로벌 정치/사회적 요구로 인해 친환경성을 강조한 지속가능한 식품 생태계가 조성되고 있고, 생명공학 기술 및 IT 기술의 진보의 영향으로 대체육 개발, 인공지능 기반 개인맞춤형 식품 개발 등이 가속화되고 있다.

　국내외 시장조사기관의 식품 분야의 최근(2020년~2021년) 트렌드를 종합한 결과 건강추구, 지속가능성의 트렌드가 도출되었다. 건강추구의 경우 면역 강화를 위한 기능성 소재, 신선하고 건강한 원재료 등이 주요 키워드이며, 지속가능성의 경우 업사이클링, 대체육을 포함한 식물성 제품 등이 주요 키워드인 것으로 나타났다.

[기능성 식품 분야 관련 미래전망자료]

출처	핵심 트렌드	주요 내용 및 키워드
네덜란드 이노바 마켓인사이트 (Innova Market Insights) '2022년 글로벌 식품 트렌드 전망'	지속가능성, 식품 기술 진화, 소비자 참여	• 지구의 건강(Shared Planet) • 식물성 제품(Plant based the canvas for Innovation) • 식탁 위 기술(Tech to Table) • 식생활 변화(Shifting Occasions) • 소비자 목소리(Voice of the consumer) • 장 건강(Gut Glory) • 원산지로 회귀(Back to the Roots) • 새로운 경험에 대한 갈망(Amplified Experiences) • 업사이클링(Upcycling Redefined) • 나의 가치와 브랜드(My Food, My Brand)
KOTRA 해외시장 뉴스 2021 미국 식품 트렌드	미래대비 식품	• 팬데믹으로 인해 면역 강화·소화기관 및 뇌 건강·에너지 등 건강한 미래를 위한 식품에 지속적인 관심 전망 • 견과류 등의 슈퍼 푸드와 프로바이오틱 식품에 주목
	키토테리언 식품	• 일반 키토 식단에서 한발 더 나아가 '식물 기반(Plant-based)' 식품으로 변화를 준 키토테리언 제품이 주목받고 있음
2021 대한민국 식품대상	지속가능성	• 지속가능성을 추구하는 '미닝 아웃'(개인의 신념이나 가치관을 표출하는 소비 행위) 소비자의 증가로, 친환경성도 제품 선택에 있어서 중요한 요소가 됨
	건강추구	• 코로나로 인한 건강 관심 고조로 인해 건강한 재료를 찾는 소비자들이 크게 늘었으며, 가정 간편식에서도 기능성 및 신선함이 중요해짐
	편의성	• 외식이 제한된 상황에서 레스토랑 음식을 집에서 즐길 수 있는 RMR(Restaurant Meal Replacement) 제품이 다양

전략분야 선정배경

산업계 역시 최신 트렌드에 맞는 제품 개발 및 연구를 지속하고 있다. 글로벌 종합 식품 기업 네슬레(Nestle)는 저탄수화물, 고단백 채식 HMR을 출시했으며, 우유단백질(Cow's Milk Protein Allergy, CMPA)에 알러지가 있는 영아를 위한 기능성 성분 관련 연구를 지속하고 있다. 또한, 지속가능성 제품에 대한 요구에 대응하기 위해 대체육 브랜드 '스위트 어스'를 출시하고 맥도날드 등 패스트푸드 업체에 공급하고 있다.

또한, 세계 각국은 기능성 식품 산업의 부흥 및 소비자 안전 확보를 위해 다양한 정책을 발표하고 있다. 미국의 경우 2021년 영양성분표, 1회 섭취 참고량 관련 의무표시대상 및 기준을 변경했으며, 일본의 경우 2015년부터 기능성표시식품제도를 실시하고 있으며, 2020년 HMR에 관한 표시 기준을 제정했다. 중국의 경우 2019년부터 식품안전법 실시조례를 시행하여 식품안전 기준을 강화하고 있으며, 유럽의 EU 집행위원회는 식품기본법의 일부 개정을 공식적으로 제안하면서 식품안전관리의 투명성과 지속가능성을 보완하고 있다.

국내의 경우 2020년부터 일반식품 기능성 표시제를 시행 중이며, 농림축산식품부는 '2021년 고부가가치식품기술개발사업 시행 계획'을 발표하고, 미래대응 식품, 차세대 식품가공, 식품 품질/안전, 5G기반 식품안전생산 관련 46개 신규과제에 186억 5,200만원을 투자했다.

[2021년 고부가가치식품기술개발사업 신규과제 지원 규모]

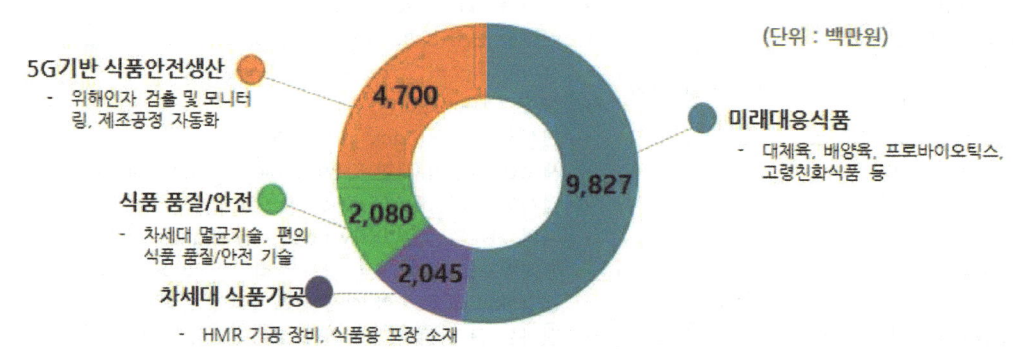

출처 : 농림축산식품부, 2021년도 고부가가치식품개발사업 시행계획(2021), (주)윕스 재가공

미래대응식품의 경우 '포스트 코로나'에 대응하기 위한 대체식품, 맞춤형 식품, 포스트 바이오틱스 등 유망분야를 집중 지원할 계획이며, 차세대 식품 가공의 경우 식품 품질·안전 확보 등 소비자가 신뢰할 수 있는 고품질·안심 먹거리 공급을 위한 식품 가공 및 포장기술 개발할 계획이다. 또한, 식품 품질/안전의 경우 소비·경영환경 변화, 원료·제품군 다양화 등에 따른 새로운 가공 기술 및 친환경 식품포장 기술 개발할 계획이며, 5G기반 식품안전생산의 경우 과기부와 협업하여 식품 생산공정의 디지털화 및 지능화를 위한 데이터·네트워크·A.I. 기반 기술 개발·실증 연구를 진행할 계획이다.

기능성 식품 분야는 중소기업의 전체 기술 수요 대비 1.21%의 비중으로, 현재까지 중소기업의 기술수요는 높지 않은 분야로 조사 되었으나, '건강기능식품 기능성 소재 발굴 및 개별인정원료 진행', '기능성 어린이 영양 간식 개발', '반려동물용 고부가가치 의약품 및 식품소재' 등의 건강기능성 식품, 특수용도 식품, 반려동물 식품을 위한 기능성 소재 관련 기술과 '진공저온조리법(수비드)을 이용한 신선유통형 반조리 식재료 및 건강증진형 편이식품 개발' 등의 가정간편식 제품(HMR)의 가공과 관련한 기술의 수요가 있는 것으로 나타났다.

기능성 식품 분야는 메가트렌드 및 부처별 정책자료 분석을 통해 도출된 7대 핵심투자주제 중 '도시집중, 저출산, 고령화 등 사회문제 해결'을 위한 가장 핵심적인 분야로 도출되었다. 식품산업은 전통적으로 국민에게 안전한 먹거리를 공급해 국민의 건강을 지키고 국가의 기틀을 유지하는 기간산업으로, 사회 구조와 라이프스타일의 변화에 대응하기 위한 기능성과 편의성이 강화된 식품 개발이 가속화되고 있으며, 식품 생산과 소비의 선순환 구조를 새롭게 만드는 푸드 업사이클 시장의 성장이 기대되고 있다.

IT 기술 및 생명공학기술 발전은 기능성 식품 분야의 발전을 가속화시키고 있다. AI, 빅데이터, IoT(사물인터넷) 등 ICT기술과 식품산업을 결합한 푸드테크(Food-Tech)의 등장으로 맞춤형 영양, 3D 프린팅 기반 식품 소재 생산, 가공 공정의 스마트화 등의 새로운 기술 분야가 도출되었으며, 생명공학기술의 발전으로 대체육 및 배양육 생산이 가능해졌다.

사회 환경 변화 및 신산업 분야 도출로 인해 기능성 식품 분야의 지속적인 시장성장이 전망되는 만큼 산-학-연 협력을 통한 차별화된 기술 개발을 통해 시장경쟁력 확보를 위한 전략 수립이 필요할 것으로 판단된다.

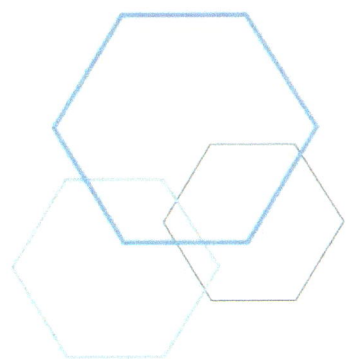

전략분야 현황분석

기능성 식품

기능성 식품

1. 개요

가. 일반적 정의

(1) 정의

☐ '기능성식품'이란 용어는 "물리적·생화학적·생물공학적 수법 등을 이용하여 해당 식품의 기능을 특정목적에 작용 및 발현하도록 부가가치를 부여한 식품으로서 해당 식품의 성분이 생체 방어와 신체리듬의 조절, 질병의 방지 및 회복 등에 관계하는 신체조절기능을 생체에 충분히 발휘하도록 설계하고 가공한 식품"을 의미하는 것으로 정의함

☐ 국내의 경우 기능성 식품은 일반 식품의 범주에 속하며, 영양소 공급(기본 기능) 이상의 건강에 유익한 기능을 가진 식품을 의미함

- 일일 권장량만큼 섭취하고 인체에 유용한 원료를 사용하여 기능성을 보장하는 기준 규격에 맞게 제조한 식품으로, 의약품과 달리 질병 상태의 치료가 목적이 아니라 생체기능의 활성화를 통해 질병 발생위험을 감소시키거나 건강유지 및 증진을 목적으로 함

- 일반적으로 기능성식품은 일반식품과 의약품 사이의 모호한 범주(grey area)에 속하며, 식품과 식품 형태를 취하면서, 특정한 건강 강화 특성을 제공하는 것으로 받아들여짐

[기능성 식품의 범주]

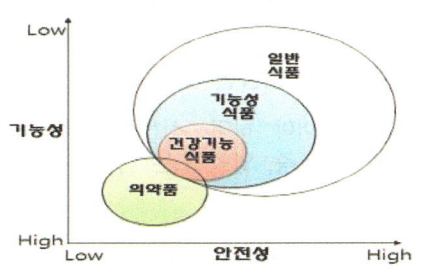 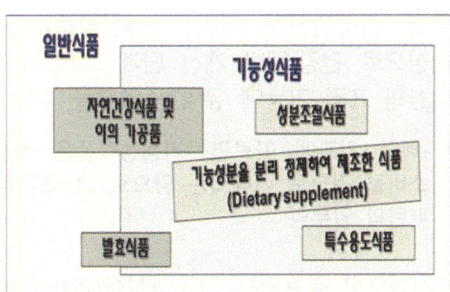

* 출처(좌) : 농림수산식품부 식품산업정책과, "2015년 기능성식품 개발 빨라진다." (2011)
* 출처(우) : 농림축산식품부, 고부가가치 식품소재 육성방안 연구(2017)

- 식품의 기능은 일반적으로 1차 영양 기능, 2차 감각적·기호적 기능, 3차 생체조절 기능으로 분류되며, 이 중 기능성 식품은 건강 유지 및 증진에 도움이 되는 생체조절 기능인 3차 기능에 초점을 맞추고 있음

- ☐ 국내의 경우 아직까지 다양한 기능성 식품의 관리에 미흡하며, 건강기능식품을 제외한 기능성식품은 일반식품과 함께 식품위생법의 적용을 받음
    - 법률(『건강기능식품에 관한 법률』)상으로 건강기능식품에 대해서만 규정하고 있으며, 일반적으로 건강기능식품은 기능성을 가진 소재나 성분을 활용하여 제조·가공한 식품으로 기능성 식품에 비해 협의적 의미로 해석하고 이용됨

- ☐ 기능성식품의 경우 세계적으로 보편적으로 통용되는 용어·정의는 없으며, 국가별로 식이보충제, 특정 보건용 식품, 기능성표시식품 등 다양하게 정의되고 있음

- ☐ 일본의 경우 식품을 크게 일반 식품과 보건 기능 식품으로 분류하고 있음
    - 일반 식품은 기능성 표시를 할 수 없는 제품으로 영양보조식품, 건강보조식품, 영양조절식품 등으로 판매됨
    - 기능성 표시를 할 수 있는 보건기능식품군은 크게 특정 보건용 식품, 영양기능식품, 기능성표시식품으로 구분됨

- ☐ 미국 영양사 협회(American Dietetic Association, ADA)는 기능성식품(functional food)을 '함유되어 있는 영양소 이상으로 건강에 이점을 줄 수 있는 식품'으로 정의함
    - 미국에서는 기능성 식품을 'nutrient'와 'pharmaceutical'의 합성어인 'nutraceutical'이라는 용어와 같은 의미로 사용하고 있음
    - 일상적인 식사·식단을 보충하기 위한 목적으로 입을 통해 섭취하는 태블릿·캡슐 등의 알약이나 액체 형태의 조제품을 의미하는 '식이 보조제(Dietary supplements)'라는 용어도 사용하고 있으며, 각종 비타민 보조제, 종합 비타민제(Multivitamin), 면역 보조제, 미네랄, 영양제 등이 해당 범주에 포함됨

- ☐ 유럽 집행위원회 지원 기능성식품 프로젝트(FUFOSE)는 기능성식품을 적정한 영양 효과 이상으로 건강·웰빙 개선 단계 그리고(또는) 질병 위험 감소와 관련된 방식으로 신체에 하나 이상의 표적 기능에 유익한 영향을 주는 것으로 충분히 입증된 것으로 정의함
    - 해당 기관에 따르면, 기능성식품은 식품으로 유지되어야 하며, 식품섭취 과정에서 일반적으로 소비될 것으로 기대되는 양으로 그 효과를 입증해야 함. 즉, 알약 또는 캡슐이 아닌 정상적인 식품 패턴의 일부임

- ☐ 세계적으로 통용되는 기능성식품(functional food)과 유사한 용어에는 건강식품(health food), 영양 보조 식품(nutraceutical), 디자이너푸드(designer food), 식이보충제(dietary supplements), 약초제품(herbal products), 식물성약재(botanicals), 의료용식품(medical foods), 파이토케미컬(phytochemical) 등이 있음

(2) 필요성

☐ 최근 코로나19 펜데믹으로 인한 건강 및 면역에 관한 관심 고조, 삶의 질 향상에 따른 만성질환 증가와 의료정책의 질병 예방 도입 등으로 '자가관리'를 위한 기능성 제품의 사회적 필요성과 소비 트렌드 변화가 나타남

- 셀프메디케이션(Self-Medication) 트렌드 확산으로 자신 및 가족 건강에 관한 관심이 더 높아진 결과 2020년 국내 건강기능식품 직접 구매가 전년대비 11.0% 증가함
- 대두 단백질을 배합한 초콜릿, 유산균 음료 출시 등 건강지향 트렌드 성행

☐ ESG 경영 등의 대두로 기업들은 지속가능한 환경 친화적 제품을 개발하기 위해 노력하고 있으며, 소비자들의 가치 소비, 건강 지향적 소비 및 동물 복지에 대한 관심 증가로 인해 사회적 요구에 맞는 기능성 식품 개발이 필요함

- 세계시장은 육류 제품을 통한 단백질 함유 식품의 대체로 식물성 단백질에 주목하는 등 지속가능한 기능성 먹거리를 추구하고 있음

☐ 젊은 층에서 건강, 미용 등에 대한 관심이 증가하면서, 기존에 중장년층을 중심으로 형성되던 기능성식품의 수요층이 청년층으로 확대되어 기능성 식품 산업 성장에 긍정적 요인으로 작용하고 있음

- 이러한 신규 고객층에게는 특정 기능성 제품보다는 전반적으로 건강에 좋은 제품임을 강조하는 마케팅 전략이 주효하고 있으며, 쉽고 대중적인 효능을 강조하는 제품이 인기를 끌고 있음
- 기존 기능성 식품 고객층에게는 식물 성분을 강조하는 것과 더불어, 기존 고객층의 영양 섭취 외에 삶의 질을 향상하고 싶은 요구에 맞춰, 에너지 촉진, 근육 성장 등과 같은 문구를 활용하는 것이 중요할 것으로 보임

☐ 가공기술 및 유통시스템 고도화와 정보화 기술과의 융합 등 혁신을 통해 맛, 신선함, 기능성, 간편성을 동시에 갖춘 기능성 식품 개발이 필요함

나. 구축 범위

(1) 가치사슬

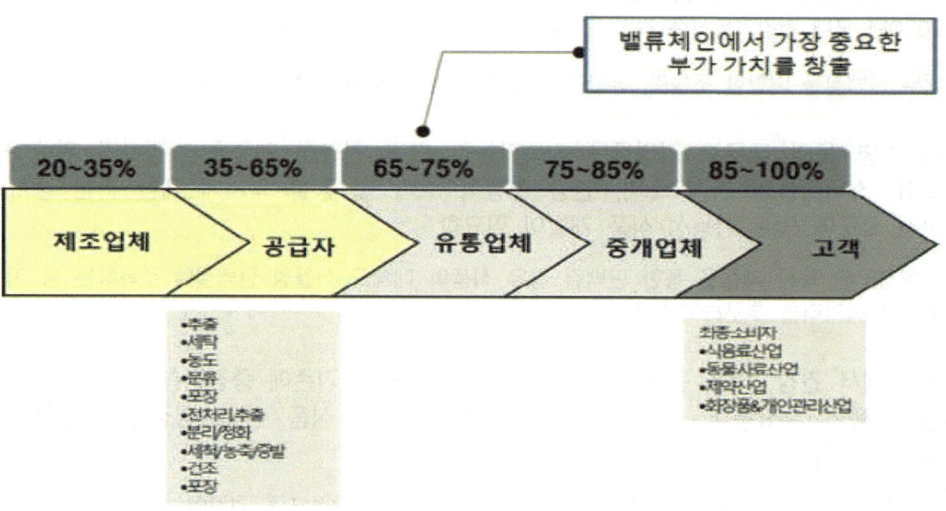

* 출처 : MarketsandMarkets, Functional Food Ingredients Market, 2018

☐ 기능성 식품 성분 시장의 가치 사슬(Value-chain)은 제조업체, 공급자, 유통업체, 중개업체, 고객으로 구성됨

- 기능성 식품의 원재료는 전 세계의 다양한 식품 제조업체에 공급되고 있으며, 유통 채널은 원자재, 원료 및 최종 제품 인도 과정에서 물류 프로세스를 단순화하고 향상시키고 있음

- 이 중 유통업체가 가치사슬에서 가장 중요한 부가가치를 창출하며, 코로나19 이후 온라인 쇼핑을 즐기는 소비자가 증가한 것을 고려하여 주문량의 급격한 변화에 유연한 대처가 가능하도록 배송 및 물류 시스템의 효율화, 안정화를 위한 투자를 지속할 필요가 있음

☐ 기능성 식품 산업은 성장 가능성이 높은 성장 유망 산업으로서, 식품산업 전반의 활력 제고와 일자리 창출, 농업 등 연관 산업 성장에 기여함으로써 국가경제에 중요한 역할을 할 수 있다는 점에서 중요성이 큼

- 식품 산업이 단순 먹거리 생산만이 아닌 생활, 문화, 경관, 치유 가치를 갖는 산업이라는 인식이 새롭게 나타나고, 로컬 푸드, 커뮤니티 비즈니스, 사회적 농업 등 지역사회 문화운동이 확산되면서 가치사슬도 다양하게 변모하고 있음

(2) 대표적 분류 방법

☐ 기능성 식품의 경우 국가별로 식품 또는 의약품 카테고리로 분류하여 관리하고 있으며, 국내의 경우 식품 카테고리에 속함. 식품유형 분류는 아래와 같음

[식품 유형 분류]

구분	분류기준	대상식품
우선분류 유형	① 가공식품이 아닌 것	자연산물(벌꿀, 천일염 등)
	② 타 법령에서 별도 규정하는 식품	축산물가공품, 주류
	③ 특정 섭취대상을 위해 제조한 식품	특수의료용도식품
일반유형	④ 단순 가공제품 중 자연산물의 특성이 크게 변하지 않은 것으로서 별도의 유형이 있는 것	고추가루, 찐쌀 등
	⑤ 단일 원료로부터 채취한 성분을 식용에 적합하게 처리한 것이거나 이로부터 특정 성분을 분리 정제한 것으로, 식품제조의 기본 원료가 되는 제품	식용유지류, 전분류, 당류 등
	⑥ 제품의 원료, 제조방법, 제품형태 등을 종합적으로 고려해서 유형을 분류 (두 가지 이상 유형의 특성이 공존하는 경우 유형적용 순서가 앞선 것을 적용)	대부분의 식품유형
기타유형	⑦ 타 유형에 속하지 않는 식품 중 특정 원료를 사용하여 제조한 것	곤충가공식품, 자라가공식품 등
	⑧ 타 유형에 속하지 않는 식품 중 특정 제조 방법을 사용하여 제조한 것	추출가공식품, 발효식품 등
	⑨ 타 유형에 속하지 않는 식품을 사용된 원료의 구분에 따라 분류**	과채가공품, 곡류가공품, 두류가공품 등
	⑩ ①~⑨에도 불구하고 유형분류가 되지 않은 것	기타가공품

* 출처: 식품유형 분류 원칙(2017.12)
** 원료에 따라 유형을 판단하는 경우 가장 많이 사용된 원료를 기준으로 판단 (다만, 정제수 제외)

☐ 기능성 식품은 자연건강식품 및 이의 가공품, 성분 조절 식품, 발효식품, 특수의료용도식품 등으로 구분할 수 있음

[기능성 식품의 분류]

구분	내용
자연건강식품 및 이의 가공품	건강증진효과를 주는 자연상태의 농수축산물 및 이의 가공식품
성분 조절 식품	기존 기능성분강화 또는 신규성분첨가 농수축산물 및 이의 가공식품
발효식품	기능성을 가진 원료나 성분을 사용하여 제조, 가공하지는 않았으나, 발효과정을 거치면서 미생물 혹은 그 대사산물에 의해 기능성을 지니는 식품
특수의료용도식품	환자들의 질병치료를 위한 식이조절에 도움을 주는 식품

* 출처: 농림축산식품부(2017), 고부가가치 식품소재 육성방안 연구

(3) 기술로드맵 전략분야의 범위

☐ 2019년 12월 정부는 변화하는 식품소비 트렌드에 맞춰 5대 유망 식품 분야(맞춤형/특수 식품, 기능성식품, 간편식품, 친환경 식품, 수출 식품)를 선정하고, 해당 분야의 국내 시장 규모를 2022년까지 16조 9,600만 원, 2030년까지 24조 8,500만 원으로 확대하기로 결정함

- 맞춤형/특수 식품은 메디푸드, 고령친화식품, 대체식품, 펫푸드로 다시 구분됨
- 식품소비 트렌드의 변화를 반영하여 성장 가능성이 높은 유망분야를 발굴·육성하여 혁신적 산업 생태계를 조성하고 식품산업 전체의 활력을 제고하기 위한 것으로, 농림축산식품부, 해양수산부, 식품의약품안전처 등 관계부처가 참여하여 공동으로 마련

[5대 유망 식품의 범위]

* : 본 전략분야의 범위

구분		내용
맞춤형/특수 식품	메디푸드*	특정 질환의 증상 완화를 목적으로 소비하는 식품
	고령친화식품*	씹거나 삼키기 쉽도록 부드러운 식감으로 제조된 식품, 유동식, 젤리와 주스 형태의 디저트
	대체식품*	식물성 대체육, 배양육, 곤충육
	펫푸드*	기능성 사료, 자연식 펫푸드, 유기농 펫푸드, 신선 펫푸드
기능성식품*		기능성 원료/소재, 건강기능성 식품, 기능성 표시 일반 식품
간편식품*		즉석밥, 컵라면, 냉동식품, 즉석식품, 밀키트
친환경식품		지속가능한 패키지 적용 식품, 유기농 식품, 무농약 원료 가공 식품
수출 식품		신북방/신남방 개척용 식품 소재 및 제품 (러시아-인삼, 몽골-음료/소스류, 카자흐스탄-스낵류)

* 출처: 농림축산식품부(2019), 5대 유망 식품 육성을 통한 식품산업 활력 제고 대책, (주)윕스 재가공

2. 시장 분석

가. 세계 시장 분석

(1) 세계시장 동향 및 전망

◎ **기능성식품 및 음료 전체시장 전망**

☐ 기능성 식품 및 음료 분야 세계 시장은 2019년 5,142억 7,000만 달러 규모에서 연평균 8.99% 성장하여 2025년 8,620억 6,000만 달러에 이를 것으로 전망됨

- 기능성 식품 및 음료 시장은 전통적인 식품 및 음료 시장에서 소비자의 건강에 이익을 주는 제품에 관한 시장을 의미함

- 2020년까지는 기능성 식품 시장의 규모가 기능성 음료 시장에 비해 더 큰 것으로 나타났으나, 기능성 음료 시장이 더 빠른 속도로 성장하여 2021년부터 규모가 역전될 전망임

[세계 기능성 식품 및 음료 시장 규모 및 전망]

(단위: 백만 달러, %)

구 분	'19	'20	'21	'22	'23	'24	'25	CAGR
세계 기능성 음료 및 식품 시장	514,270	556,310	603,820	657,810	719,600	790,950	862,060	8.99
세계 기능성 식품 시장	261,820	278,450	296,290	315,490	336,320	359,220	382,680	6.53
세계 기능성 음료 시장	252,450	277,860	307,530	342,320	383,280	431,730	480,650	11.33

* 출처: TECHNAVIO(2020), GLOBAL FUNCTIONAL FOODS AND BEVERAGES MARKET 2020-2024

☐ 지역별로는 아시아 태평양 시장의 규모가 가장 크고, 분석 기간 동안 남미 지역의 시장이 가장 빠른 속도로 성장할 것으로 전망됨

[지역별 기능성 식품 및 음료 시장 규모 및 전망]

(단위: 백만 달러, %)

구 분	'19	'20	'21	'22	'23	'24	'25	CAGR
아시아/태평양	158,390	172,070	187,540	205,170	225,390	248,740	272,250	9.45
북미	142,710	154,040	166,840	181,360	197,960	217,120	236,190	8.75
유럽	129,240	139,300	150,650	163,530	178,240	195,210	212,000	8.60
남미	43,350	47,120	51,390	56,240	61,810	68,260	74,750	9.51
중동 아프리카	40,580	43,780	47,400	51,510	56,200	61,620	66,990	8.71

* 출처: TECHNAVIO(2020), GLOBAL FUNCTIONAL FOODS AND BEVERAGES MARKET 2020-2024

(2) 세계시장 핵심플레이어 동향

◎ 기능성 음료 시장 관련 핵심 플레이어 동향

☐ 사회적 거리두기, 재택근무, 영업활동 폐쇄 등 '코로나19'로 인한 영향으로부터 회복하는 과정에서 이른바 뉴 노멀(new normal)에 적응하고 있는 기업들에 힘입어 기능성 음료 시장이 성장하고 있음

- 기능성 음료는 각종 비타민과 미네랄, 천연물 및 아미노산 등이 풍부하게 들어 있어 소화기 건강, 면역력 향상 및 체중관리 등에 이르기까지 체내의 다양한 기능성 향상에 도움을 줌
- 건강의 중요성에 대한 인식이 고조됨에 따라 앞으로 기능성 음료를 원하는 수요는 지속적으로 증가할 전망이며, 저칼로리 천연감미료와 천연색소 등이 활발하게 사용되면서 기능성 음료 시장이 성장하는 데 힘을 보태고 있음

☐ 기능성 음료기업 드링크 뉴트리언트(Drink Nutrient)는 2019년 10월 13가지 필수 비타민을 음용하기 간편한 하나의 팩에 담은 신제품을 선보임

- '비타민 부스터+', '비타민 커피' 등의 제품명으로 출시된 신제품 기능성 음료는 GMO, 글루텐 및 아크릴아미드 성분을 포함하지 않으며, 인공첨가물 또한 배제됨

☐ 네슬레 미국법인은 프리미엄 기능성 워터브랜드 '에센시아 워터'(Essentia Water)를 인수하여 글로벌 프리미엄 워터 및 미네랄 워터 브랜드로서 건강한 수분공급 제품 분야에 자사의 제품 포트폴리오를 집중해나갈 계획임

- 에센시아는 특허를 보유한 공정을 적용해 깨끗한 맛과 부드러운 맛을 가진 pH9.5 이상의 이온수를 제조/발매하고 있으며, 2020년 약 1억9,200만 달러의 매출실적을 기록함

☐ 미국 소재의 식품 소재 기업 DDW The Color House는 설탕을 재료로 이용하는 캐러멜화(Caramelization) 공정을 거치지 않고 과일 및 채소를 사용해 갈색 색소를 생산하는 '안토시아닌 브라운 색상'의 음료 색소를 선보일 예정임

- 19세기부터 탄산음료 산업 업계에서는 음료의 거품, 촉감, 향 등을 향상시키기 위해 설탕 기반의 캐러멜색소를 사용했으며, 현재까지도 음료 업계에서 가장 많이 사용되는 색소에 해당함

☐ 영국의 경우 2018년부터 청량음료(Soft Drinks)에 설탕세 도입으로 인해 저설탕 프리미엄 음료 및 면역력 강화, 에너지 강화, 소화 작용 촉진을 돕는 성분을 함유한 건강 음료들이 계속 인기를 얻을 것으로 예상됨

☐ 대만 유명 식품 기업 유니 프레지던트(Uni-President Enterprises)은 보존료·향료 혼합물 무첨가 및 무설탕을 강조하며 차 본연의 자연 맛으로 입안에 쓴맛이 변하고 사라질 때 생성되는 단맛이 특징인 음료 브랜드 차리왕(茶裏王)을 출시

◎ 식물기반 대체 식품 시장 관련 핵심 플레이어 동향

□ 미국을 중심으로 동물복지 식품, 대체유제품, 곤충 식품, 대체육, 식물성 고기 등 플랜트 베이스 식품(Plant-Based Eating and Alternative Proteins)에 대한 연구개발 및 제품 출시가 활발하게 이루어지고 있음

- 식물기반 대체 육류의 상위 10개 업체들이 전체 소매 판매의 89%를 차지

[2019년 식물기반 대체 육류 업체 TOP 10]

회사명	모기업	카테고리	대표 제품 이미지
비욘드 미트 Beyond Meat	-	냉동, 냉장	
보카 Boca	크래프트 하인즈 Kraft Heinz	냉동	
닥터 프레이거스 Dr. Praeger's	-	냉동	
필드 로스트 Field Roast	메이플 리프 푸드 Maple Leaf Foods	냉장	
가르딘 Gardein	콘아그라 Conagra	냉동	
라이트라이프 Lightlife	메이플 리프 푸드 Maple Leaf Foods	냉장	
모닝스타 팜즈 Morningstar Farms	켈로그 Kellogg's	냉동, 냉장	
쿼 Quorn	몬데 니신 Monde Nissin	냉동	
스위트 어스 Sweet Earth	네슬레 Nestle	냉동, 냉장	
토퍼키 Tofurky		냉장	

* 출처: THE GOOD FOOD INSTITUTE

- 외식 업계에서도 이러한 트렌드가 이어지고 있으며, 버거킹 (Burger King)에서는 Impossible Whopper를, 타코벨(Taco bell)에서는 Oatrageous Tacos, 케이에프씨(KFC)에서는 Beyond Fried Chicken을 출시하였고 (리틀시저스)Little Caesars에서도 식물성 대체육 소시지로 만든 피자를 판매 중임

□ 식물기반 대체 육류 업체들은 대부분 식물기반 간편식 라인도 갖추고 있으며, 대표적으로 토퍼키(Tofurky), 모닝스타 팜즈(Morningstar Farms), 알파 푸드(Alpha Foods), 쿼(Quorn) 등을 꼽을 수 있음

- 토퍼키는 콩을 원료로 한 소시지, 패티, 햄, 치즈, 치킨, 크럼블, 템페 등을 생산하며, 상호명은 두부(Tofu)와 칠면조(Turkey)의 합성어임
- 모닝스타 팜즈는 올해 초 '인코그미토(Incogmeato)'를 런칭하며 패티와 소시지 냉장 제품을 선보였으며, 소매 판매뿐 아니라 전국 학교, 병원, 식당 등 25,000곳에 식물기반 대체 육류를 제공함
- 쿼은 마이코프로틴(Mycoprotein)을 이용해 패티, 너겟, 버거, 치즈, 햄 등을 생산하며 다양한 종류의 간편식 라인을 보유함. 마이코프로틴은 버섯 곰팡이류인 섬유형 균류(Fusarium Venenatum)로 만든 단백질로 실제 육류와 같은 질감을 제공해 대체 육류의 주성분으로 활용됨

◎ **기능성 HMR 시장 관련 핵심 플레이어 동향**

□ 간편식 시장인 HMR(Home Meal Replacement) 시장에서도 기능성을 강조한 HMR 제품들이 출시되고 있음

- 건강한 원료를 사용하고 청결한 제조 과정을 거친 식품을 찾는 소비자들이 늘어나면서 간편하게 즐기는 할랄 인증 HMR 식품이 큰 인기를 끌고 있음
- 염분과 가공식품 내 각종 첨가물의 과다 섭취가 당뇨와 비만의 원인으로 지목되면서 무첨가(Free-From) HMR 출시가 늘고 있음
- 신선 채소를 이용한 제품의 인기, 마지막으로 이색적인 맛을 추구하는 소비자들이 증가하면서 에스닉 푸드 HMR 판매가 두드러지고 있음

□ 기능성 HMR 시장의 핵심 지향점은 간편한 식사와 건강식을 동시에 충족할 수 있는 것이며, 이와 관련하여 밀 키트(Meal Kit) 전문 업체들이 최근 3년간 급성장하고 있음

- 밀 키트(Meal Kit)란 손질을 마친 식재료들을 한 곳에 담아 판매하는 것으로, HMR의 종류 중 하나임
- 소비자가 동봉된 요리법(recipe)대로 직접 요리하여 본연의 맛과 신선도를 즐길 수 있기 때문에, HMR이 인스턴트식품이라는 인식을 극복할 수 있는 돌파구가 될 것으로 전망
- 간편하지만 건강하게 끼니를 해결하고자 하는 욕구는 곧 원재료의 본연의 맛, 신선도로 이어질 것이며 이를 고려한 밀키트가 향후 단순히 데워 먹기만 하는 가정간편식 제품을 대체할 것으로 보임
- 가공을 위한 장비가 필요하지 않기 때문에 중소기업의 진입이 용이하며, 식자재업체, 가공식품업체, 유통업체 등 기능성 식품 VALUE CHAIN 상의 다양한 플레이어들이 밀키트 산업에 진입을 시도하고 있음

☐ 미국의 블루 에이프런(Blue Apron)은 2018년 2월 기준 미국 밀키트 시장의 40.3%를 점유하고 있으며, 밀키트 배달 서비스를 제공하고 있음

- 배달 서비스의 경우 원하는 날짜에 원하는 요리에 맞춰진 손질된 식재료가 집 앞까지 배송되며, 코로나19 판데믹 이후 '언택트' 트렌드와 함께 급격히 성장하고 있음

☐ 독일의 헬로 프레시(HelloFresh)는 유럽뿐만 아니라 미국과 캐나다, 뉴질랜드, 호주에도 진출하며 세계적으로 사업을 확장 중이며, 여러 테마의 밀키트를 제공하고 있음

- 헬로프레시의 밀키트 테마는 25분 이내에 빠르게 조리할 수 있는 익스프레스 메뉴, 채식주의자용 메뉴, 친구 초대용 메뉴 등이 있음

☐ 스위스의 글로벌 식품기업 네슬레(Nestle)는 2020년 11월 밀키트 스타트업 '마인드풀셰프(Mindful chef)'를 인수하여 밀키트 시장에 본격적으로 진출함

- 마인드풀셰프는 '건강 중심 푸드박스'를 표방하고 있으며, 초지 방목으로 사육된 육류와 영국산 생선, 친환경적으로 생산된 채소만 사용하여 기능성 HMR 트렌드에 매우 적합
- 채식, 글루텐 프리, 유제품 프리 등 다양한 식습관에 맞춘 메뉴를 개발해 판매 중임

나. 국내 시장 분석

(1) 국내 시장 동향 및 전망

☐ 국내의 경우 '기능성 식품'의 범주가 명확하지 않아 기능성 식품 시장 규모를 추정하기 어려움
  - 2020년 12월 '일반식품 기능성 표시제' 도입으로 관련 시장 형성이 가속화될 전망임
  - 기능성 식품 시장의 규모는 식품 전체 시장 규모보다는 작고 건강기능식품 시장의 규모보다는 클 것으로 예상됨

☐ 국내 식품시장은 2019년 531조 2,511억 원에서 연평균 8.2% 성장하여 2025년 850조 2,168억 원으로 성장할 전망임
  - 제조·외식분야(음식료품제조업(사료제조업 제외), 음식점업), 식품유통분야(음식료품 도매업, 음식료품 소매업, 식품소매업)를 모두 포함하여 시장규모 분석
  - 국내 식품기업(식품제조업) 중 2019년 연매출 1조 이상 식품기업은 총 23개로 집계됨

[국내 식품 시장 규모 및 전망]

(단위: 억 원, %)

구분	'19	'20	'21	'22	'23	'24	'25	CAGR
국내시장	5,312,511	5,744,999	6,214,000	6,719,966	7,268,222	7,858,242	8,502,618	8.2

* 출처: 식품산업통계정보 (2020.08), 국내 식품산업 시장규모 '15년~'18년 성장률을 기준으로 '19년 이후 추정

☐ 국내 건강기능식품 시장의 규모는 2019년 4조 6,999억 원에서 연평균 20.9% 성장하여 2025년에는 10조 7,796억 원에 이를 전망이며, 2030년까지 25조원에 달할 것으로 전망

[국내 건강기능식품 시장 규모 및 전망]

(단위 : 억 원, %)

구분	'19	'20	'21	'22	'23	'24	'25	CAGR
국내시장	46,699	49,273	50,454	60,999	73,748	89,161	107,796	20.9

* 출처 : 한국건강기능식품협회(2021), 2021 건강기능식품 시장현황 및 소비자 실태 조사, ㈜윕스 재가공
* 2017년~2021년의 CAGR로 2022년 이후 규모 추정

(2) 국내 생태계 현황[1]

☐ 코로나 시대가 본격화되면서, 온라인 식품 거래 비중이 증가하여 간편식, 기능성식품 등의 인기는 지속되고, 특히 맞춤형 식품, 대체식품 등 신(新)식품에 대한 소비자들의 관심도 높아질 것이라는 전망임

- 코로나19 판데믹의 지속으로 온라인 유통 플랫폼에서의 식품 구매 비중이 꾸준히 늘고 있으며, 통계청에 따르면 온라인 거래에서 식품이 차지하는 비중이 2020년 27.1%에서 2021년 31%로 증가함
- 대면 및 비대면 소비가 공존하는 '위드 코로나' 시대에는 상품 특성에 따라 소비 수요에 부응하는 공급 전략이 요구되고 있음

☐ 설탕대신 대체 감미료를 사용하여 저칼로리 및 기능성 강조하는 '제로(ZERO)' 상품이 출시되고 있음

- 대체 감미료의 경우 스테비아, 알룰로오스, 올리고당 등이 사용됨
- 세계적으로 설탕세(비만세)를 도입하는 등, 비만 퇴치와 건강 증진에 대해 정책적인 지원이 증가하고 있으며, 코로나19 판데믹 이후 집에서 생활하는 시간이 길어져 활동량이 적어진 만큼 칼로리와 당 섭취를 줄이려는 소비자들의 욕구가 커지고 있기 때문에 이러한 트렌드는 지속될 것으로 전망됨

☐ 식품업계는 HMR시장의 성장과 함께 최근 대두되는 '건강' 트렌드에 주목하여 조리가 간편하면서도 영양성분과 안전성 등 건강을 고려한 요소를 갖춘 제품을 선보이고 있음

- 코로나19 판데믹으로 인해 사회적 거리두기가 일상화되며 주목받기 시작한 밀키트의 인기가 '위드 코로나' 이후에도 이어질 것으로 전망하고 있음
- 집에서 맛을 내기 어려운 메뉴, 좋은 재료, 풍성한 건더기 등을 앞세운 밀키트 제품들이 각광받고 있음

☐ 대체식품의 경우 아직까지 소비자들의 이용경험은 낮지만 식물성 고기, 식물성 달걀, 곤충식품에 대한 구입의향이 모두 크게 증가함

- 곤충식품의 국내 판매액은 2019년 약 60억 원에서 2020년 148억 원으로 14.7% 증가

☐ 포스트 코로나 시대에는 인공지능(AI)과 메타버스가 결합된 식품이 새로운 시장을 창출할 것으로 전망됨

- 고객 구매 여정에 맞추는 AI 마케팅 프로세스를 구현하고, AI를 활용한 음성기반 정보제공·주문 활성화, 메타버스를 활용한 쌍방향 판촉·소통창구 강화, 고객데이터 플랫폼을 구축해 실시간 마케팅을 실현해야 할 필요가 있음

---

[1] 식품음료신문, 내년 식품산업 성장 핵심은 온라인 유통 플랫폼 활용, 2021.11.29, 식품의료신문, 식품-위드코로나 대비한 공급전략 및 DB 마케팅 필요, 2021.10.25.

(3) 생태계 핵심플레이어 동향

◎ '제로' 상품 관련 핵심 플레이어 동향

- 편의점 GS25는 지난해 저칼로리 탄산음료 매출이 2019년과 견줘 70.6% 증가했다고 집계했으며, 탄산수 매출의 성장률(15.9%)보다도 저칼로리 탄산음료의 증가율이 더 높은 것으로 나타남

- 롯데칠성음료는 2021년 1월 말 '칠성사이다 제로'와 '펩시 제로 슈거 라임향'을 출시함
    - 입 안에 맴도는 바디감을 더하기 위해 알룰로스를 추가해 기존 제로 탄산음료의 단점을 보완한 것이 특징이며, 출시 100일 만에 누적 판매량 3500만개를 달성

- 롯데제과는 2021년 9월 '쁘띠 몽쉘 제로' 출시
    - 롯데제과는 대체감미료를 사용해 무설탕 '제로(ZERO)' 프로젝트를 진행 중이며, 프로젝트 진행을 위해 제품 설계에서부터 배합까지 수많은 테스트를 실시한 것으로 알려짐
    - 대체감미료를 사용하더라도 기존 제품의 맛과 풍미를 그대로 살렸으며, 이번 프로젝트로 파이, 젤리, 초콜릿, 비스킷 등 과자뿐만 아니라 아이스크림까지 상품 영역을 넓힐 방침

- 동원F&B는 2021 7월 제로 칼로리 음료 '보성홍차 아이스티 제로'를 출시했으며, 해당 제품의 누적 판매량은 출시 한 달 만에 100만 병을 돌파함

- 하이트진로음료는 2021년 6월 진로토닉 토닉 워터 제로를 출시했으며, 이는 믹서류 제품 중 최초의 무칼로리 음료임

- 이러한 '제로(ZERO)'제품의 성장에 따라 혈당 강하 및 비만 억제 등을 통해 각종 질병을 직접적으로 치료할 수 있는 신개념 감미료가 확산될 것으로 예상됨
    - 현재 대체 감미료의 기능성은 설탕보다 칼로리나 혈당지수(Glycemic index)가 낮아 간접적으로 건강에 도움이 될 수 있다는 예방 및 관리(Care) 개념이 주를 이루고 있음
    - 유당에 아스파탐 같은 고감미료를 1% 정도 섞어 단맛을 내면서도 칼로리가 설탕의 5분의 1 수준인 다이어트용 퓨전형 감미료도 다양하게 개발 중임

◎ 기능성 HMR 시장 관련 핵심 플레이어 동향

- CJ제일제당은 2019년 밀키트 '쿠킷(COOKIT)'을 출시했으며, 2021년 신메뉴 개발을 가속화하여 연말까지 기본 운영 메뉴를 평균 30개까지 늘릴 계획임
    - 신메뉴 개발에는 국내외 호텔 조리 경력을 보유한 총 11명의 전문 셰프들이 참여하고 있으며, 트렌드, 계절 등을 종합적으로 고려해 소비자가 원하는 제품 종류를 점진적으로 확장할 계획임
    - 밀키트 사업에 독보적인 식품 R&D 역량과 노하우, HMR 경쟁력, 계열사 시너지 등을 모두 결집하여 주력 사업으로 확장해 나갈 계획임

- 자사 식품 전용 온라인 쇼핑몰 'CJ온마트'에 업계 최초로 밀키트 전용관을 구축하고, 전용 모바일 애플리케이션도 운영하고 있음

☐ CJ제일제당은 기존 HMR브랜드 '비비고'의 건강식 버전인 '더 비비고'를 출시했으며, 간편하게 준비할 수 있으면서도 균형잡힌 영양성분을 고려한 식단을 제공하고 있음
- 2021년 8월에는 고단백, 저나트륨에 초점을 맞춘 신제품 3종을 출시하며 구성을 넓혀가고 있음

☐ 현대그린푸드는 2020년 맞춤형 건강식단 HMR 브랜드 '그리팅'을 출시함
- 그리팅은 영양관리가 필요한 노인, 영유아, 환자 등을 겨냥한 '케어푸드' 콘셉트의 HMR 브랜드로, 반찬, 샐러드, 유제품 뿐 아니라 야식, 분식 등을 출시하며 제품 다양화에 힘쓰고 있음

☐ 밀키트 전문 기업 프레시지는 대체육을 활용한 건강식을 선보일 계획임
- 2021년 7월 호주 최대 식물성 대체육 제조사 'v2food(v2food Pty)'의 국내 영업권 계약을 체결하며 관련 제품을 개발하고 있음
- 기존 육류메뉴 구성품을 대체육으로 개량한 간편식과 고령자와 환자를 위한 건강·특수식 등 다양한 유형의 밀키트 제품을 선보일 예정임

☐ 한국야쿠르트는 2021년 프리미엄 중식 브랜드인 '차이797'과 연계한 밀키트 2종을 출시하여 라인업을 확대해나가고 있음
- 코로나19로 외식이 어려운 고객들의 아쉬움을 달래고 유명 레스토랑 인기 메뉴를 직접 요리하는 즐거움을 주고자 기획했으며, 메뉴의 초기 개발부터 '차이797' 전속 셰프들이 참여함

☐ 풀무원 올가홀푸드는 2021년 수산 밀키트 3종을 출시
- 수산 밀키트는 깔끔하게 손질된 생선과 야채, 양념 소스로 구성해 집에서도 누구나 손쉽게 수산물 요리를 즐길 수 있으며, 생선의 큰 뼈와 잔가시를 대부분 제거해 별도의 손질 과정 없이 바로 조리해 먹을 수 있게 만들어 취식 편의성을 높임
- 재료는 본연의 맛과 식감, 영양소를 그대로 유지하기 위해 영하 45℃에서 급속 냉동 처리함
- 풀무원 올가홀푸드는 지속가능 인증 수산물을 이용한 프리미엄 HMR 시장을 주도하고 있으며, 차별화된 원재료와 공정에 대한 노하우를 바탕으로 누구나 안심하고 먹을 수 있는 수산물 가정간편식을 확대할 계획임

☐ 경북친환경영농조합법인이 설립한 친환경 밀키트 전문 브랜드 '진정한팜'은 2021년 친환경 솥밥 밀키트 8종을 출시
- 밀키트에 사용되는 재료는 모두 무농약으로 재배한 친환경 유기농 농산물이며, 공장형 밀키트가 아니라 어머니의 손맛을 그대로 재현한 '집밥형 밀키트'가 브랜드 콘셉트임

☐ 푸드테크 기업 '힘난다'에서 신바이오틱스를 함유한 신제품 스테이크 밀키트 '힘백스테이크'를 출시
- 힘백스테이크는 소고기 99.7%, 신바이오틱스 0.3%만으로 만들어진 스테이크로, 착색제나 착향료, 색소 등의 첨가물이 사용되지 않았으며, 저탄수화물 고지방식단이나 단백질식단을 위한 메뉴로 적합

◎ 기능성 식품 표시제 관련 플레이어 동향

☐ 식품의약품안전처는 2020년 12월 29일 일반 식품에 대한 기능성 표시를 허용하는 '일반식품 기능성 표시제'를 실시함

- 일반식품 기능성 표시제는 일반 식품이 충분한 과학적 근거를 갖췄거나 건강기능식품에 쓰이는 29종의 기능성 원료 또는 성분을 썼을 경우 이를 표시하는 제도임
- 일반 식품에 기능성을 표시할 수 있는 원료 또는 성분은 폴리감마글루탐산, 홍국, 프로바이오틱스, 홍삼, 난소화성 말토덱스트린 등 29종임

☐ 풀무원은 식약처의 '일반 식품 기능성 표시제' 시행에 따라 업계 선도적으로 현재 총 10종 제품 정보를 기능성 표시 일반 식품으로 등록한 상태임

- 국내 최초 기능성 표시 일반 식품 1호 제품으로 두부에 기능성 원료를 더한 'PGA 플러스 칼슘 연두부'를 등록했으며, 2호 제품으로 '발효홍국나또'를 등록함
- 풀무원은 해외 기능성 식품시장 사례 분석을 통해 이 시장의 성장 가능성에 주목하고 오래전부터 TFT를 구성해 준비해온 것으로 알려짐

☐ 롯데제과는 빙과류 중 '일반 식품 기능성 표시제'를 적용한 첫 번째 사례로 '설레임 프로바이오틱스'를 출시

- '설레임 프로바이오틱스'는 장건강과 면역력 저하를 방지하는데 도움이 되는 프로바이오틱스를 사용한 제품으로, 제품 1개(160mL)에 성인 일일 권장섭취량에 해당하는 유산균 1억 CFU(colony forming unit, 미생물 집락수)가 함유되어 있음

☐ 오리온은 기능성 원료인 '알로에겔'을 함유한 '닥터유 구미', 기능성 원료인 '프로폴리스 추출물'과 홍삼을 담은 '닥터유 업 껌' 등을 내놓으며 기능성 표시 제과 라인업을 확대해가고 있음

- 오리온은 올해 초 닥터유 브랜드를 제과의 이미지를 탈피해 기능성 표시 식품 브랜드로 도약하겠다고 발표한 바 있음

☐ CJ제일제당은 마시는 대용식 제품인 '밸런스밀'에 기능성 원료를 더해 기능성 표시 일반식품으로 등록

- 밸런스밀 제품에 함유된 수용성 식이섬유인 '난소화성말토덱스트린'은 소화기관 내에서 물과 결합해 유산균의 먹이가 되는 동시에 변을 부드러운 형태로 바꿔 배변 활동이 원활할 수 있도록 도움을 주는 기능성 원료
- 이외에도 △밸런스밀 프로틴 칼슘 플러스 쿠키(폴리감마글루탐산), △밸런스밀 프로틴 화이버 플러스 쿠키(난소화성말토덱스) 등을 기능성 표시 일반식품으로 추가 등록

3. 기술 분석

가. 해외 기술 동향

(1) 주요 분야별 기술 현황

◎ 3D프린팅 관련 기술

☐ 식품 3D 프린팅은 식품의 바탕이 되는 재료를 컴퓨터 설계를 통해 출력하는 기술임
- 다품종 소량생산이 가능해 체질, 연령, 알레르기, 영양조절, 기호성 등을 고려한 맞춤형 식품 제조가 가능함
- 가공방법이 단순하고 기능성 재료와 대체 재료 등을 사용에 친환경적인 식품 제조가 가능함
- 음식쓰레기 및 음식 저장과 수송에 드는 비용을 크게 절감할 수 있는 이점이 있음

☐ 식품 3D 프린터에 적용할 수 있는 원료는 가소성, 점착성, 형상유지성이 필요함
- 가소성을 만족시키기 위해서는 열가소성 고형물이거나 연질 고형물이어야 하며, 가소성은 3D 프린터로 사출되기 위해 필요한 성질임
- 점착성은 bed와 먼저 사출된 물질이 잘 부착되는 성질을 의미하며, 용이한 적층을 위해 필요한 성질임
- 형상 유지성은 사출된 뒤 무너짐 없이 그 형상이 유지되기 위해 필요한 성질임

☐ 식품 3D 프린터에 적용 가능한 원료로는, 분쇄/변성 전분, 분리 단백질 등의 예비 처리된 원료가 연구되고 있음
- 식품 3D 프린팅의 과정에서 원료의 흐름성이 유지되어야 하기 때문에 액체 또는 고체분말 상태로 공급되며, 열에 의한 가소화 또는 용융상태로 냉각되어 형상이 유지됨
- 3D 프린팅 식품의 자체 형태유지는 가역적 가공, 겔화, 프린팅 온도 변화 및 첨가제 사용 등의 방법으로 가능

☐ 식품 제작에 사용되는 3D 프린팅 기술은 FDM(Fused deposition Modeling), SLS(Selective Laser Sintering), CJP(Color Jet Printing)이 있음
- FDM 기술은 압출방식의 일종이며, 고온과 고압으로 재료를 작은 구멍으로 밀어내서 한 층씩 쌓는 방식으로, 초콜릿이나 반죽처럼 점성이 있는 식재료를 출력하는 방식에 적절함
- SLS 기술은 분말가루 형태의 원료를 얇게 적층하고 그 위에 레이저 혹은 수지를 분사하여 굳혀가면서 적층시키는 방식으로, 설탕, 전분 등 분말 원료를 출력하는 방식에 적절하며 인공색소, 향 등의 식품첨가제를 더함으로써 다양한 색과 맛의 출력물을 만들어낼 수 있음
- CJP 기술은 식용 가능한 식품 분말이나 액체를 분사하는 방식으로 2D 잉크젯 프린터와 유사한 작동 원리와 해상도를 구현할 수 있으며, 파우더 상태의 식용 재료와 액체 상태의 식용 점착제가 이용됨

전략분야 현황분석

☐ 식품 3D 프린팅 기술은 전투식량, 우주식량, 음식점, 유동식, 노인식, 환자식, 유아식 등 여러 분야에서 응용될 전망임

☐ 식품 3D 프린팅 기술의 발전이 가져오는 가장 큰 장점은 기존 식품의 형태와 질감 등을 자유롭게 디자인함으로써 개인의 취향과 목적에 따라 자유롭게 식품을 제작할 수 있다는 것임

- 기능성 성분 혼합과 특정 물질 제거가 가능함에 따라 특정 성분에 취약한 사람들에게 맞춤형 식품 제공이 가능

- 자유자재로 영양성분을 조합하고 응축시킨 식품은 바쁜 현대인들을 위한 균형 잡힌 대체식품이 될 수 있고, 다이어트 보조식품으로 공급하는 것도 가능함

- 미래 대체식량으로 기대되는 거저리, 귀뚜라미, 누에 등의 곤충을 가루로 만들거나 새로운 형태로 가공하여 거부감은 줄이고 단백질 보충을 가능하게 만들 수 있음

☐ 식재료 고유의 특성 때문에 접하기 어려웠던 식품의 형태, 경도, 질감 등의 조절이 섭취자의 선택에 따라 자유로워 질 것으로 예상됨

- 3D프린팅을 활용하여 소화나 저작운동이 활발하지 못한 유아, 고령층들을 위해 질긴 고기를 연하게 제작하는 등의 연구가 진행되고 있음

☐ 식품 3D 프린터는 다양하고 정교한 형태의 사출이 가능하도록 발전하고 있으며, 이에 사용될 수 있는 다양한 소재를 탐색할 필요가 있음

- 식품 기계 제조업체인 내추럴머신스(natural machines)는 푸디니(foodini)라는 식품 3D 프린터를 개발하여 판매 중임

- 해당 3D 프린터는 스테인리스스틸 캡슐에 재료를 넣어 압출하여 적층하는 방식으로 파스타, 쿠키, 햄버거 피자 등 다양한 종류의 식품을 출력할 수 있으며, 자체 내장된 조리법 중 하나를 선택하거나 내장된 조리법을 자신만의 조리법으로 수정하여 활용 가능

☐ 미국 항공우주국(NASA)은 시스템즈 앤 머테리얼 리서치 코퍼레이션(SMRC)을 통해 우주 식품용 3D 프린터를 개발했으며, 분말형태로 공급된 식재료가 출력 직전에 물, 기름과 혼합되어 우주에서 안전하게 식품을 생산하는 방안을 연구하고 있음

- 물과 기름의 혼합으로 인해 기존 동결건조 우주식품보다 영양도 풍부하고 형태, 맛, 식감이 다양한 우주식품의 제공이 가능해짐

◎ 대체육 관련 기술

□ 대체육은 식물성 대체육, 식용곤충, 배양육으로 나누어짐
- 식물성 대체육은 식물성 단백질 또는 곰팡이를 이용하여 제조한 육류를 의미
- 식용곤충은 식용이 가능한 곤충을 이용하여 제조한 육류를 의미
- 배양육은 살아있는 동물의 세포를 배양하여 세포공학기술로 생산한 육류를 의미

□ 대체육은 기존 육류 생산 방법에 비해 지속가능하고 환경오염 등의 문제가 적다는 점에서 점점 더 주목받을 것이나, 아직까지 맛과 조직감 등 관능적 품질 수준이 기존 식육보다 크게 부족하기 때문에 이를 개선하기 위한 기술 개발이 필요함
- 특히 식용곤충의 경우 곤충의 섭취에 대한 소비자 혐오감을 극복하기 위해 식용곤충자원의 탐색 및 가공기술 개발이 필수적임

□ 식물성 대체육 개발의 핵심요소는 품질 향상 기술, 소재 발굴 및 소재화 기술, 안전성 평가 기술임
- 품질 향상 기술은 조직감 향상을 위한 단백질 조직화 기술, 풍미 향상을 위한 천연 첨가물 발굴, 식물성 유화제 발굴 등이 핵심 요소임
- 소재 발굴 및 소재화 기술은 신규 식물성 단백질 발굴, 효율적인 추출 기술, 단백질/지방 등 영양성분 함량 조절 기술 등이 핵심 요소임
- 안전성 평가 기술은 풍미향상용 천연첨가물의 안전성 평가, 식물성 단백질에 대한 알레르기 발현성 평가 등이 핵심 요소임

□ 단백질만으로 만들어진 식품은 맛을 즐길 수 있는 요인이 충분하지 않기 때문에 대체단백질 제품이 성공하려면 새로운 지방 소재들의 보완 기술, 식감(texture) 관련 기술의 개발이 상용화에 중요한 요인으로 작용할 것으로 판단됨
- 대체 또는 인공단백질의 안전성 확보와 영양성분 조달방법, 로봇이나 3D프린터를 이용한 가공 공정 등의 식품공학 기술이 안전하고 건강하고 지속 가능한 미래 식품의 방향을 만들어 낼 수 있는 기반기술로 여겨지고 있음

□ 미생물을 이용해 공기 중의 탄소를 포집하여 단백질을 제조하는 제 3의 대체육에 대한 연구도 수행되고 있음
- 수소산화세균(hydrogenotrophs)을 이용하는 방식으로, 해당 미생물은 이산화탄소에서 필수 아미노산을 효율적으로 생산하는 대사를 진행함
- 미국 캘리포니아에 위치한 스타트업 키버디(Kiverdi)가 수소산화세균을 이용해 만든 '에어프로틴'은 9종류 필수 아미노산을 모두 포함하고 있으며 대두 추출 단백질의 2배의 아미노산을 함유하고 있음

나. 국내 기술 동향

☐ 기능성 식품 분야의 기술경쟁력 평가 결과, 최고기술국은 미국으로 나타났으며 우리나라의 경우는 최고기술국 대비 90.3% 수준으로 나타났고 중소기업은 75.6% 수준으로 평가되었음

- 최고기술국 대비 우리나라의 기술격차는 1.5년으로 평가되었으며 중소기업의 경우는 2.3년으로 평가되었음

(1) 주요 분야별 기술 현황

◎ 기능성 성분 관련 기술 동향

☐ 삼양사는 프락토올리고당, 난소화성말토덱스트린(NMD) 등 기능성 당류와 대체 감미료 알룰로스 등을 이용한 혼합당에 대해 소개하고 소스, 아이스크림 등 완제품 적용 사례, 개발 방식 등을 제시

☐ HY(구 한국야쿠르트, 2021년 3월 사명 변경)는 질병 치료 목적의 살아있는 미생물인 '파마바이오틱스(pharmabiotics)' 기술 개발을 본격화하여 식품과 건강기능식품에 한정됐던 프로바이오틱스 활용 영역을 확대할 예정임

- 이를 위해 마이크로바이옴 기반 신약개발 연구기업인 이뮤노바이옴과 업무협약(MOU)을 체결했으며, HY가 자사 균주 라이브러리를 이뮤노바이옴에 제공하여 균주 선발, 배양, 기능성 평가 등의 공동연구를 진행하고 신소재를 개발할 방침임

☐ 매일유업은 모유 올리고당인 2'-O-푸코실락토오스(2'-O-fucosyllactose, 2'-FL)에 대한 제품화 연구를 진행하여 대량 생산체계를 구축하고 있음

- 2'-FL은 영유아의 면역 체계에 영향을 주고 장내 유익균의 성장을 촉진하지만 포유류의 젖에는 극미량(5~15g/L)만 존재해 제품화가 어려워 모유 수유 이외에 대체 방법이 없었던 성분임
- 2'-FL은 2021년 2월 미국 FDA가 식품 원료에 부여하는 식품안전성 인증제도 중 최상위 등급인 GRAS(Generally Recognized As Safe)인증을 획득했으며, 2021년 4월에는 국내 식약처로부터 영·유아용 조제분유에 대한 섭취 안전성 승인을 획득

☐ 롯데중앙연구소는 연세의료원 산학협력단과 장 운동에 도움을 주는 건강 기능성 껌 공동 연구개발을 위한 업무협약을 체결

- 롯데중앙연구소에서는 장 건강 맞춤형 소재 및 껌 제형 개발에 주력하고, 연세의료원은 관련 소재의 최적화 및 임상을 통한 장 건강에 도움이 되는 껌을 개발할 계획

☐ CJ제일제당은 기능성 아미노산인 '시스테인(L-Cysteine)'을 비(非) 전기분해 방식으로 대량 생산하는 기술을 확보해 상용화할 계획임

- 시스테인은 건강기능식품, 의약품 소재나 동물 사료 첨가제 등으로 이용되며, 최근에는 일반식품에도 향을 더하기 위한 소재로 지속 증가하는 추세
- 특히 식품에 쓰이는 천연 시스테인은 일반 제품에 비해 거래가격이 최대 3배가량 높아 부가가치가 매우 크며, 대체육을 비롯한 미래 식품과 할랄, 비건용 음식에 활용될 수 있음

□ 농촌진흥청은 작물 간 교배를 통해 항암 유전자 NRF 2의 활성을 높이는 기능성 성분을 더욱 강화하는 방법을 연구함

- 글루코시놀레이트 함량이 높은 유지 배추와 샐러드용 청경채를 교배해 소포자배양으로 후대 계통들을 만든 뒤 글루코시놀레이트 함량과 유전체를 분석했으며, 후대 계통들은 청경채와 비교했을 때 글루코시놀레이트가 이소시아네이트 성분으로 전환되는 비율이 3배에서 6.3배 높은 것으로 나타남
- 배춧속에서 가장 항암 기능이 높은 것으로 알려진 브로콜리의 이소시아네이트 성분으로 전환되는 비율이 54~83%인데, 새로 개발된 계통들은 최대 99.5%의 전환효율을 가져 항암 유전자인 NRF-2 유전자 활성화 정도가 높음

(2) 주요 분야별 R&D 투자 동향

◎ 2021년도 고부가가치식품기술개발사업

□ 농림축산식품부는 미래 유망 식품분야의 산업화기술 개발 중점 지원 및 신산업 창출 기반 마련 등 식품산업 경쟁력 강화와 K-Food 성장 견인을 위해 총 46개 신규과제(지정공모 30개, 자유응모 16개)에 대해 186억 5,200만 원의 정부지원연구개발비를 지원할 계획임

□ 미래대응식품, 차세대 식품가공, 식품/품질 안전, 5G기반 식품안전생산의 4개 분야로 나누어 신규 과제를 지원할 계획이며, 미래대응식품 분야에 가장 많은 예산이 배정됨

- 미래대응식품의 경우 '포스트 코로나'에 대비한 차세대 식품 시장 선점을 위해 대체식품, 맞춤형 식품, 포스트바이오틱스 등 유망 분야 집중 지원
- 차세대식품가공의 경우 식품 품질·안전 확보 등 소비자가 신뢰할 수 있는 고품질·안심 먹거리 공급을 위한 식품 가공 및 포장기술 개발
- 식품 품질/안전의 경우 소비·경영환경 변화, 원료·제품군 다양화 등에 따른 새로운 가공 기술 및 친환경 식품포장 기술 개발
- 5G기반 식품안전생산의 경우 식품 생산 공정의 디지털화 및 지능화를 위한 데이터·네트워크·A.I. 기반 기술 개발·실증(과기부 협업)

[2021년도 고부가가치식품기술개발사업 신규과제 지원 규모]

사업명	내역사업	지정공모 신규 과제 지원규모		자유 응모 신규 과제 지원규모	
		과제 수	연구개발비 (단위 : 백만 원)	과제 수	연구개발비 (단위 : 백만 원)
고부가가치 식품기술개 발사업	미래대응식품	19	8,262	9	1,565
	차세대 식품가공	4	1,220	4	825
	식품 품질/안전	5	1,560	3	520
	5G기반 식품안전생산	2	4,700	-	-
	합계	30	15,742	16	2,910

* 출처: 농림축산식품부(2021), 2021년도 고부가가치식품기술개발사업 시행계획

전략분야 현황분석

[2021년도 고부가가치식품기술개발사업 지정공모 신규과제의 세부 과제명]

구분		연구과제명	연구기간
미래대응 식품기술 개발	1	소고기 유사 분쇄형 및 비분쇄형 식물 기반 식품 생산을 위한 단백질 소재화 및 적용 기술 개발 (* 식물 기반 대체식품 분야 총괄과제)	2년 9개월
	2	소고기 유사 식물 기반 식품용 첨가물 소재화 및 적용 기술 개발	3년 9개월
	3	식물성 원료 유래 단백질 등 소재 생산을 위한 물질 분리 및 바이오매스 활용 기술 개발	4년 9개월
	4	식용곤충 유래 기능성 식품소재 및 적용 기술 개발	3년 9개월
	5	배양육용 근육줄기세포 확립 및 대량 배양 기술 개발 (* 배양육 분야 총괄과제)	4년 9개월
	6	배양육용 근육줄기세포 배양액 개발 및 경제성 확보 연구	4년 9개월
	7	배양육 대량 생산을 위한 세포지지체 개발	4년 9개월
	8	배양육 근육조직화 및 생산비용의 획기적 절감을 위한 배양기법 및 시스템 개발	4년 9개월
	9	맞춤형 식이 설계 플랫폼 개발 * 메디푸드 및 고령친화식품 분야 총괄과제	4년 9개월
	10	식이관리 수요 기반 대상별 맞춤형 식사관리 솔루션 및 재가식 연구 개발	4년 9개월
	11	영양 및 연하개선 고령친화식품 적용을 위한 포화증기 및 블렌딩 기반 물성 제어 기술 개발	2년 9개월
	12	고령친화식품 적용을 위한 분지 아미노산 소재화 및 영양밀도 개선 기술 개발	2년 9개월
	13	녹용 유래 기능성 지표성분 표준화 및 제품 적용 기술 개발	2년 9개월
	14	프로바이오틱스 멀티오믹스 DB 구축 (* 포스트바이오틱스 분야 총괄과제)	4년 9개월
	15	마이크로바이옴 타겟 프로바이오틱스 발굴 및 소재화 기술 개발	4년 9개월
	16	마이크로바이옴 타겟 포스트바이오틱스 발굴 및 소재화 기술 개발	4년 9개월
	17	멀티오믹스 분석 기반의 프로바이오틱스 기능성 재평가 기술 개발	4년 9개월
	18	기능성 식품 소재의 물리·화학적 특성별 고도 추출·정제기술 효율화 및 핵심성분 최적화/안정화 기술 개발 (* 식품가공 분야 총괄과제)	4년 9개월
	19	현장활용형 국산 밀 수확 후 품질관리 기술 및 기호도·건강요소 기반 제품 상용화 연구	3년 9개월
	소계	19과제	
차세대 가공기술	20	식품포장 재활용 용이성 향상을 위한 유니소재 및 종이기반 식품용 포장소재 개발 및 제품화 (* 식품포장 분야 총괄과제)	2년 9개월
	21	식품포장 소재의 원천 감량을 위한 경량화 기술 개발	2년 9개월
	22	고품위 HMR생산용 소형 히트펌프식 과열증기 그릴장치 개발	2년 9개월
	23	원료육 급속 진공 해동 장치 개발	2년 9개월
	소계	4과제	
식품 품질·안전	24	레토르트 대체 차세대 멸균기술 적용 식육 포함 HMR 제품 및 생산공정 개발	2년 9개월
	25	신선편의식품 및 밀키트 품질·안전에 대한 소비자 수요 대응 가공 기술 개발	4년 9개월
	26	EVOH 대체 고차단성 식품포장 소재 및 마이크로웨이브 적용 친환경 포장소재 개발 및 제품화	2년 9개월
	27	김치의 수출 경쟁력 강화를 위한 탈취 포장소재 및 응용제품 개발	2년 9개월
	28	항균·항바이러스 식품 포장 소재 및 조리기구 등 응용제품 개발	3년 9개월
	소계	5과제	
5G기반 식품안전 생산기술 개발	29	5G 기술 기반 식품 품질인식·등급판정 및 이물 검출이 가능한 식품 생산 공정용 모니터링 시스템 개발 (* 스마트 식품제조 분야 총괄과제)	4년 9개월
	30	고난도 식품 가공공정 자동화를 위한 5G 기반 식품 생산 제조설비 최적화 기술 개발 - 김치절임 홍삼 호화 등 제조 공정 최적화를 위한 5G 기반 응용 시스템 개발 - 5G기반 김치 원료 배합 공정 제어관리 기술 개발 - 돈체 발골 대체 공정 개발을 위한 5G 기반 공정 자동화 로봇 기술 개발 - 오리 도축 대체 공정 개발을 위한 5G 기반 공정 자동화 로봇 기술 개발	4년 9개월
	소계	2과제	
총 30개 과제			

* 출처: 농림축산식품부(2021), 2021년도 고부가가치식품기술개발사업 시행계획

4. 정책 분석

가. 해외 정책 동향

☐ 선진국들은 주로 기업의 영역인 생산 측면에서의 식품산업 진흥 정책보다 식품안전, 소비자 보호, 영양보조 정책 등 소비 측면에 주안점을 두고 식품정책을 추진하고 있음

- 미국의 경우 농림부의 식품 관련 예산 중 97%가 영양보조 정책에 투입 되고 있으며, 미국, 영국, 호주, 프랑스 등 주요 선진국들은 식품성분표시 제도를 소비자 친화적으로 개정하는 등 식품안전 정책 강화 기조에 나섬

☐ 전 세계에서 유전자원 확보 및 종자 개발 경쟁이 치열하고 안전한 먹거리에 대한 소비자 니즈 증가로 생명공학 접목 신품종 개발과 식품 안전에 많은 투자를 하고 있음

- 농림수산업의 지속발전과 고품질 안전 식품 확보, 차세대 선도 미래기술 투자를 통해 식품 R&D 발전을 꾀하고 있음

- 기본적으로 HMR의 정의와 시장이 광범위하기 때문에 다양한 규제가 적용되지만, HMR에만 적용되는 규제를 따로 분리하기는 어려우며, 일반적으로 식품업계의 정직하고 지속가능한 관행을 진흥하기 위해 여러 정부기관이 규제에 관여하여 공동으로 노력하고 있음

(1) 미국

☐ 미국은 경쟁력을 확보하고 선점하기 위해 노력하고 있으며, 영양과 품질 안전에 대해 지속적으로 관심을 보임

- 현재 미국은 라벨링에 대한 규제와 더불어 푸드서비스 사업장과 소매사업자에 대한 정기검사도 행하고 있음
  - 구체적으로 즉석섭취(ready to eat) 가공식품의 경우, USDA는 FAS(Farm Service Agency)에서 개발한 도구를 이용하여 위험 분석을 실시
  - 판매지점에 도달하기 전에 식품의 부적격성이나 취약성을 식별하는 것이 목적
  - 해당 도구는 해당 사업장이 안전하고 영양 많으며 부정불량이 없는 식품을 생산할 수 있는 능력을 갖추고 있는지를 제대로 판단하기 위해 생산, 가공, 포장, 운송, 저장, 준비 과정을 조사

☐ 미국 정부는 앞으로 식품 안전 관리가 점점 더 중요한 과제가 될 수밖에 없는 사회적 요인으로 수입식품 급증, 신선식품 소비 증가, 노령화를 비롯한 면역 취약 계층 증가 등을 들고 있음

전략분야 현황분석

☐ 미국의 경우 농업부(USDA)가 식품정책을 총괄하고 있음. 한국 농림축산식품부와 정책 영역이 유사하나 축산물 분야의 식품안전 정책과 영양보조프로그램을 관할하고 있어 한국의 경우보다 정책 영역이 넓음

- 농업부는 식품영양·안전과 같은 소비 정책뿐만 아니라 농식품 수출지원, 농식품 R&D 지원 정책 등 전반적인 식품정책을 모두 아우르고 있으며, 식품안전의 경우 농업부는 축산물을, 보건부(HHS) 산하 식품의약국 (FDA)은 축산물을 제외한 식품안전을 담당

[미국 식품안전관련 연방 정부기관]

부처	기관
농무부 U.S. Department of Agriculture (USDA)	식품안전검사청 Food Safety and Inspection Service
	동식물 검역청 Animal and Plant Health Inspection Service
	곡물검사유통관리국 Grain Inspection, Packers and Stockyards Administration
	농업유통청 Agricultural Marketing Service
	농업연구청 Agricultural Research Service
	농업경제연구원 Economic Research Service
	농업통계원 National Agricultural Statistics Service
	식품농업연구원 National Institute of Food and Agriculture
보건부 Department of Health and Human Services	식약청 Food and Drug Administration (FDA)
	질병관리센터 Centers for Disease Control and Prevention
상업부 Department of Commerce	해양어업국 National Marine Fisheries Service
환경보호청 Environmental Protection Agency	-
교통부 U.S. Department of Transportation	-
재무부 Department of the Treasury	알콜 담배 총포국 Alcohol and Tobacco Tax and Trade Bureau
국토안보부 Department of Homeland Security	세관 및 국경경비 Customs and Border Protection
연방 거래 위원회 Federal Trade Commission	-

* 출처: 서울대학교 산학협력단, 농식품 안전관리 개선방안 연구, 2019.01

(2) EU

☐ EU에서는 식품망 관리를 통해 국가, 지역, 글로벌 시장의 소비자 니즈와 기대를 충족하고자 하며 유럽 농식품 산업의 국제 경쟁력을 지원하고 있음

☐ EU '식품기본법'이 제시하고 있는 식품안전관리 의무사항은 '이력추적', '사업자 우선책임', '실행지침 준수' 등임

☐ 2018년 4월, EU 집행위원회는 '식품기본법(General Food Law Regulation)'의 일부개정을 공식적으로 제안하면서 식품안전 관리의 투명성과 지속가능성을 보완
- EU 집행위원회는 '식품기본법' 일부 개정안에서 GMOs, 사료 첨가제, 맛향, 식품 접촉자재, 식품 첨가물, 식품 효소와 향료, 식물보호 제품, 신규 식품 등에 대한 법규 투명성 강화를 위하여 다음과 같은 방법으로 개선을 추진

(3) 일본

☐ 일본은 국가차원에서 농림수산업을 차세대 미래 성장 산업으로 육성하고 환경과 지역경제, 안정적인 식량 공급을 동시에 해결하고자 함
- 일본의 경우 2015년 기존의 특정 보건용 식품 이외에 '기능성표시식품제도'를 도입하여 다양한 제품 개발을 통해 기능성식품 시장이 정체상태에서 성장세로 전환한 사례

☐ 간편성, 건강 등을 중시하는 소비 트렌드 변화에 따라 가정간편식(HMR), 고령친화식품, 기능성식품 등 유망 분야를 선제적으로 육성함

☐ 일본 고령친화식품 협의회에서 제정한 규격으로 기준을 통과한 협회 가맹기업 상품은 포장에 UDF(Universal Design Food)마크를 표기할 수 있음
- UDF규격은 고령친화식품을 컨셉으로 한 가공식품이 출시됨에도 통일된 규격이 없어 이용자의 혼란이 예상됨에 따라 2002년 제정
- '유니버설 디자인'은 장애 유무에 상관없이 편리하게 이용할 수 있는 제품이나 환경을 뜻하며 간병 대상자만이 아닌 일반인도 먹기 쉽다는 뜻에서 '유니버설 디자인 푸드'로 명명함
- 2018년 12월 기준 아사히그룹식품, 아지노모토, 기코만, 야마자키제빵 등 81개사가 가맹 중인 규격이며 등록 상품 수도 2006년 225개에서 2015년 1784개로 증가하는 등 급격한 증가세
- 2018년 8월 기타 오사카 산업협동조합이 쌀, 율무, 팥을 유동식 형태로 가공한 '마시는 밥(飲めるごはん)'을 발매한 후 5개월 만에 7만 캔의 주문이 밀려오는 등 인기를 끌고 있어 관련 니즈가 존재하는 것으로 사료

(4) 중국

☐ 중국에서는 12월 1일부로 2019년판 <식품안전법 실시조례(이하 조례)>가 시행되었으며, 2009년 7월 최초 발표된 이래 2016년 일부 수정한 바 있으나 2018년 <식품안전법>개정판에 따른 법개정은 이번이 처음임

- 신 조례는 총 86개 조항으로 현행(2016년 개정판) 대비 22개 조항 늘어 관리감독 강화
- 주요 골자는 △식품안전표준 시행 및 적용 규범화 △무작위 단속 등 관리방법 보완 △위법기업 대상 블랙리스트 작성 △저장·운송 규범화 △허위·과장 광고 금지 △생산경영자의 책임 강화(위탁생산 포함) 등임

[중국 식품안전관리 법제도 체계]

법률 (입법기관 제정)	행정법규 (국무원 산하부처 제정)	규칙 (국무원 산하 부처제정)
• 상품품질법 • 표준화법 • 계량법 • 소비자권익보호법 • 동물방역법 • 수출입동식품검역법 • 수출입상품검사법 • 농산물 품질안전법 • 국경위생검역법	• 식품 등 상품안전관리 강화에 대한 특별규정 • 농약 관리조례 • 동물의약품 관리조례 • 표준화법 실시조례 • 공업제품 생산허가증 관리조례 • 수출입화물 원산지조례 • 수출입상품 검사법 실시조례 • 무면허경영 조사처리단속법 • 농업 유전자변형생물 안전관리조례 • 사료 및 사료첨가제 관리조례 • 위험에 처한 야생동식품 수출입 관리 조례	• 식품 생산가공기업 품질안전 감독 관리 실시세칙 • 공업품 생산허가 관리조례 실시조치 • 식품첨가제 위생관리조치 • 농산물산지 안전관리조치 • 수출입 육류식품 검사검역관리 조치 • 유통영역 식품안전 관리조치 • 수입식품 해외생산기업 생산등록 등기 관리규정

* 출처: KOTRA 베이징 무역관

☐ 중국 내 식품안전법이 개정되면서 식품안전 기준이 엄격하게 강화되고 있음

- 2018년 10월 1일 중국은 식품생산허가관리방법(食品生产许可管理办法) 제29조를 전면적으로 실시하면서 '식품안전 인증제도'에서 '식품안전 허가제도'로 변경
  - 중국 정부는 기존 중국에서 생산되는 모든 식품들의 품질을 증명하는 표시였던 'QS(Quality Safety)마크+12자리 숫자' 대신 'SC(Sheng Chan)마크+14자리 숫자'를 도입하여 더욱 엄격하게 식품안전을 관리하고자 함
  - SC마크는 식품생산허가증으로 식품안전성을 검증받은 식품 및 제조업체에만 부여되며, 식품 생산 허가 번호 14자리를 통해 식품 성분과 생산지 등을 추적할 수 있음
- 기존의 QS마크는 정해진 규격에 맞는 품질의 식품을 생산하였음에 대하여 인증을 취득하는 것이었다면, SC마크는 생산설비 및 관리감독 책임 등 안전 식품을 생산할 수 있는 조건을 갖춘 기업만 생산 허가를 줌으로써 식품 생산 자체에 대한 중국 정부의 적극적 개입 의지를 보여줌

나. 국내 정책 동향

☐ 정부는 성장가능성이 크고 사회·경제적으로 중요한 5대 유망 식품 분야로, 맞춤형 특수식품, 기능성식품, 간편식품, 친환경식품, 수출식품을 선정하고 오는 2030년까지 관련 시장 규모를 24조 8,500억 원까지 확대하기 위한 정책 방안을 마련함

- 2018년 12조 4,400억 원의 2배에 해당하는 것으로, 2022년 16조 9,600억 원에 이어 단계적으로 달성한다는 방침아래 특히 특수식품 분야에 질환 맞춤형 식품인 메디푸드(Medi-Food)와 고령친화식품, 대체식품, 펫푸드 등을 포함시켜 집중 육성

- 정부는 이번 대책을 통해 5대 분야의 국내산업 규모를 2018년 12조 4,400억 원에서 2022년 16조 9,600억 원, 2030년에는 24조 8,500억 원까지 확대하고, 2018년 5만 1,000개 수준의 일자리를 2022년에는 7만 4,700개, 2030년에는 11만 5,800개까지 늘려 나갈 계획

- 5대 식품 산업 규모 : '18) 12조 4,400억 원 → '22) 16조 9,600억 원 → '30) 24조 8,500억 원

- 5대 식품 일자리 : '18) 51,000개 → '22) 74,700개 → '30) 115,800개

☐ 맞춤형·특수 식품 제도 개선을 통해 초기 시장 형성

- 소비에서 다양성이 중시되면서, 소품종 대량생산에서 개인의 특성과 기호를 충족시키는 맞춤형 식품에 대한 수요가 증가하고 있고, 푸드 테크를 기반으로 관련 산업의 기술 혁신이 빠르게 진행되고 있다는 점에 주목하여 맞춤형·특수 식품을 유망 분야로 선정

☐ 기능성식품 규제 및 지원체계 개선으로 시장 활성화

- 세계 기능성 식품 시장이 연평균 5.9% 수준 꾸준하게 증가하고 있고, 국내 수요도 빠르게 확대되고 있는 상황에서, 증가하는 국내 수요를 흡수하고 중국 등 세계 시장을 겨냥한 수출산업으로 육성하기 위한, 적극적인 산업 정책이 요구

☐ 친환경 식품 환경보전, 지속가능한 성장 유도

- 환경에 대한 관심 증가, 윤리적 소비 확산에 따라 시장 성장이 예상되나, 그 동안 농산물 위주의 제도 운영, 친환경 가공식품에 대한 낮은 인지도 등 영향으로 아직까지 시장 활성화는 다소 미흡한 상황

☐ 수출 식품 시장 다변화, 한류와 연계한 수출 확대

- 식품산업이 성장하기 위해서는 해외 진출을 통한 외연 확대와 수요 창출이 필요하다고 보고, 정부는 우리 가공식품의 시장 다변화를 중점 추진하고, 기업들의 수출 애로 해소에도 적극 나설 계획

[식품산업 분야별 주요 대책]

구분		주요내용
맞춤형·특수식품	메디푸드	• 식품공전 내 특수의료용도식품 분류체계 확대·개편 • 식사관리용 식단제품 유형 신설 • 질환별 재가식 맞춤형 메디푸드 제품 및 소재 개발
	고령친화식품	• 「고령친화산업진흥법」대상 제품에 식품 추가 • 고령친화 우수식품 지정 및 인증제(KS) 시행 • 공공급식 체계를 활용한 고령친화식품 제공방안 연구·검토
	대체식품	• 대체식품 개발을 위한 R&D 지원 중장기 로드맵 마련 • 대체단백질 연구개발비에 대한 세액공제 검토 • 대체식품을 위한 기준설정 및 안전관리절차 등 관리방안 마련
	펫푸드	• 펫푸드 원료·가공·표시기준 마련 및 "(가칭)펫푸드 관리법」제정 추진 • 민간 참여 펫푸드 품질 인증체계 구축 • 유기 인증 제품 확대 및 기능성 표시제 도입 검토 • 맞춤형 제품개발을 위한 사양 정보 DB 구축 등 R&D 추진
기능성식품		• 일반식품의 기능성 표시 허용 • 안전성과 기능성이 입증된 의약품 원료의 건강기능식품 제조 허용 • 건강기능식품의 소분·혼합 포장 판매 허용 • 기능성 원료은행 구축 및 기능성 식품 제형센터 설립을 통한 기술지원 강화 • 기능성 식품 전문인력 양성을 위한 계약학과 설치 • 수출용 건강기능식품 국가 인증제 도입
간편식품		• 급속 냉·해동기술 연구개발비에 대한 세액공제 검토 • 밀키트 제품의 특성을 반영한 식품유형 신설 • 즉석밥, 가공김 등 간편식 제품의 글로벌 규격 마련 추진 • 원료농산물 계약재배 활성화 및 지역 농특산물 반가공·소재화 지원 • 간편식 포장재·용기의 친환경 소재화를 위한 기술 로드맵 마련
친환경식품		• '무농약원료가공식품' 인증제 시행 • 유기농산물 원료 사용 가공식품에 대한 '유기' 표시기준 완화 • 유기농산업 복합서비스 지원단지 조성
수출식품		• 신남방·신북방 시장 개척, 할랄시장 및 UN 조달시장 등 신규 시장 진출지원 • 한류·한식 문화 활용 마케팅 지원 강화 • 국가간 비관세장벽 협의체 확대
인프라구축		• 민-관-학 협업의 청년 푸드테크 창업 교육 확대 • 창업 단계별 맞춤형 지원을 위한 청년식품 창업허브 구축 • '농식품 기술창업 액셀러레이터 육성지원' 사업 추진 • '산업구조고도화 지원 프로그램' 등 민간 투자지원 강화 • 한국방송광고진흥공사를 통한 유망 창업·중소기업 광고·홍보 • HACCP 및 건강기능식품 GMP 의무적용 확대 • 임산부·환자용 제품 등 식품이력추적관리 등록 확대

* 출처: 농림축산식품부(2019), 식품산업정책과'맞춤형특수식품, 간편식품 등 5대 식품분야 집중육성'

- ☐ 소비자의 안전하고 건강한 식품에 대한 니즈가 높아짐에 따라 식품 외식 산업에서는 안전하고 건강한 먹거리를 생산하고 관련 정보를 적극적으로 제공할 필요성이 증대하고 있음
  - 2019년에는 '농약허용기준강화제도'가 시행되고, 2018년에 제기된 '소비자 집단소송제'와 'GMO 완전표시제' 등 식품기업과 정책당국의 적극적인 대응이 필요

- ☐ 정부는 농약 오남용을 줄이고 안전기준을 초과한 농산물 수입을 차단하기 위해 2011년 10월 PLS 도입을 계획하여 2016년 12월 31일 견과종 실류와 열대 과일류에 대해 우선 적용하였고, 2019년 1월 1일부터 전체 농산물을 대상으로 확대 시행함
  - 농약허용기준강화제도(PLS)는 농약 안전관리를 강화하는 것으로, 농작물 별로 등록된 농약에 한해 안전사용기준과 잔류허용기준 내에서 사용하도록 하고, 잔류허용기준 미설정·미허가 농약은 일률적으로 0.01ppm 이하를 적용하는 것임
  - 가공식품은 「식품의 기준 및 규격」 제2. 3. 7) (4) '가공식품의 잔류농약 잠정기준적용'에 따라 원료함량비 및 건조 등의 과정으로 인하여 수분 함량이 변화된 경우 수분 함량을 고려하여 적용하도록 규정하고 있음. 즉, 일반적으로 잔류농약 검사는 원료 농산물 중심으로 관리하고 있음

◎ 제 3차 농림식품과학기술육성 종합계획(2020-2024)

- ☐ 개방형 혁신으로 지속가능한 미래 농림식품산업 육성을 비전으로 「제3차농림식품과학기술육성 종합계획(2020-2024)」 정책 마련
  - 농림식품 산업의 미래 먹거리가 될 스마트 농업, 바이오 산업, 고품질 농식품, 재난 대응, 삶의 질 등 5대 중점 연구분야에 투자 집중
    - ICT 융복합 스마트 농업, 농생명 바이오 산업, 농림업인·농촌주민·국민 삶의 질, 수요와 트렌드에 맞는 고품질 농식품, 기후변화·재난·질병대응 농업생산
  - 연구 데이터 플랫폼으로 연구과정 개방·공유, 화학·기계·전자 등 타 분야 기술 접목으로 개방형 연구협력 고도화
    - 연구 데이터 공유 플랫폼 등 오픈 사이언스 기반 마련
    - 타분야 기술을 접목한 농식품 R&D 등 연구 전 과정의 개방형 프로세스 도입
    - 지자체 참여 확대 및 지역 연구기관 역량 강화를 통한 지역 혁신역량 확충
  - 민간 농림식품 R&D 활성화 위해 정부와 민간의 R&D 역할 모델 제시, 민간 R&D 대상 정부 매칭지원과 사업화 지원 강화
    - 농식품 R&D 투자수행 시 공공과 민간의 역할 제시
    - 정부자금 매칭지원, 자조금의 R&D 사용 등 민간 R&D 투자 유도
    - 민간 유휴기술 이전, 기술사업화 R&BD 사업, 실험실 창업 지원 등 실용화·사업화 강화
  - 농식품부·농진청·산림청 R&D 총괄 컨트롤타워로 농과위 기능 강화, 사업 유형에 따른 관리체계 차별화, 융합형 미래인력 양성 등 R&D 추진체계 개편
    - 농림식품과학기술위원회 총괄 컨트롤타워 기능 강화 등 부·청 R&D 거버넌스 개편
    - 현장문제 해결 R&D 및 미래 대응 R&D 등 연구 성격에 따른 관리방식 차별화
    - 창의적 연구인력 양성을 위한 융복합 특수대학원 신설 및 국제 연구협력 강화

☐ 신규업종 관련 키워드 중 '가정간편식'은 이용 목적과 구매 결정요인, '건강기능식품'은 이용 목적, '고령친화식품', '푸드테크'는 주로 정책·제도 및 제품·기술 개발 관련 언급

- '가정간편식'의 연관어들은 소비자의 가정간편식 이용 목적과 구매 결정요인 등이 다양함을 보여주고 있음
- '건강기능식품'의 경우 어린이, 부모님 또는 선물용 등으로 주로 이용되고, 다이어트(체중관리), 해독(디톡스) 관련 효과/효능에 관심이 많은 것을 보여주고 있음
- '고령친화식품', '푸드테크'의 경우 상대적으로 발전 초기단계에서 정책·제도 및 제품·기술 개발 관련한 연관어가 주로 언급

☐ 국내 건강기능식품 시장은 신규 개별원료 인정 건수가 대폭 감소함에 따라 스틱 및 구미 타입 등 새로운 제형 개발 등 시장 확대를 위한 노력을 꾸준히 하고 있으며, 농식품부가 추진하고 있는 기능성식품 산업 육성정책과 지원으로 지속적으로 성장할 것으로 전망

☐ 한국 문화에 대한 우호적인 분위기 확산에 따라 한국 농식품의 수출 및 외식 프랜차이즈의 해외시장 진출도 적극 확대

- 성장잠재력이 큰 아세안 등을 중심으로 해외에 기 진출한 국내 대형유통업체와 글로벌 유통채널, 현지 공동 물류망 등을 적극 활용해 수출시장의 다변화를 도모
- 신선농산물의 경우 품목별로 수출통합조직을 육성하고, 사업 대상자가 원하는 사업을 직접 선택해 패키지로 지원받을 수 있는 수출바우처 제도도 시행

☐ 국가식품클러스터의 경우, 관심기업을 선제적으로 찾아가 '22년까지 160개 이상 기업을 유치하고, 정주여건 개선·기술애로 해소 등 입주기업이 필요로 하는 지원을 강화하여 식품기업의 전진기지로 구축

- 특히, '청년창업지원 Lab' 및 식품벤처센터를 확대하여 청년들의 식품관련 창업지원 플랫폼을 구축함으로써 푸드 스타트업의 메카로 자리매김해 나갈 계획

☐ 전통식품·전통주 및 한식·음식관광의 경쟁력을 제고하여 국산 농식품에 대한 국내·외 소비기반을 확충함으로써 농업·문화·관광 등 전후방산업과 연계를 강화

5. 중소기업 전략제품

가. R&D 추진전략

☐ 4차 산업혁명 등 신기술 개발 가속화로 식품 분야에도 빅데이터, 인공지능(IT) 기술과의 접목된 기술개발이 빠르게 확산되고 있어, 관련 기술개발이 필요함

- 스마트 제조와 관련하여 5G 기술 기반 식품 품질인식/등급 판정 및 모니터링 기술, 실시간 온도관리 기술, 스마트 라벨, QR코드 기반 제품 신선도 표시, 스마트 HACCP 솔루션 등이 개발 중임
- 스마트 쿠킹과 관련하여 분자요리, 3D 프린팅을 이용한 전투식량/식품 소재 생산 기술 등이 개발 중임

☐ 국내의 경우, 일반식품 기능성 표시제도 실시에 대응하여 관련 시장을 선점하기 위해 다양한 기능성 소재 개발 및 기능성 성분의 다양한 식품 적용 연구가 필요함

- 식약처, 농진청, 식품연, 학계 등 산학연관 전문가들로 구성된 국산소재 기능성 규명 협의체는 체계적 문헌고찰(SR)을 통해 국산소재의 기능성 규명을 위한 과학적 근거자료를 보완하고 이를 기능성 원료로 등록, 제품개발을 지원하고 있음

☐ 만성질환/암환자 증가 및 코로나19 판데믹으로 인해 면역력 강화에 대한 수요 증가에 대응하기 위해, 면역력 강화를 위한 프로바이오틱스 소재 및 인체 내 전달 효율 향상 기술에 대한 개발이 필요함

- 프로바이오틱스 대사 산물의 일종인 포스트바이오틱스, 프로바이오틱스와 포스트바이오틱스의 시너지 효과, 마이크로바이옴 소재 발굴 등의 연구가 필요하며, 미생물 유래 기능성 소재 활용 제품 개발이 필요함

☐ 지속가능한 식품 생태계 조성을 위한 가공 기술 및 패키징 기술 개발 필요

- 소비환경 변화 및 원료제품군 다양화 등에 따른 가공기술 개발 필요
- 플라스틱 사용량을 줄이고 탄소 배출을 감축 위해 생분해성 소재를 활용한 친환경 식품 패키징 소재 개발 필요

전략분야 현황분석

☐ 본 로드맵의 주요 범위는 기능성 식품이며, 주요 기회요인과 위협 요인으로부터 중소기업의 시장대응전략을 수립

Factor	기회요인	위협요인
정책	• 중소기업적합업종에 선정된 업종은 대기업의 신규진입 자제되거나 확장이 자제되어 중소기업의 사업영역 보호에 유리 • HMR 산업의 중요성을 인식하고 이를 육성하려는 정부의 의지가 반영된 정책 발표	• 대기업의 시장 독과점과 납품 유통업체의 불공정한 관행으로 시장 진입에 어려움 • 정부의 불충분한 R&D 투자 • 식품위생 및 위생 강화에 따른 과도한 규제
산업	• 웰빙, 슬로우 푸드 등의 환경 조성 • HMR 시장의 성장으로 패키징 기술 수요 증가 • 이종산업의 식품패키징 시장 주목	• 국산원료에 대한 안정적인 공급체계구축 및 유통채널 확보의 어려움 • 국산원료에 대한 안정적인 공급체계구축 및 유통채널 확보의 어려움
시장	• 고령화 등으로 국내외 건강 기능성 식품 시장 지속적 성장 • 건강한 먹거리를 선호하는 트렌드	• 선진국과의 기술 격차 심화 • 패키징 소재 기술의 해외 종속
기술	• 산학연관 연계 및 협력을 통한 기술개발 강화 • 소재기반 기술의 연구·개발 집중화	• 인적·물적 인프라를 갖춘 대기업과의 협업의 어려움

중소기업의 시장대응전략

→ 정부의 R&D를 기반으로 중소기업 공동 브랜드를 개발하여 시장성을 갖추어야 함
→ 안정성, 편리성, 위생, 맛, 먹거리의 원산지(국내산) 등 소비자를 니즈를 정확히 분석하여 그에 맞춘 다양한 제품 출시
→ 웰빙, LOHAS 및 초고령화 사회 진입에 따른 지속적인 대사질환 타깃 건강기능식품 및 특수용도식품 개발
→ 차별화된 고부가가치 기능성 소재의 탐색과 소비자 요구를 반영한 제품개발

나. 전략제품 선정 절차

전략제품 후보군 도출	전략제품 선정위원회	전략제품 확정
✓ 기술 수요조사 기반 전략제품 후보 도출 - 중소기업 기술 수요조사 - 수요처 기술 수요조사 - 국가추진전략 ✓ 대국민 온라인 재밍(Jamming) 기반 전략제품 후보 도출 - 국민건강, 환경, 재난/안전 분야 ✓ 산학연 전문가 추천	✓ 산학연 전문가로 선정위원회 구성 ✓ 평가 기준에 따른 평가 종합 ✓ 마일스톤 제품을 우선 선발 후, 전략제품을 결정 ✓ 스크리닝(중복, 전략범위, 내용 고려)	✓ 제품 선정결과 검토 및 조정 ✓ 전략제품 확정

☐ 전략제품 후보군 도출

- (중소기업 기술수요조사) 성과분석 진행 시 수신한 6,932건의 기술수요에 대하여 전문가가 과제명, 개발 목표 및 내용을 확인 후 전략제품 후보 도출

- (수요처 기술수요조사) 대기업이 중소기업에게 구매할 의사가 있다고 응답한 제품을 기반으로 기술수요를 확인하고 전략제품 후보 도출

- (국가추진전략) 최근 3년간 정부부처에서 발표한 정책자료를 분석하여 향후 정부 주도로 연구개발을 추진할 것으로 기대되는 전략제품 후보 도출

- (산학연 전문가 추천) 분야별 전문가 대상 후보 추천 의뢰 의견 수렴

- (재밍) 대국민이 참여한 데이터 기반의 전략제품 발굴을 위하여 3개 분야(국민건강, 환경, 재난/안전) 10개 세션을 운영하여 데이터 수집 후 빅데이터 분석을 통해 전략제품 후보 도출

☐ 전략제품 선정위원회

- (선정방식) 중소기업 적합형 기술로드맵 수립 및 전략 강화를 위해 전략제품 선정위원회의 평가를 종합하여 전략제품을 선정

- (전략제품 선정평가위원회) 분야별 산·학·연 전문가 위원회를 구성하여 전략제품에 대해서 각 6개 항목을 평가 및 검토 진행

- (평가항목) 기술성, 시장성, 중소기업 적합성, 기술개발 파급효과, 정부지원 필요성, 개발기간을 기준으로 평가

- (마일스톤 제품 선정) 5년 이상의 중장기 개발 필요성 및 정부정책 등을 종합적으로 고려하여 전문가 위원회가 우선적으로 선정

☐ 전략제품 확정

- (검토 및 조장) 선정된 전략제품들에 대해 최종적인 타당성 검증 및 분야 간 전략제품 검토 및 조정을 통해 전략분야별 전략제품 확정

다. 전략제품 선정결과

◎ 가정간편식(HMR) 제품

- 가정 내 소비를 위하여 가정 외에서 완전·반조리 형태로 제공되어 가정 내에서 바로 또는 간단히 조리하여 섭취할 수 있도록 편의성이 부여된 음식

  - 맞벌이 가구 및 1인 가구가 증가하면서 HMR 식품 산업의 규모가 증가함에 따라 간편성만을 추구하는 HMR 제품뿐만 아니라 제품이 다양화 되고 고급화 되는 추세임
  - 보존료 무첨가 제품 출시, HMR 제품에 대한 올바른 지식 홍보 등 소비자들에게 HMR 제품에 대한 인식 제고가 요구됨

◎ 건강기능성 식품

- 인체의 구조 및 기능에 대하여 영양소를 조절하거나 생리학적 작용 등과 같은 보건용도에 유용한 효과를 얻기 위해 섭취하는 식품

  - 초고령 사회 노인 건강에 대한 관심이 증대되고, 의료비 부담에 대한 경감이 필요한 상황
  - 코로나 19 대유행으로 건강과 면역력에 대한 소비자 관심도 급상승

◎ 특수용도식품(케어푸드)

- 식품공전에 따르면, 영·유아, 병약자, 노약자, 비만자 또는 임신·수유부 등 특별한 영양관리가 필요한 특정 대상을 위하여 식품과 영양소를 배합하는 등의 방법으로 제조 가공한 영아용 조제식, 성장기용 조제식, 영·유아용 곡류조제식, 기타 영·유아식, 특수의료용도식품, 체중조절용 조제식품, 임산·수유부용 식품

  - 국내 간편식 시장에서 고령자나 만성질환자를 위한 기능성이 강화된 식품시장 규모는 아직까지 도입단계임
  - 식생활 구조의 변화로 간편식 시장과 함께 케어푸드 시장도 크게 성장할 것으로 예측

◎ 대체식품

- 이전부터 식용으로 사용되어온 식물, 고기류가 어업자원 고갈 등으로 인해 시장의 수요에 대응하지 못하는 경우, 비슷한 성질을 가진 다른 동식물로 계획적으로 대체해서 사용하는 것으로, 영양학적으로 완전식품을 지향하되 간편함을 강조하며, 대체육의 경우 식물성 대체육, 배양육, 식용 곤충으로 나누어짐

    - 전통적 육류 생산 방법과 비교하여 지속가능하고 탄소발생 이슈를 극복할 수 있다는 장점을 가지고 있음
    - 동물복지, 축산질병 관련 안전성 문제, 코로나19 판데믹 사태 등의 환경적 영향으로 더욱 주목받게 될 것으로 보임

◎ 반려동물 식품/기능성 사료

- 주식과 간식으로 분류되며, 주식은 사료에 속하고 반려동물의 연령/특징(크기, 체질 및 보유질병 등)에 따라 종류가 다양함
- 간식은 사료식품을 제외한 반려동물의 식품을 칭하며, 원재료의 종류와 가공특성에 따라 제품 및 종류가 다양하게 나뉨

    - 세계 관련시장 규모는 GDP 평균 성장률보다 높은 추세로 성장 중이며, 한국시장 규모 역시 높은 추세의 성장세를 보임
    - 애완동물에 대한 인식이 삶의 동반자로 전환되면서 관련 서비스와 제품은 더욱 다방면으로 확대될 것으로 보임

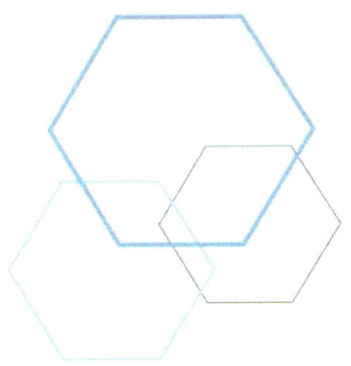

전략제품 현황분석

가정간편식 제품
(HMR 제품)

가정간편식 제품(HMR 제품)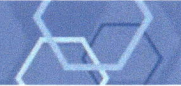

정의 및 범위

- 가정 내 소비를 위하여 가정 외에서 완전·반조리 형태로 제공되어 가정 내에서 바로 또는 간단히 조리하여 섭취할 수 있도록 편의성이 부여된 음식으로 정의

전략 제품 관련 동향

시장 현황 및 전망	제품 산업 특징
• (해외) 가정간편식 시장규모는 2019년 138억 4,800만 달러에서 연평균 3.7% 성장해 2025년 175억 3,100만 달러에 이를 전망임 • (국내) 가정간편식 시장규모는 2019년 4조 2,000억 달러에서 연평균 9.2%로 성장해 2025년 7조 1,217억 원에 달할 것으로 예상됨	• 소규모 가구의 확대와 도시화로 간편식 발달과 휴대용 소포장 식품 수요가 높아지고 있음 • 무점포 소매 채널을 통한 HMR 판매가 증가하고 있으며, 인터넷을 통한 상품 구매의 비중이 증가하면서 픽업 서비스가 확대됨
정책 동향	기술 동향
• (해외) EU, 미국, 중국 등 주요 국가는 편의성, 안전, 건강을 모두 갖춘 가정간편식 생산을 지원하고 있음 • (국내) 식품산업진흥법 개정을 통해 HMR 산업 육성을 위한 법적 근거와 산업 표준을 마련하여 R&D 지원 정책 계획	• HMR 포장 및 가공·저장을 위해 다양한 기술 개발 중이며, 친환경 포장재에 대한 기술 개발 가속화 • 위생 및 안전성 관리 강화를 위한 가공 기술 개발 • 정보통신 기술을 활용한 유통관리 기술 개발
핵심 플레이어	핵심기술
• (해외) Nestle, Kraft Heinz, Conagra, Lawson, Ajinomoto, Nissin Food • (국내) CJ제일제당, 신세계푸드, 대상, 농심, 풀무원	• 즉석조리식품 제조방법(포장기술 제외) • 간편식 패키징 및 포장용기 개발 기술 • 식품 물성 유지 기술 • 고령식 즉석조리식품 제조기술 • 즉석조리법 관련기술 • 가열/냉동간편식 제조방법

중소기업 기술개발 전략

➔ 사회구조 변화로 인한 식생활의 외부의존이 높아지고 있어 가정식을 대체하는 간편식의 수요가 지속 증가하고 있어 이에 대한 기술적 대응 필요

➔ 대기업을 중심으로 즉석밥류, 카레류, 국·탕·찌개류, 죽류 등 진입장벽이 낮은 저가형 제품 위주로 간편식 시장이 형성되어 있어, 편의성 향상을 위한 포장, 냉·해동, 비열살균, 소비대상의 체계적인 분석이 필수적임

➔ 편의성과 안전성을 향상시킨 제품의 개발을 위해 식품 외 이종산업 분야(화학, 기계, 전자 등)와의 협력 강화 필요

➔ 국내 식품기업의 90% 이상이 5인 미만의 영세 사업장임을 감안할 때, 기업의 연구개발 지원을 위한 산학연 협력이 매우 중요

전략제품 현황분석

1. 개요

가. 정의 및 필요성

(1) 정의

☐ 가정간편식(HMR) 가정 내 소비를 위하여 가정 외에서 완전·반조리 형태로 제공되어 가정 내에서 바로 또는 간단히 조리하여 섭취할 수 있도록 편의성이 부여된 음식으로 정의

- 최근에는 구매 후 바로 섭취할 수 있는 다양한 제품들이 출시되고 있고, 소비자 편의를 위하여 점포에서 조리가 가능하도록 전자레인지 등을 설치하여 HMR 제품을 구매하여 점포나 가정 내가 아닌 다른 장소에서도 섭취가 가능

- 소비자가 다양한 업태에서 제공되는 완전·반조리 형태의 제품을 구매하여 가정 내에서 바로 또는 간단히 조리하여 섭취하거나 구매 장소가 아닌 가정 외의 다른 장소에서도 섭취할 수 있도록 제공되는 식품으로 정의하기도 함

- 인스턴트식품을 제외하고 가공식품 중 일부, 냉동식품 중 냉동 전 가열제품과 레토르트 식품 중에서 '즉석 밥류 및 죽류' 등 일부가 포함된 가공식품으로 정의하기도 함

☐ 식품의약품안전처(식약처)는 식품의 위생 및 안전기준을 제시하기 위하여 식품공전에 HMR 관련 상품을 소비자가 별도의 조리과정 없이 그대로 또는 단순조리과정을 거쳐 섭취할 수 있도록 제조·가공·포장한 즉석섭취식품, 즉석조리식품, 신선편의 식품으로 구분

[가공식품에 따른 HMR의 정의]

* 출처 : 한국농촌경제연구원(2015), 가정식 대체식품(HMR) 산업의 현황과 정책과제

☐ Costa(2001)는 가정에서 직접 만드는 것과 같은 식사인 주 요리를 완전하고 신속하게 대체할 수 있도록 고안된 단백질, 탄수화물, 채소 급원 단일 혹은 다수가 1인분 용기에 담겨 제공되는 주 요리 혹은 사전 조합된 주 요리라고 정의

- 조리시간과 과정을 기준으로 바로 섭취(Ready to eat), 가열 후 섭취(Ready to heat), 간단조리 후 섭취(Ready to end-cook), 조리 후 섭취(Ready to cook)로 분류

- 식생활적 관점에서 섭취장소를 '가정'으로 한정하여 가정 내에서의 소비를 위해 가정 밖에서 생산된 먹거리로 정의

가정간편식 제품(HMR 제품)

[식생활적 관점에서 HMR의 정의]

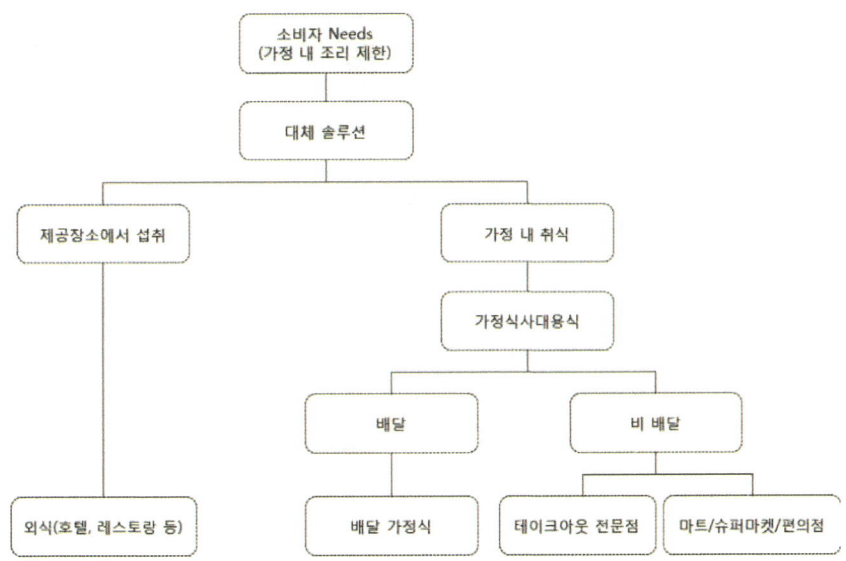

* 출처 : Costa et al.(2001), A consumer-oriented classifications system for hom meal replacements., 한국농촌경제연구원, (2015), 가정식 대체식품(HMR) 산업의 현황과 정책과제 재인용

[기능성식품 전략분야 내 가정간편식 제품(HMR 제품) 위치]

* 자체구성

(2) 필요성

☐ HMR(Home Meal Replacement)은 간편가정식, 가정식 대체식품 정도로 풀이할 수 있으며, 말 그대로 '정식 가정식'은 아니지만 가정식을 대체하거나 가정식을 간편하게 먹을 수 있게 한다는 것에서 시작됨

[세대별 HMR 변천과정]

1세대	2세대	3세대	4세대		5세대
레토르트 식품	반찬중심 HMR	HMR의 고급화	외식의 HMR화 CMR	밀키트 RMR	케어푸드

※ 4세대 진입 및 5세대 검토·시작 단계

* 출처 : 식품외식경제

☐ 맞벌이 가구 및 1인 가구가 증가하면서 HMR 식품 산업의 규모가 증가함에 따라 간편성만을 추구하는 HMR 제품뿐만 아니라 제품이 다양화 되고 고급화 되는 추세

- 보존료 무첨가 제품 출시, HMR 제품에 대한 올바른 지식 홍보, 공장 견학 등의 노력을 통하여 소비자들에게 HMR 제품에 대한 인식 제고가 요구

☐ 코로나 19의 여파로 가정간편식(Home Meal Replacement; 이하 HMR) 시장의 고도화가 지속되고 있으며, 제품군의 다양화 및 차별화도 지속되고 있어 지역의 관점에서 생산, 유통, 소비 분야로 구분하여 대응방안의 모색이 필요

☐ HMR산업이 성장하고 있지만 인구감소 등의 사회변화에 선제적 대응이 필요하며 미래 HMR산업은 시장변화의 구조를 제대로 파악하고 판매채널, 식품 개발, 비즈니스 모델 등의 혁신이 필요

☐ 우리나라의 HMR 주요 타겟은 20~30대이지만, 향후 고령자 및 그 가족들을 대상으로 온라인 배달서비스 및 당뇨, 심혈관질환, 신장질환 등의 음식 처방이 필요한 맞춤 식단 제공이 필요

나. 범위 및 분류

(1) 가치사슬

☐ 고령자 및 환자 맞춤형 가정 간편식 제품, 친환경 포장재를 적용한 가정 간편식 제품 등의 증가로 가정 간편식(HMR) 분야의 전/후방 산업이 지속적으로 확대되고 있음

[가정 간편식(HMR) 분야 산업구조]

후방산업	가정 간편식(HMR)	전방산업
원재료 가공, 바이오, 패키징 소재, 화학, 농업, 품종 개발, 축산	원료 소재화 및 제품화 기술, 가정 간편식 제조/가공 공정 및 장비, 가정 간편식 패키징 공정 및 장비	온라인 유통, 오프라인 유통, 외식, 정기 구독 배달 서비스, 고령자/환자 맞춤형 의료, 헬스케어

☐ 코로나19 판데믹으로 인해 재택근무 및 원격 수업이 증가하면서, 가정 간편식 제품의 소비 형태가 온라인 중심으로 옮겨가고 있음

- 농림축산식품부 조사에 따르면 가공식품을 주로 온라인에서 산다는 비중이 2018년 2.4%에서 2020년 11.4%로 늘었으며, 가공식품 중에서도 HMR이 포함된 간편식 비중이 높은 것으로 나타남
- 온라인 채널을 자주 이용하지 않던 50~60대도 코로나19 판데믹으로 인해 온라인 채널을 경험하게 되었으며, 새벽 배송 시장에 뛰어든 유통 업체가 늘어나 HMR 배송의 질이 높아지고 있음
- 식품 상태 유지를 위한 유통(배송) 기술은 아직 부족하여, 판매 및 배송 단계의 식품 신선도 유지 방안으로 신선식품 스티커 부착 및 우선 배송, 신선식품과 냉동식품의 보냉 유지 포장기술 개발, 유통업체의 콜드체인 시스템 및 냉장 탑차 도입 등의 방안이 필요할 것으로 보임

☐ 편의성 위주의 제품이 다수였던 가정 간편식 시장은 밀키트처럼 영양을 고려한 제품이 출시되면서 성장을 거듭하고 있음

- 기존 간편식과 달리 신선 식재료가 포함된 간편식인 밀키트가 급격히 성정하면서 가정 간편식이 건강에 좋지 않다는 인식을 해결해주고 있으며, 식품의약품안전처에서는 밀키트 제품을 관리 및 감독하기 위해 '간편조리세트' 식품 유형을 신설하여 2022년 1월 1일부터 적용할 계획임

☐ 유명 레스토랑과 셰프와 연계한 RMR(레스토랑 간편식) 제품이 늘면서, 외식·유통·제조 업체의 협업이 중요해질 것으로 보임

- 훌륭한 레시피가 있는 외식 업체와 대량생산이 가능한 제조 업체, 소비자를 잘 이해하고 다양한 유통망을 보유한 유통 업체의 협업을 통해 경쟁력 있는 가정 간편식 제품을 생산해야 함

(2) 용도별 분류

☐ '식품의 기준 및 규격'의 품목 분류상 즉석섭취·편의식품류가 가정간편식에 해당하며, 즉석섭취·편의식품류는 즉석섭취식품, 즉석조리식품, 신선편의식품으로 분류

[가정간편식의 범위 및 분류]

품목 분류	정의	주요 품목
즉석섭취·편의식품류	별도의 조리과정 없이 그대로 또는 단순조리과정을 거쳐 섭취할 수 있도록 제조·가공·포장한 식품	도시락, 샌드위치, 김밥, 샐러드 등
즉석섭취식품	동·식물성 원료를 식품이나 식품첨가물을 가하여 제조·가공한 것으로서 더 이상의 가열·조리과정 없이 그대로 섭취할 수 있는 식품	도시락, 김밥, 샌드위치 등
즉석조리식품	동·식물성 원료를 식품이나 식품첨가물을 가하여 제조·가공한 것으로서 단순 가열 등의 조리과정을 거치거나 이와 동등한 방법을 거쳐 섭취할 수 있는 식품	가공밥, 국, 탕, 스프, 순대 등
신선편의식품	농산물, 임산물을 대상으로 세척, 박피, 절단, 세절 등의 가공공정을 거치거나 이에 단순히 식품 또는 식품첨가물을 가한 것으로서 그대로 섭취할 수 있는 식품	샐러드, 간편 과일 등

* 출처 : 식품의약품안전처(2019), 식품의 기준 및 규격

☐ 편의성이라는 속성을 기준으로 소비자의 조리 관여 정도와 조리에 투자하는 시간에 따라 4개의 카테고리로 분류

- C1은 준비등급이 가장 낮은 수준으로 편의성이 높고 C4로 이동함에 따라 조리에 소요되는 시간이 증가하거나 과정의 복잡성이 증가하는 형태
- 해당 분류 체계는 생산자에서 소비자에 이르는 공급망 전체에 폭넓게 활용될 수 있고, 식품 개발 과정에서 카테고리별 효율적인 인적·물적 자원 분배를 가능하게 하며, 범주 내의 각 항목의 개념이 쉽고 명료하여 상품개발과 마케팅 관련 활동에도 전략적인 도구로 활용될 수 있다는 장점이 있음

[편의성에 따른 가정 간편식의 분류]

준비등급	정의	주요 품목
C1(Ready to eat)	별도의 조리 없이 바로 섭취 가능	냉장 샌드위치, 샐러드, 냉장 PIE 등
C2(Ready to heat)	단시간 데운 후 섭취 가능	냉동/냉장 피자, 액상/분말 스프, 스파게티 등
C3(Ready to end-cook)	장시간 데우거나 끓인 후 섭취 가능	냉동/라자냐, 일부 냉동식품 등
C4(Ready to cook)	직접 요리 필요	냉장/냉동 해산물, 육류, 생선류, 야채 등

* 주: 단순한 가열과 충분한 가열은 팬에서 15분, 일반적인 오븐에서 20분, 전자레인지에서 10분을 기준으로 구분됨

2. 산업 및 시장 분석

가. 산업 분석

◎ **건강지향적 가정간편식 제품 개발**

☐ 건강, 면역, 지속가능한 식생활에 대한 소비자의 관심이 증대되면서 건강을 화두로 한 저염식, 저지방식, 저당식과 같은 건강지향형 HMR 제품에 대한 꾸준한 개발이 시도됨

- 향후 우리나라 HMR 시장은 영양적인 측면을 강화한 제품, 건강적인 측면을 강화한 제품, 고령친화적인 제품 등 제품의 카테고리를 다양화하고 다각화하면서 시장수요를 확대할 것으로 예측

☐ 일반 HMR의 경우 탄수화물, 나트륨 과다 섭취에 대한 우려의 목소리가 지속적으로 제기되어 왔음

- 2020년 식품의약품안전처는 찌개류 HMR 조리 시 몸속 나트륨 배출에 도움을 주는 칼륨 함량이 높은 파, 양파 등과 함께 조리하는 것을 권고하는 조사결과를 발표
- 미국, 유럽 등 해외 선진국에서는 건강한 가정간편식이라 할 수 있는 '헬스앤웰니스 레디밀' 시장이 10조 원 대 규모로 형성되어 있으며, 국내에서도 새로운 카테고리로 자리 잡을 것으로 예상됨

☐ 중국, 인도네시아, 베트남 등의 아시아 국가에선 경제 발전의 가속화와 소득 수준의 증가, 중산층의 확대로 건강한 먹거리에 대한 관심이 높아졌으며, 북미와 유럽 지역에선 만성질환을 예방하기 위한 식단의 변화를 추구하는 중임

☐ 건강을 앞세운 가정간편식 제품의 등장은 새로운 파이를 만들어낼 것이라는 기대감을 주지만, 가격저항과 저염식에 대한 선입견을 해소해야 함

- 건강을 강조하는 가정간편식 제품의 경우 일반 가정간편식 제품에 비해 1.5~3배의 가격 차이가 나는 것으로 나타남

◎ **미국 HMR 시장의 성장**

☐ 미국 HMR 시장은 '건강', '안전', '편의' 가치를 추구하며 크게 성장하고 있음

☐ 소규모 가구의 확대와 도시화로 간편식 발달과 휴대용 소포장 식품 수요를 견인하고 있으며, 이에 따라 소포장 스낵 상품, RTD(Ready-To-Drink) 음료, 싱글컵 캡슐 커피 매출이 증가하고 있음

- 시간의 압박을 받는 소비자가 증가함에 따라 신선한 음식의 테이크아웃이 급속한 인기를 얻었으며, 가정에서 만든 요리를 대신하는 편리한 대안을 선택하는 사람들의 수가 늘어나는 추세

☐ 모바일 인터넷을 기반으로 한 비즈니스가 확장되고 다양성과 속도, 편의성, 배달의 접근성이 향상되면서 음식 배달 시장이 급성장함

- 음식 배달 시장의 규모는 외식업계 규모의 약 40% 정도인 것으로 평가
- 도시락이나 음식 배달, 푸드 트럭을 이용하여 간단히 점심을 해결하는 직장인이 증가

□ 밀키트라 불리는 반조리 식품 시장이 현재 미국 HMR 시장에서 가장 주목하는 시장중 하나임
- 사람 수에 맞춰 계량하고 손질된 식자재를 소비자의 집 앞까지 배달해주는 밀키트 서비스 시장이 성숙하여 다양화와 고급화가 진행
- 가족 구성원 수의 감소와 간편함을 추구하고 여가 생활에 더 많은 시간을 할애하려는 젊은 세대의 요구에 부응

□ 코로나19 팬데믹의 장기화로 밀키트 정기구독 이용자는 전년대비 20.6% 증가함
- 이용자가 일주일에 몇 끼 받을지를 정하면 주마다 원하는 요일에 집 앞으로 배송되고, 원하지 않는 주는 건너뛸 수 있으며, 채식주의, 저칼로리 등 소비자 맞춤형 식단을 구비하고 있음
- 미국 내 밀키트 시장점유율 49.4%를 차지하는 헬로프레쉬(HelloFresh)는 매주 25개 이상의 다른 메뉴를 선보이며, 고기와 야채, 야채, 저칼로리, 빠르고 쉬운 요리, 각 채식주의자 종류에 맞춘 메뉴 등을 추천하고 있음
- 헬로프레쉬와 에브리플레이트(EveryPlate)는 식품 서비스 및 시설관리 기업 소덱소(Sodexo)와 파트너십을 맺어 300개가 넘는 미국 대학에 밀키트 배송을 시작했으며, 학생들이 소덱소의 바잇유(BiteU) 애플리케이션으로 메뉴를 정해 배달을 신청하면 식자재와 레시피, 필요한 도구를 함께 제공함

□ 무점포 소매 채널을 통한 HMR 판매가 증가하고 있으며, 인터넷을 통한 상품 구매의 비중이 증가하면서 픽업 서비스가 확대됨

◎ 일본 HMR 시장의 성장

□ 일본에서 HMR 시장이 빠르게 성장 중인데 가정 내에서 조리해 먹는 집밥 즉 '내식'이나 음식점에 나가서 먹는 '외식'과 달리, 밖에서 조리된 것을 구입하여 가정 내에서 먹는다는 '중식(中食)'이라는 이름의 산업으로 형성됨
- 따라서, 단순히 간편한 식품에서 만족하는 것이 아니라 제품 선택에 있어 가장 중요한 요소는 건강, 안전, 안심
- 또한, 어느 정도 숙성시켰는지, 완숙인지, 저염 상품인지 등 소비자 타겟에 따라 HMR 상품 역시 세분화되고 있는 추세

□ 일본에서는 HMR 식품 시장의 발전으로 전후방 산업인 유통과 포장산업에 IT 기술 활용과 포장 기술개발을 위한 R&D 투자가 유치되고 있음
- 유통산업에서는 보다 효율적인 SCM(Supply Chain Management)을 구축하기 위해 POS(Point of Sale)데이터를 활용, 정확한 수요예측과 발주 및 배송 업무를 신속하게 진행함. 소매업자에게는 재고를 줄이는 효과를 기대할 수 있고 중간 유통업자는 공급량을 효율적으로 조정 가능
- 식품가공 및 포장산업에서는 재료를 다듬는 로봇 개발과, 급속 냉각 기술을 실현하는 등 위생과 안전을 동시에 추구하는 형태의 기술개발이 활발하게 진행 중
- 대표적인 예로 마에가와 제작소의 닭고기 가슴살 분리 로봇 '토리가와'와 7-Eleven의 밥을 짓자마자 삼각김밥 형태로 변환 후 냉각시키는 기술이 있음

- 일본의 HMR 시장은 라이프스타일의 변화에 의해 간단하게 조리 가능한 레디밀 가공식품, 그대로 섭취 가능한 도시락/반찬식품에 대한 수요가 고조되어, 시장이 계속해서 확대되고 있음
  - 일하는 여성이 증가함에 따라 가정에서의 조리시간 및 조리공정 단축이 가능한 제품이나 메뉴를 고민해야하는 수고를 덜어주는 제품에 대한 수요 증가
  - 또한 1인 세대, 2인 세대 증가 및 가족이 각자 다른 시간에 따로 식사를 하는 경우가 많아진 바, 조리 불필요, 전자레인지로 데우기만 하면 되는 가정 간편식은 라이프스타일 변화에 대응한 제품 분야로, 소매점의 판매 주력도는 매년 증가
  - 레디밀 가공식품은 냄비나 프라이팬으로 조리하거나 뜨거운 물을 붓거나 중탕 등 가열하는 조리공정이 필요한 식품이 주류였음. 전자레인지로 조리하는 경우는 식기에 내용물을 옮겨 담아서 가열해야 했으나, 2015년 이후, 식기로 옮겨 담지 않아도 용기째로 전자레인지로 조리 가능한 식품이 증가하고 있음
  - 파우치 식품의 편의점 PB 제품이 히트를 치고, 전자레인지 조리에 적합한 용기에 대한 인식이 단번에 고조되어, 식기에 옮겨 담는 번거로움을 생략할 수 있는 용기가 급속도로 확산

- 가공식품 중에서도 고품질화로 인한 미각 만족도 향상과 식기에 제품의 내용물을 옮겨 담을 필요가 없는 전자레인지 조리가능 용기를 채택하는 경우가 많아져, 더욱 간편성을 높이고 있는 것도 시장 활성화로 이어지고 있음

- 일본 간편식은 다양한 소비채널을 통해 판매되고 있으나 대부분 편의점과 슈퍼마켓 등의 점포 소매점에서 유통되고 판매됨
  - 일본의 편의점은 기존에는 대부분 젊은 층에서 이용했으나 접근성, 상품 및 서비스의 다양화, 배달 서비스의 도입 등으로 40~50대 이상으로 이용 연령대가 확대되는 추세
  - 새로운 냉장, 냉동 기술의 발달로 물류 배송체계 시스템까지 새로이 구축되면서 편의점에 대한 일본 소비자들의 신뢰성이 상승

- 일본의 경제 호황기를 겪은 단카이 세대는 식품안전과 건강한 식습관에 대한 관심이 높은 세대로, 이들 세대를 고려하여 가정간편식 분야에서도 건강 관련 식품이 늘어나고 있으며, 이러한 결과로 웰빙을 지향하는 고객 증가와 건강한 한 끼 식사에 관심을 갖는 소비자를 겨냥한 유기농 원재료 가정간편식 제품이 급부상함
  - 고령화 진행과 함께 건강유지 및 향상으로 이어지는 채소를 많이 섭취할 수 있는 메뉴에 대한 수요가 높아, 도시락/반찬식품의 상품개발이 강화

전략제품 현황분석

◎ 중국 HMR 시장의 성장

☐ 중국 인구조사에 따르면, 1인 가구 비율이 증가하면서 '1인식(食)' 시장이 발달하고 있으며, 이에 따라 식품업계도 즉석식품, 반제품 식자재 등 다양한 가정간편식을 출시함

☐ 중국은 대도시를 중심으로 싱글족이 늘어남에 따라 생활리듬이 점차 빨라지고 있으며, 편의점에서 식사를 해결하는 소비자층이 증가하고 있음

- 기존 편의점 주 먹거리는 라면이었으나 과일, 죽, 빵, 도시락, 볶음면, 주먹밥 등 다양한 종류의 먹거리들이 생겨나며 젊은 소비자들의 주목을 받고 있음

☐ 중국 내 편의점은 포장 도시락뿐 아니라, 현장에서 따뜻한 밥과 다양한 종류의 반찬을 포장해 판매함

- 직장인들은 사무실 주변 편의점을 이용해 간단하게 식사를 해결하며, 죽, 만두, 삼각김밥, 더우장(豆漿, 중국식 두유)을 주로 먹는 아침은 약 6 ~ 10위안, 밥과 몇 가지 반찬을 곁들인 따뜻한 점심 도시락은 약 20위안에 구매가 가능해 가성비를 중시하는 젊은 층의 호응을 얻음

☐ 소비자 수요에 따라 시장이 변화하고 있어, 요식업 브랜드도 기존의 '매장 섭취, 포장, 배달' 업무를 넘어 가정간편식 제품을 출시해 적극적으로 시장을 확대하고 있음

☐ 건강을 추구하는 웰빙 트렌드와 먹거리 품질 향상 등에 따라 인스턴트라면·국수 시장이 위축되었으나, 건강, 영양을 강조한 '프리미엄 제품' 출시로 성장세를 회복함

- 시장 변화에 따라 좋은 국물을 강조한 탕다런(汤达人) 등의 프리미엄 라면이 인기를 얻고, 즉석 훠궈와 뤄쓰펀(螺螄粉, 우렁이 쌀국수) 등 특색 있는 즉석식품이 출시되어 온라인상에서 폭발적인 인기몰이를 함

- 간편식 시장에서 즉석훠궈가 큰 인기를 끌고 있고 인스턴트식품이지만 맛도 있고 건강하다는 인식에 따라 유명 훠궈 브랜드들도 앞 다투어 즉석훠궈 출시에 동참

◎ 한국 HMR 시장의 성장

☐ 1인 가구 및 코로나19 판데믹 확산으로 집에서 생활하는 비율이 늘어나면서 국내 HMR 수요가 급증하고 있으며, HMR의 신규 소비층이 폭발적으로 증가함

- HMR 시장 초기에는 2~30대 1인 가구가 HMR의 주 소비층이었던데 반해, 2019년부터는 시니어층의 HMR 소비가 증가하고 있고, 코로나19를 계기로 지속적으로 유입 중

- 65세 이상 인구가 전체 인구에서 차지하는 비중은 2019년 14.8%, 2022년 17.2%로 늘어날 전망으로, 시니어층은 다른 세대보다 반찬을 갖춰먹는 경향이 강하기 때문에, 향후 HMR 제품에 대한 소비가 더욱 늘어날 것으로 예상

☐ 코로나19 판데믹으로 인해 재택근무나 유연근무제가 급속도로 확산된 것도 식생활 변화에 큰 역할을 하고 있으며, 가정간편식의 성장에 힘입어 연관 산업도 함께 발전하고 있음

- 가정간편식이 주로 밥과 소스, 면과 소스 등으로 구성되면서, 소스 시장이 성장하고 있으며, 가정간편식과 함께 '온라인 장보기'가 보편화되면서 신선식품을 배송하는 새벽 배송 채널도 성장

- 음식의 조리과정 및 음식의 소비단계에서 편의성을 추구하게 되었으며, 간편한 완전·반조리 식품 및 소포장·소용량 식품에 대한 소비자의 수요 확대
- 다양한 외식 경험을 토대로 가정에서도 전문요리를 조리하여 먹고자 하는 내식 욕구를 자극하는 등 먹거리 소비에 대한 가치관의 변화가 이루어짐
- 배달업의 발달과 냉·해동 기술 및 열처리 기술의 발전, 포장기술의 발달 등 식품 산업의 기술 향상으로 HMR 시장은 지속적으로 성장할 전망

☐ 우리나라 HMR 시장은 대기업이 선도해 나가고 있으며, 중소기업은 자체 기술력을 바탕으로 틈새시장을 공략하고 있음
- 유통업계에서는 유명 맛집이나 대기업과의 제휴를 통한 방법과 PB(Private Brand) 상품을 개발하여 다양한 제품을 갖추려는 노력을 기울임

☐ 이커머스·유통·편의점 업체 등 PB 제품 출시를 통한 HMR 시장 진입이 이어지고 있음
- 이커머스 업체 쿠팡은 지속적으로 HMR PB 제품을 확대하고 있으며, 현재 약 50개의 제품을 판매 중임
- NS홈쇼핑은 식품 PB '엔쿡(NCOOK)'을 론칭해 '21년 9월 첫상품 '한우한마리꼬리곰탕'을 출시함
- 세븐일레븐의 종합HMR PB '소반'은 '18년부터 1~2인 가구에 최적화된 메뉴인 찌개류, 덮밥류, 반찬, 밀키트 등 총 20여 종의 상품을 제공해왔음. 2021년 1~5월 소반의 매출은 전년 대비 21.3% 증가했으며, 덮밥, 찌개, 반찬 등 냉장HMR이 22.2%, 볶음밥, 만두 등 냉동 HMR은 15.9% 증가함

☐ 한국 HMR 시장은 2019년 이후 폭발적으로 성장해 다양한 소비자의 입맛을 고려한 메뉴 등이 확대되면서, 소비자 개인 식이요법 등을 고려한 헬스&웰니스 간편식이 출시되고 있음
- 어린이 전용 간편식 등이 출시되는 등 개인 건강 상태에 따른 맞춤형 식단을 간편식으로 출시해 차별화하려는 시도가 이어지고 있음

전략제품 현황분석

나. 시장 분석

(1) 세계시장

☐ 세계 가정 간편식 제품(HMR 제품) 시장규모는 2019년 138억 4,800만 달러에서 연평균 3.7% 성장해 2025년 175억 3,100만 달러에 이를 전망임

- 세계 HMR 트렌드는 할랄 인증 식품, 무첨가(Free-From) HMR, 에스닉 푸드 등 건강한 식품에 대한 고객들의 니즈에 맞추어 고급화 추세[2]
- 건강하고 맛있는 내추럴 식품 기반 HMR, 지속 가능 패키지, 밀키트 배달서비스의 인기가 지속적으로 상승하고 있으며, 이에 따라 세계 가정간편식 시장 규모도 증가

[가정간편식(HMR) 제품 세계 시장규모 및 전망]

(단위 : 백만 달러, %)

구분	'19	'20	'21	'22	'23	'24	'25	CAGR
세계시장	13,848	14,360	15,160	15,721	16,303	16,906	17,531	3.7

* 출처 : 360 Research Reports(2020), Global Meal Replacement Products Market Report, History And Forecast 2015-2026

☐ 주요국의 1인당 HMR 소비액과 1인당 GDP 분석 결과, HMR 시장은 1인당 GDP가 상대적으로 높은 선진국에서 발달하는 것으로 나타났으며, 한국의 2018년 기준 1인당 HMR 소비는 약 15.8 달러에 불과한 것으로 나타남

[주요국의 1인당 HMR 소비액과 1인당 GDP]

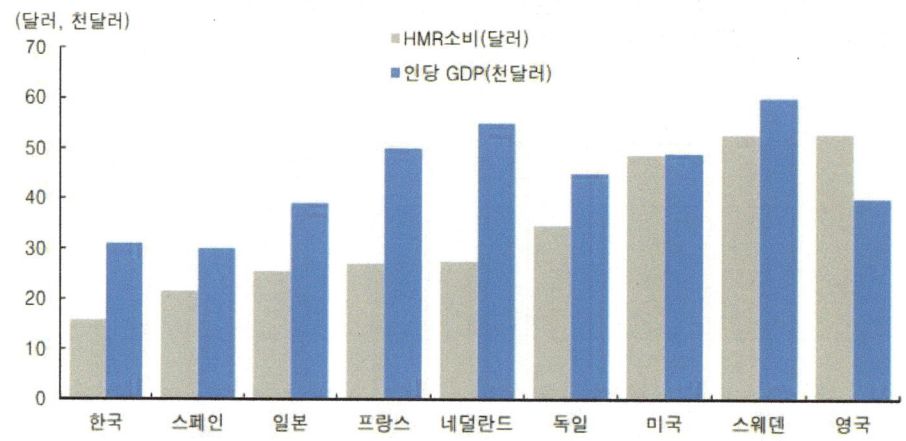

* 출처 : 미래에셋대우 리서치센터(2018)

---

2) 식품외식경제(http://www.foodbank.co.kr)

(2) 국내시장

☐ 가정간편식의 2019년 시장규모는 4조 2,000억 달러에서 연평균 9.2%로 성장해 2025년 7조 1,217억 원에 이를 것으로 전망됨

[가정간편식(HMR) 제품 국내 시장규모 및 전망]

(단위 : 억 원, %)

구분	'19	'20	'21	'22	'23	'24	'25	CAGR
국내시장	42,000	45,864	50,083	54,691	59,723	65,217	71,217	9.2

* 출처 : 한국농수산식품유통공사, 식품음료신문(2021), 가정간편식 점유율 확대 경쟁 2차전

☐ 가정 간편식(HMR)은 코로나19 판데믹으로 인해 가장 특수를 누린 품목으로, 양적 성장 및 질적 성장이 일어나고 있음

- 업계는 생산 라인을 확대하고 공장을 신설할뿐만 아니라, 외식 전문점 수준의 맛·품질 개선 및 보다 간편한 조리방법 등으로 차별화된 제품 경쟁력 확보에 총력을 기울이고 있음

☐ 국내의 경우 20~30대의 1인가구 및 1자녀가 있는 가구가 HMR 소비를 주도하고 있음

- 20~30대 1인 가구는 경제성/편리성/간편성을 이유로 HMR 소비의 주력 소비층으로 나타남
- 1자녀 가구의 구매력이 커지면서 HMR에서 더 나아가 1자녀(유아층)를 타깃으로 한 베이비푸드 시장도 활성화되고 있음
- 향후에는 1~2인 시니어(40~60대) 가구가 HMR의 주력 소비층이 될 전망이며, 시니어 소비자의 HMR 구매는 즉석밥, 국물요리, 냉동만두, 조리냉동 등 모든 카테고리에서 점점 증가하는 추세에 있으며, 20~30대보다 반찬을 갖춰 먹는 시니어 세대의 특성상 향후 다양한 HMR 소비 경험으로 이어질 것으로 예상

전략제품 현황분석

3. 기술 개발 동향

□ 기술경쟁력
- 가정간편식 제품(HMR 제품)은 일본이 최고기술국으로 평가되었으며, 우리나라는 최고기술국 대비 99.2%의 기술 수준을 보유하고 있으며, 최고기술국과의 기술격차는 0.3년으로 분석
- 중소기업의 기술경쟁력은 최고기술국 대비 73.7%, 기술격차는 1.7년으로 평가
- 일본(100%)>한국(99.2%)>EU(96.2%)>미국(95.4%)>중국(68.0%)의 순으로 평가

□ 기술수명주기(TCT)[3]
- 가정간편식 제품(HMR 제품)은 8.08의 기술수명주기를 지닌 것으로 파악

가. 기술개발 이슈

◎ 포장 및 가공·저장 기술 개발

□ 세계 각 국에서는 HMR 포장 및 가공·저장을 위해 다양한 기술개발을 지원 중
- 영국에서는 정부와 연구소, 냉장식품연합, 업체 등이 협력하여 식품의 품질 향상을 위한 식품 패키징 개발을 지원
- 일본에서는 HMR의 맛과 영양, 신선도, 보관기간 등을 유지 및 향상시킬 수 있는 기술 개발에 주력

□ 최근 친환경 소비, 의미소비가 트렌드로 떠오르며 환경 친화적인 포장재를 사용한 HMR에 대한 관심 역시 높아지는 추세임
- 에너지 저감(Reduce energy), 재사용(Reuse), 재활용(Recycle)으로 구성된 3R원칙에 부합되는 생분해가 가능한 바이오 재료로 구성된 포장, 해초 추출물로 만든 특수 비닐 등이 기존 포장재 및 단열재 등의 대체품으로 부상
- 밀키트의 경우, 식재료가 정량에 맞게 손질되어 개개인의 음식물 쓰레기를 줄일 수 있는 장점이 있으나, 상당한 양의 포장 쓰레기가 발생하고 있어, 최근의 소비자 동향에 발맞추어 재사용될 수 있는 패키지가 꾸준히 개발되는 추세

□ 영국의 알루미늄 포장재 기업인 i2r은 영국 유통시장에서 프리미엄 에코 패키지 제작사로 인식되고 있어, 99%의 알루미늄 소재로 포장 용기를 제작하여 재활용이 가능하고 전자레인지 가열 시 발생할 수 있는 환경호르몬을 최소화하여 친환경 소비와 건강 중심 소비가 이루어질 수 있도록 함

---

[3] 기술수명주기(TCT, Technical Cycle Time): 특허 출원연도와 인용한 특허들의 출원연도 차이의 중앙값을 통해 기술 변화속도 및 기술의 경제적 수명을 예측

◎ 정보통신기술을 활용한 유통관리

☐ 밀키트는 매일 다양한 메뉴에 맞춰 신선한 채소·육류 등을 구비하고, 유통기한에 민감한 특성으로 인해 운영비용이 높은 단점이 있으나, AI·빅데이터·IoT 등을 활용해 효율성을 극대화하고 있음

- 영국 밀키트 스타트업 구스토는 매주 30~40개의 메뉴를 선보이는데, 각 고객의 취향에 맞춰 메뉴를 추천해 수요관리를 하고 있으며, AI가 이용자의 주문 패턴을 예상해 당일 필요한 재료를 전날 주문하고, 남은 식자재를 미리 다른 제품에 넘김으로써 낭비를 최소화하고 있음
- 동원그룹은 밀키트, 정육, 샐러드 등 신선 가정간편식을 판매하는 '더반찬&'에 AI기능을 더해 상품 수급 상황과 유통기한에 따라 제품 가격을 낮추는 '다이나믹 프라이싱' 제도를 도입할 예정이며, 모든 과정을 AI로 처리해 운영 효율성을 높일 계획임
- 무인 밀키트 전문점 '프레시스토어'에는 사물인터넷 자판기 12대가 200여종의 밀키트를 관리하며, 유통기한이 긴박함에 따라 제품 가격은 낮게 표시되고, 애플리케이션을 통해 재고 파악이 가능함

◎ 건강 및 환경을 고려한 프리미엄 HMR 기술 개발

☐ 유기농 즉석식품, 멀티쿠커(국·죽·찜 등 다양한 요리가 가능한 가전), 건강식, 지중해식 조리 제품, 로스팅 제품, 식물성 기반 닭 요리 등 프리미엄 레디밀 신제품이 활발히 출시되면서, 관련 가공 공정 개발이 가속화되고 있음

- 글로벌 시장조사기관 이노바마켓 인사이트의 레디밀 관련 소비자 조사 결과 '무(無)첨가', '고단백', '비건', '글루텐 프리' 등의 건강 관련 키워드가 상위권으로 나타났으며, 아시아에서는 프리미엄 식단과 전통식, 유전자변형(GMO)이 없는 천연 식단에 대한 수요가 많고, 유럽은 저지방과 유당을 제거한 '락토오스 프리' 수요가 있는 것으로 분석됨

☐ 신선식품과 건강을 위한 기능성 성분, 개인 건강에 맞춘 식품 등 강력한 부가가치 요소가 레디밀에도 지속적으로 적용되고 있으며, 관련 소재화 기술 및 제품화 기술이 개발되고 있음

☐ 코로나19 판데믹 확산에 따른 비대면 소비 증가로 인해 폐기물 발생이 급증하면서, 가정 간편식(HMR) 포장을 보다 더 편리하고 친환경적인 소재로 대체하기 위한 소재 개발이 진행 중임

- 국내에서는 한국식품산업클러스터진흥원이 즉석밥 등 간편식 제품의 필름 포장 소재로 사용되는 EVOH(Ethylene Vinyle Alcohol)를 대체하기 위한 고차단성 식품 포장 소재 및 마이크로웨이브 적용 친환경 포장 소재 개발 및 제품화 프로젝트를 수행 중임
- EVOH(Ethylene Vinyle Alcohol)는 산소를 차단해 제품의 유통기한을 유지할 수 있도록 하는 핵심소재임
- 미국의 Kind, Annie's Naturals, SkinnyPop 등은 제품에 유해 첨가물을 최소화하고 성분도 간소화하는 '클린 레이블(Clean Label)' 포장법으로 명확한 천연재료 정보를 제공하고 있어 소비자들에게 큰 호응을 얻고 있음

나. 생태계 기술 동향

(1) 해외 플레이어 동향

☐ 건강에 좋은 제품과 프리미엄 제품을 선택하는 소비자들이 늘어남에 따라 맛과 영양을 동시에 충족시키려는 소비 경향이 증가함. 중국, 인도네시아, 베트남 등의 아시아 국가에선 경제 발전의 가속화, 소득 수준의 증가, 중산층의 확대로 건강한 먹거리에 대한 관심이 높아졌으며, 반면 북미와 유럽 지역에선 만성질환을 예방하기 위한 식단의 변화를 추구하고 있음

- '전 세계적으로 웰빙을 추구하는 경향이 커지며 식품 성분에 대한 소비자들의 관심도 늘었음. Non-GMO, 글루텐-프리, 무설탕, 무지방 식품은 물론 각종 인공 첨가물을 넣지 않은 내추럴 식품이 주목받는 추세
- 미국 시장조사 업체인 NPD Group에 따르면 최근 미국인들은 '진짜'와 '천연'재료를 이용한 가공식품에 대한 선호가 급증함. 주요 식품기업인 NESTLE, Hershey, General Mills 등 주요 식품기업은 대부분의 생산 제품에 천연색소와 천연의 향을 사용하는 추세
- 유로모니터에 따르면 미국, 유럽 등 해외 선진국에서는 '헬스 앤 웰니스 레디밀(Health&Wellness Ready Meals)' 시장이 약 10조 원대 규모로 간편식 시장 중 10%의 비중을 차지함

☐ 네슬레

- 네슬레(Nestle)는 스위스에 본사를 둔 세계적인 식음료 전문기업으로, 가정간편식 브랜드로는 Stouffer's, DiGiorno 등이 있음
- 건강을 우려하는 소비자들을 겨냥하여 단백질 함량을 높인 건강한 가정간편식 제품을 생산하고 있음

☐ 크래프트 하인즈

- 크래프트 하인즈(Kraft Heinz)는 2015년 KRAFT 그룹과, 하인즈 그룹이 합병하여 탄생한 종합 식품 기업으로, Oscar Mayer, Kraft 등의 가정간편식 브랜드를 보유하고 있음
- 크래프트 하인즈의 콜리플라워 냉동피자는 크러스트 반죽의 3분의 1을 콜리플라워로 제조한 것이 특징으로, 피자 본연의 맛과 향은 그대로 유지하면서 건강을 챙길 수 있어 소비자들로부터 인기를 얻고 있음
- 냉동 채소에 대한 수요가 증가하고, 에스닉 푸드(Ethnic Food)가 건강식의 이미지로 자리잡으면서 태국, 베트남, 중동, 한국 등 세계 각국의 대표적인 요리가 가정간편식 제품으로 제조되어 판매되고 있음

☐ 니스이

- 니스이(Nissui)는 일본의 식품기업으로, 유명 레스토랑의 맛품질을 재현한 가정간편식 제품과 패키지 기술 기반 조리 스텝 단축형 편의 제품을 확대하고 있음

- ☐ 닛신 푸드
  - 닛신 푸드(Nissin Food)는 일본의 종합 식품 기업으로, 태국 현지의 맛을 살린 똠얌꿍 수프 등의 가정간편식 제품을 판매 중임
  - 코로나19 판데믹을 계기로 컵라면 등 가정 내 HMR 소비가 증가하자 2020년 4~6월에는 순이익이 전년 동기 대비 2.1배 늘어난 120억 엔(약 1200억 원)을 기록

- ☐ 무인양품
  - 일본의 생활용품 업체인 무인양품은 2018년부터 냉동 김밥 등의 가정간편식 제품을 출시하고 있으며, 무인양품이 운영하는 무지호텔은 35종의 카레 도시락 제품을 생산하고 있음

- ☐ 찰리 빅햄즈
  - 영국의 프리미엄 급 레디밀을 제공하는 찰리 빅햄즈(Chalie Bigham's)는 곡물 기반 레디밀을 출시하는 등 칼로리 조절에 초점을 맞춘 전통 건강식을 프리미엄 라인으로 제공함

- ☐ 프레쉬리
  - 미국의 프레쉬리(Freshly)에서는 41가지의 완전 조리 식품 메뉴가 제공되고, 이 중에는 한식 메뉴인 케이타운 돼지고기 흑미밥 제품도 있음
  - 조리되어 온 제품을 전자레인지에 3분만 돌리면 맛있는 한 끼 식사가 해결되며, 1인용 메뉴도 제공함
  - 유기농 재료로 만들어지고, 글루텐을 함유하지 않는 '프레쉬리 피트' 제품 라인을 출시하여. 키토 식단을 찾거나 고단백질 저탄수화물을 찾는 소비자, 설탕이 많이 들어가지 않는 제품을 원하는 소비자들에게 알맞은 식사를 제공

전략제품 현황분석

(2) 국내 플레이어 동향

☐ 2021년 3분기 식품부문 매출액은 2조 5,790억 원, 영업이익은 1,860억으로 분기 최대 실적을 올렸으며, HMR은 국내 시장에서 높은 판매량을 유지하고 있으며, HMR 제품군을 다수 보유한 CJ제일제당, 신세계푸드, 사조대림 등은 영업이익이 증가한 것으로 나타남

☐ 즉석조리식품 소매시장 점유율로 본 주요기업 순위는, CJ제일제당, 오뚜기, 동원F&B, 대상, 풀무원 등이며, 이마트 등 유통업계도 PB상품으로 간편식 시장에 참여하고 있음

☐ CJ제일제당
- CJ제일제당은 2020년 기준 대부분의 HMR 제품군 내에서 시장 점유율이 상승하고 있음. 햇반 등 즉석밥 매출 성장이 양호하게 나타나고 있고, 냉동 HMR 시장에서 점유율을 높여가고 있으며, 상온 HMR 시장에서 점유율 상승도 괄목할 만함
- '절대 맛품질'을 위해 신기술 확보, 패키징 기술 개발, 맛품질 검증 시스템 운영
  - 대표적 신기술로는 고압·고온 스팀을 적용한 특수살균과 원재료 특성을 살리는 보존기술, 안심 먹거리를 검증하는 영양균형 구현 등의 기술을 확보. 원재료 본연의 맛과 특성, 신선도를 극대화하고 영양 균형과 건강까지 고려한 기술
  - 조리시간을 단축하고 조리품질을 균일화하며 편리성, 보관성, 친환경을 모두 갖춘 패키징 기술 개발에 주력하고 있으며, '전자레인지용 HMR' 개발에 집중
  - 집밥 이상의 맛과 품질을 구현하기 위해 맛품질 검증 시스템 운영
- '제조 경쟁력' 확보와 HMR 품질을 강화하기 위해 통합연구개발센터 진천 스마트 팩토리를 건설
  - 총 5,400억이 투자된 미래형 생산기지로 선제적 인프라를 확보하고 제품과 생산 유연성 확보로 식품시장의 변화를 선도하고자 함
  - 해외 인프라를 활용해 HMR 구성품을 생산하고, 제품 자동화 라인에 적극적인 투자로 원가경쟁력을 높이고자 함
- '브랜드 리더십'을 위해 HMR 핵심 브랜드를 육성하여 내식의 간편화와 외식의 내식화, 한식의 세계화를 이루고자 함
  - 밥 베이스 상온 meal 브랜드 '햇반', 글로벌 한식 대표 브랜드 '비비고', 서구형 HMR 브랜드 '고메' 육성
  - 생산기지가 있는 미국과 중국, 베트남, 러시아 등을 중심으로 한식 대표 메뉴인 밥과 찌개
- 2020년 11월 건강간편식(Healthy HMR) 전문 브랜드 '더 비비고' 출시
  - 유사 식품 대비 나트륨 함량을 25% 이상 낮출 수 있는 '저나트륨 기반 풍미 보존 기술'과 원재료 본연의 맛과 향, 형태, 식감을 살릴 수 있는 '원물 전처리 최적화 기술'이 핵심 경쟁력이며, 짜지 않으면서 건강하고 간편한 식사 제공 가능
- 2022년 상반기 완공을 목표로 첨단 자동화 설비를 갖춘 '밀키트센터'를 구축
  - 식자재 수급부터 전처리, 포장, 배송까지 아우르는 첨단 자동화 설비를 갖춰 통합 생산도 가능할 것으로 보임

☐ 오뚜기
- 다양한 브랜드 포트폴리오를 바탕으로 소비자 니즈에 맞는 신제품을 꾸준히 출시하고 있음. 이러한 제품력과 강한 영업력을 바탕으로 주요 카테고리 내에서 시장 점유율이 상승 중이며, 트렌드에 적합한 HMR 신제품을 지속적으로 출시하여 성장성이 높음
- 즉석카레, 냉동피자 등 3분 요리 시리즈를 포함한 즉석식품 분야에서 두각을 나타내고 있으며, 2021년 10월 기준 '3분 카레' 제품은 40년 째 국내 가정간편식 시장의 1위를 차지하고 있음

☐ 대상
- '대상 청정원 휘슬링쿡'은 주로 해외 가정식 메뉴를 출시하고 있으며, '안주야'는 '혼술','홈술'족을 위한 안주류를 선보이고 있음
- '대상 청정원 일상가정식'은 가정간편식 프리미엄 브랜드로 한식과 서양식 품목을 출시함

☐ 동원F&B
- 에어프라이어 전용 가정간편식 제품으로 '퀴진 에어크리스피', '미니핫도그', '양념감자', '튀김만두' 등을 출시
- 기존 '양반' HMR 제품대비 맛과 원재료의 수준을 한 단계 높인 프리미엄 라인업 '양반 수라'를 출시

☐ 농심
- 농심의 강점인 면 제조기술에 한식 메뉴를 접목한 면요리 간편식 브랜드 '쿡탐'을 출시해 국물요리와 전골 요리, 국물 라볶이 등 12개의 제품을 판매하고 있으며, 2021년 신제품 3종 출시
- 신제품은 '부대찌개면'과 '고기곰탕면', '대파육개장면' 등으로 한국인이 좋아하는 국물 요리에 면을 접목한 면요리 간편식으로, 면과 분말스프, 건더기 등이 함께 들어있어 별도의 그릇 없이 간편하게 조리해먹을 수 있음

☐ 현대그린푸드
- 케어푸드 전문 브랜드 '그리팅'을 출시해 당도, 나트륨, 칼로리 등을 낮춘 제품을 출시하고 있음

◎ **외식업체의 HMR 생산 관련**

☐ 최근 일반음식점 등 외식업체에 대한 소규모 식품제조업 허가를 통해 외식업체에서의 HMR 상품 생산이 가능토록 제도 정비함
- 이연에프엔씨는 냄비에 부어 끓이거나 전자레인지에 데워서 바로 먹는 레토르트 형태인 '정통설렁탕', '사골곰탕 육수', '양지고기 육개장', '사골 도가니탕' 등 HMR 제품을 출시
- 본아이에프는 다양한 간편죽을 선보이면서 리조또를 추가하여 HMR 제품을 강화
  - 간편죽의 미래 가치가 높다는 판단으로 용기형 제품죽의 맛과 품질을 개선하기 위해 '아침엔본죽 3.0 프로젝트'를 시행하면서 품질에 대한 투자 실시
- '더본코리아'는 조리가 어렵고 번거로웠던 찜 요리를 가정에서 간편하게 즐길 수 있도록 돼지김치찜을 HMR 제품으로 출시

전략제품 현황분석

- '삼원가든'은 마켓컬리와 협업을 통해 프리미엄급 HMR 제품을 개발했으며, 기존 매장에서의 음식 맛을 유지하기 쉽지 않아, 급속 냉동 상품을 집에서 직접 조리하는 것을 감안하여 간을 비교적 약하게 함
  - 육개장갈비탕의 경우, HMR 제품에는 변질이 쉬운 곱창을 제외하는 등 맞춤화를 통해 유명 맛집 레시피에 기반한 고품질 메뉴 출시

◎ 국내 밀키트 시장 관련 동향

☐ 2020년 국내 밀키트 브랜드 별 시장점유율은 프레시지(22.0%), 잇츠온(13.6%), 쿠킷(8.5%), 마이셰프(4.8%) 순으로 나타남
  - 대규모 식품기업 중에서는 Hy(한국야쿠르트)가 브랜드 '잇츠온'을 출시해 가장 빠르게 밀키트 시장에 진출했으며, CJ제일제당은 2019년 4월 밀키트 전문 브랜드 '쿠킷'을 선보임
  - 국내 밀키트 시장규모는 전년대비 85% 증가했으며, 유로모니터는 국내 밀키트 시장이 '25년까지 연평균 31% 수준으로 성장할 것으로 예측함에 따라 많은 기업의 진입이 예상됨
    - 롯데푸드는 '21년 8월 평택공장에 밀키트 생산라인을 도입해 첫 생산을 시작했으며, 자사그룹의 유통채널인 롯데마트, 롯데슈퍼, 온라인 채널 등에 판매하는 것이 목표

☐ 프레시지는 자사브랜드 제품 판매뿐만 아니라 밀키트 제조 플랫폼과 유통 솔루션을 제공하는 퍼블리싱 사업을 추진 중임
  - 프레시지의 간편식 퍼블리싱 사업은 대형 식품 사부터 소상공인 및 인플루언서까지 모든 형태의 의뢰자가 지식과 자본 없이 레시피만 가지고 시장에 쉽게 진출할 수 있도록 상품의 기획부터, 패키지 구성, 가격 정책까지 컨설팅해 생산한 후 제품 특징에 맞는 판매 전략을 수립해 유통망을 함께 개척해 주는 사업으로, 2021년 총 236종의 제품을 퍼블리싱함
  - 2021년 2월 '백년가게' 밀키트 수출을 위해 오세아니아, 미국, 동남아 8개국의 유통 인프라를 보유하고 있는 글로벌 온·오프라인 브랜드커머스 기업 '글루업'과 협업을 체결했으며, 4월에는 홍콩 주요 상권에서 27개 매장을 운영 중인 최대 한인 식품기업 '한인홍'과 온라인 간편식 쇼핑몰 '어니언 마켓'과 공급 계약을 통해 31종의 제품을 수출함

☐ 국내 최초 밀키트 사업을 시작한 마이셰프는 자사 브랜드 제품과 함께 퍼블리싱에도 주력하고 있으며, 2020년 12월에 첨단 기술을 접목한 밀키트 생산 공장을 완공 예정임

◎ 국내 레스토랑 간편식(RMR) 시장 관련 동향

☐ 유명 식당의 메뉴를 상품화한 레스토랑 간편식(Restaurant Meal Replacement)이 인기를 끌고 있음
  - 마켓컬리의 PB '컬리온리'는 단독 PB상품으로, 유명 맛집 등과 함께 협업해 컬리에서만 보이는 인기 간편식이 가장 높은 매출을 보이고 있음
  - 오뚜기는 대구, 마포, 나주 등 지역 대표 국물 요리를 즐길 수 있는 탕·국·찌개 시리즈 출시함
  - 해외 여행지 메뉴를 밀키트로 제품화한 경우도 늘고 있으며, 밀키트 전문 기업 프레시지는 '미씽 더 시티(Missing the City)' 프로젝트로 홍콩, 이탈리아, 태국 등 꾸준히 출시하고 있음

다. 국내 연구개발 기관 및 동향

(1) 연구개발 기관

[가정간편식 제품(HMR 제품) 주요 연구조직 현황]

기관	소속	연구분야
서울과학기술대학교	식품공학과	• 오믹 히팅(Ohmic Heatig) 기술을 이용한 가정식 대체식품(HMR, Home Meal Replacemet) 개발
전라북도생물산업진흥원	환경기술본부	• 대체원료를 활용한 할랄 HMR 제품 개발 및 사업화 전략 수립
한국식품연구원	특수목적식품연구단	• 초고압/동결건조 기술을 이용한 수출용 HMR 바지락국(Meal-kit) 제품개발 및 상품화

(2) 기관 기술개발 동향

☐ 서울과학기술대학교

- 오믹 히팅 기술의 장점인 빠르고 균일한 가열 특성을 이용하여 즉석 취식이 가능한 가정식 대체식품(HMR, Home Meal Replacement) 개발을 목표로 함
- 가정식 대체 식품(HMR)에 적용 가능한 HMR 용 오믹 히팅용 전극, 파우치 및 용기 제작
- HMR 식품의 오믹 히팅 조건 (온도, 전압, 전력 및 가열 시간) 최적화 및 품질 지표 평가
- 자동차 시거잭 및 배터리를 활용한 HMR 식품의 오믹 히팅 시스템 구축

☐ 전라북도생물산업진흥원

- 할랄 대체원료를 활용한 수출용 할랄 K-Food 식품(HMR) 개발(수출용/국내 체류·방문)
- 현지 소비자 기호도 맞춤형 HMR 제품 개발(수출용 3종, 국내 무슬림용 3종)
- 대체원료 활용(식물성 고기 등) HMR 제품 개발

☐ 한국식품연구원

- 해외 소비자 니즈 맞춤형 수출 다변화 HMR 수산가공식품의 개발
- Extrusion cooking 기술을 활용한 HMR 해조가공품 개발 및 상품화
- 초고압/동결건조 기술을 활용한 스프/밀키트(Meal-kit) 제품 개발 및 상품화

◎ 국내 가정간편식 제품(HMR 제품) 관련 선행연구 사례

[국내 선행연구(정부/민간)]

수행기관	연구명(과제명)	연도	주요내용 및 성과
한국생산기술연구원	식품용 기능성 복합소재 컴파운드 제조 기술 개발	2018 ~ 2021	• 고분자-Nanoclay-CNF-Glass Bubble Composite 컴파운드 제조 기술 및 고분자-첨가제 상용성 향상을 위한 개질 기술 개발
경민대학교	쌍별귀뚜라미 가수분해물을 이용한 가정간편식(HMR) 제품개발	2020 ~ 2021	• 쌍별귀뚜라미 가수분해물의 HMR 적용 소재 특성 평가 및 제품개발 • 고부가가치 제품개발로 건강기능성식품의 국내시장 규모 확대와 식용곤충 소비시장 확대로 생산과 소비의 순환적 체계화로 식용곤충산업의 안정적 발전에 기여
한국생산기술연구원	상변화물질 도입 친환경 발포 기술 개발	2018 ~ 2020	• 가정간편식 냉동식품 및 타 냉장 식품 등의 유통 최적 온도 유지 가능 포장재 기술 • 가정간편식 냉동식품뿐만 아니라 식품 냉동 재료 등의 빙결정 생성 억제 기술 개발
뉴로팩	항균·방담 기능을 부여한 가정간편식(HMR) 및 밀키트(Meal-Kit)용 진공포장재 개발	2020 ~ 2021	• 개발포장재의 항균성 및 항진균성, 수분접촉각, 기체 및 수분 차단성, 식품 유해 물질 용출 시험을 통해 주요 성능을 검증
부경대학교	Extrusion cooking 기술을 이용한 HMR 식품용 패류 seasoned 개발 및 상품화	2020 ~ 2021	• 해외 소비자 니즈 맞춤형 수출 다변화 HMR 수산가공식품의 개발
조선대학교	오메가 밸런스 축산물을 이용한 만성대사성질환 및 근감소증 질환 예방 HMR형 식단 개발	2019 ~ 2022	• 오메가 밸런스 축산물과 약선재료를 활용한 대사성질환 및 근감소증 질환 예방 HMR형 식단 개발 • 오메가 밸런스 축산물 및 오메가 밸런스 축산물을 이용한 만성대사성 질환 및 근감소증 질환 HMR형 예방식단 개발 및 제품화
서울과학기술대학교	오믹 히팅(Ohmic Heatig) 기술을 이용한 가정식 대체 식품(HMR, Home Meal Replacemet) 개발	2017 ~ 2020	• HMR 식품 포장재 내부에 오믹 히팅 적용이 가능한 전극 소재를 탐색 및 설계 • 다양한 편의식(컵라면, 즉석 카레, 즉석국, 즉석죽, 즉석밥, 냉동식품)의 가열 및 조리에 필요한 전압, 전류 및 시간에 대한 최적화 공정
그린그래스	만성대사성 질환 예방용 HMR형 메디푸드 개발	2019 ~ 2022	• 메디푸드개발을 위한 적용 소재의 표준화 및 효능 평가 • HMR형 맞춤식 메디푸드 제품 개발
에스에프이노베이션	멸균 기술 적용 HMR 제품 개발 및 출시	2021 ~ 2023	• 과열증기 멸균기 제작을 통한 HMR 원재료 품질 변화와 멸균 효과확인 • 과열증기 멸균 HMR 시제품 생산과 과열증기 멸균 성능 개선 및 저장성 평가

4. 특허 동향

가. 특허동향 분석

(1) 연도별 출원동향

☐ 가정간편식 제품(HMR 제품)기술의 지난 20년(2000년~2019년)간 출원동향[4]을 살펴보면 2000년대 이전부터 최근까지 관련 특허가 꾸준히 출원되고 있는 것으로 나타남

- 각 국가별로 살펴보면 미국이 가장 활발한 출원활동을 보이고 있는 것으로 나타났으며, 한국, 일본 및 유럽에서는 유사한 수준의 출원활동이 진행되고 있는 것으로 나타남

☐ 국가별 출원비중을 살펴보면 일본이 전체의 46%의 출원 비중을 차지하고 있어, 최대 출원국으로 가정간편식 제품(HMR 제품)기술 분야를 주도하고 있으며, 이외 주요국의 점유율은 한국 37%, 미국 13%, 유럽 4% 순으로 나타남

[연도별 출원동향]

[4] 특허출원 후 1년 6개월이 경과하여야 공개되는 특허제도의 특성상 실제 출원이 이루어졌으나 아직 공개되지 않은 미공개데이터가 존재하여 2020, 2021년 데이터가 적게 나타나는 것에 대하여 유의해야 함

(2) 국가별 내·외국인 출원현황

☐ 한국의 경우, 내국인의 출원 비중이 더 높은 것으로 나타났으며, 2003년부터 2019년까지 꾸준히 내국 출원인이 증가하고 있음

☐ 미국의 경우, 내국인의 출원 비중과 외국인의 출원 비중이 유사하며, 내국 출원인 및 외국 출원인의 출원 건수도 분석 기간 동안 대체로 일정하게 유지되고 있음

☐ 일본의 경우, 내국인의 출원 비중이 더 높은 것으로 나타났으며, 내국 출원인의 출원 건수는 2001년 최대를 기록한 이후 2016년까지 감소하는 경향을 보이다가 2017년부터 2019년까지 소폭 증가하는 경향이 나타남

☐ 유럽의 경우, 내국인의 출원 비중이 더 높은 것으로 나타났으며, 매년 10건 미만의 특허가 지속적으로 출원되고 있음

[국가별 출원현황]

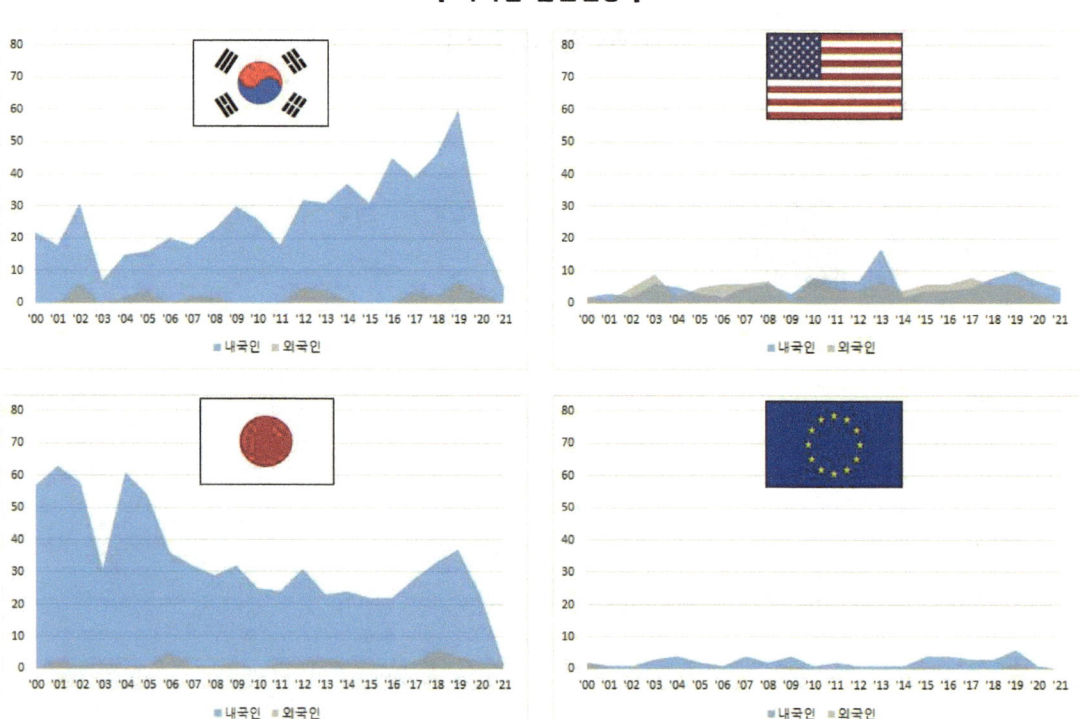

나. 주요 기술 키워드 분석

(1) 기술개발 동향 변화 분석

☐ 가정간편식 제품(HMR 제품)기술에 대한 구간별 기술 키워드 분석을 진행하였으며, 전체 분석구간에서 레토르트 식품, 가열 조리, 식품 재료, 식품용 용기, 진공 포장, 밀봉 포장, 냉동 상태, 레토르트 살균, 냉동 보존 등 레토르트 및 가정간편식의 가공 관련 기술 키워드들이 다수 도출됨

- 최근 분석구간에 대한 기술 키워드 분석 결과, 최근 1구간(2013년~2016년)에는 폴리프로필렌 수지, 폴리올레핀계 엘라스토머 등 포장 용기 소재와 관련된 키워드가 도출되었으며, 2구간에서는 냉동 상태, 동결상태 등 냉동식품 관련 키워드와 즉석밥 제조장치 등 특정 간편 식품과 관련된 키워드가 도출됨

[특허 키워드 변화로 본 기술개발 동향 변화]

전체구간(2000년~2021년)

- 레토르트 식품, 가열 조리, 식품 재료, 식품용 용기, 진공 포장, 밀봉 포장, 냉동 상태, 레토르트 살균, 냉동 보존, 가열 처리, 가열 살균, 인스턴트 식품, 급속 냉동, 탕수 반환, 컵형 용기, Moisture content, Instant Food

최근구간(2013년~2021년)

1구간(2013년~2016년)	2구간(2017년~2021년)
식품 재료, 가열 살균, 폴리프로필렌 수지, 폴리올레핀계 엘라스토머, 레토르트 처리 조건, Single Serving, 밀봉 포장, Serving Size	레토르트 식품, 조리용기 정보, 진공 포장, 냉동 상태, 즉석밥 제조장치, 동결상태, 냉동식품, 가열 해동

(2) 기술-산업 현황 분석[5]

☐ 가정간편식 제품(HMR 제품)기술에 대한 Subclass 기준 IPC 분류결과, 식품, 식료품, 또는 비알콜성음료; 그 조제 또는 처리(A23L) 및 물품 또는 재료의 보관 또는 수송용의 용기(B65D)로 다수의 특허가 분류되는 것으로 조사됨

☐ KSIC 산업분류 결과, 다수의 특허가 기타 식사용 가공처리 조리식품 제조업(C10759) 및 그 외 기타 달리 분류되지 않은 제품 제조업(C33999) 해당산업으로 분류되는 것으로 조사됨

[기술-산업 분류 분석]

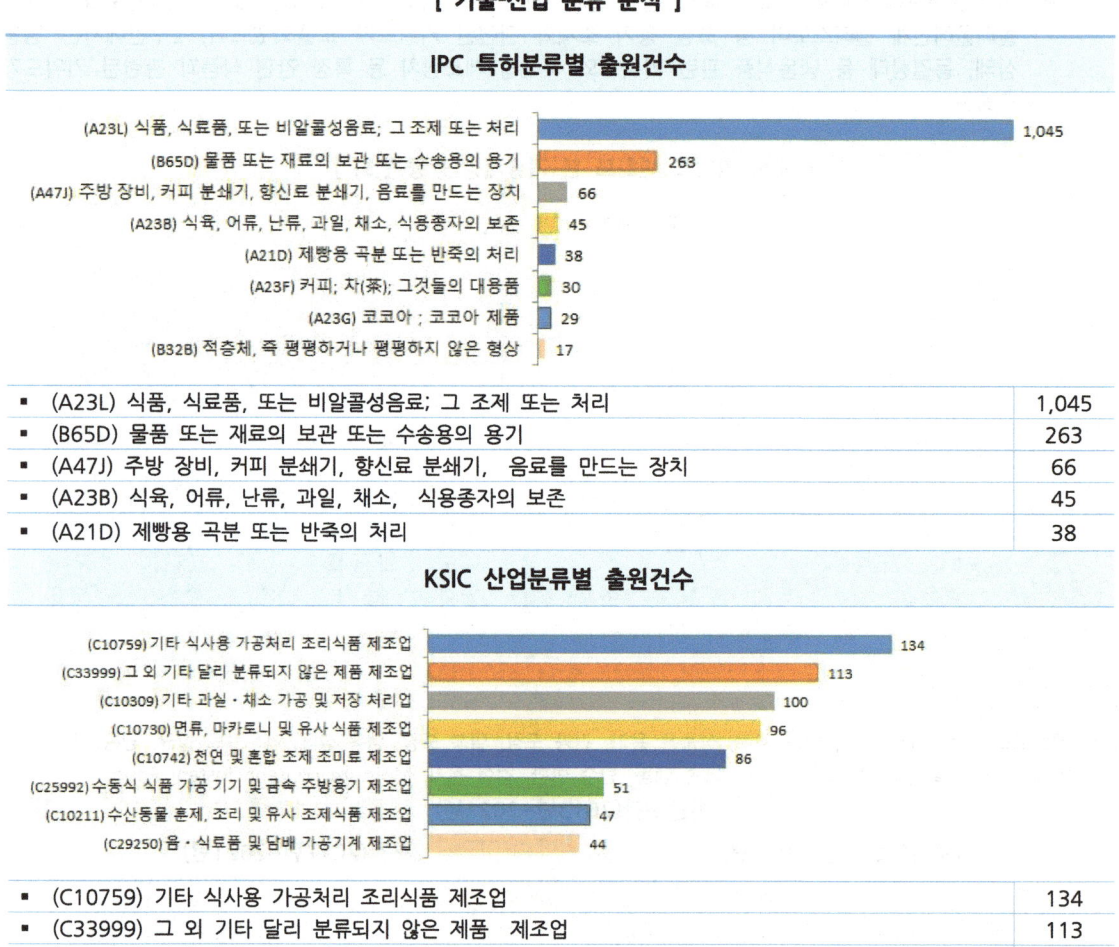

▪ (A23L) 식품, 식료품, 또는 비알콜성음료; 그 조제 또는 처리	1,045
▪ (B65D) 물품 또는 재료의 보관 또는 수송용의 용기	263
▪ (A47J) 주방 장비, 커피 분쇄기, 향신료 분쇄기, 음료를 만드는 장치	66
▪ (A23B) 식육, 어류, 난류, 과일, 채소, 식용종자의 보존	45
▪ (A21D) 제빵용 곡분 또는 반죽의 처리	38

▪ (C10759) 기타 식사용 가공처리 조리식품 제조업	134
▪ (C33999) 그 외 기타 달리 분류되지 않은 제품 제조업	113
▪ (C10309) 기타 과실·채소 가공 및 저장 처리업	100
▪ (C10730) 면류, 마카로니 및 유사 식품 제조업	96
▪ (C10742) 천연 및 혼합 조제 조미료 제조업	86

---

5) 해당제품 특허데이터를 대상으로 윕스 보유 기술·산업·시장 동향 분석 플랫폼 'Build' 활용

다. 주요 출원인 분석

☐ 가정 간편식 제품(HMR 제품) 기술의 전체 주요출원인(Top 5)을 살펴보면, 유럽, 일본의 출원인이 분포해 있으며, 제 1 출원인은 유럽의 NESTEC으로 나타남

- NESTEC은 NESTLE의 기술 지원을 담당하는 회사이며, NESTLE는 스위스에 본사를 둔 세계 최대 다국적 식품회사로 식품 전 영역에 걸쳐 식음료 및 가공식품을 판매 중임

☐ 가정간편식 제품(HMR 제품)기술 관련 국내 주요출원인으로 한국식품연구원, CJ제일제당, 농심이 도출되었으며, 국내를 위주로 출원을 진행한 것으로 파악됨

[주요출원인 동향]

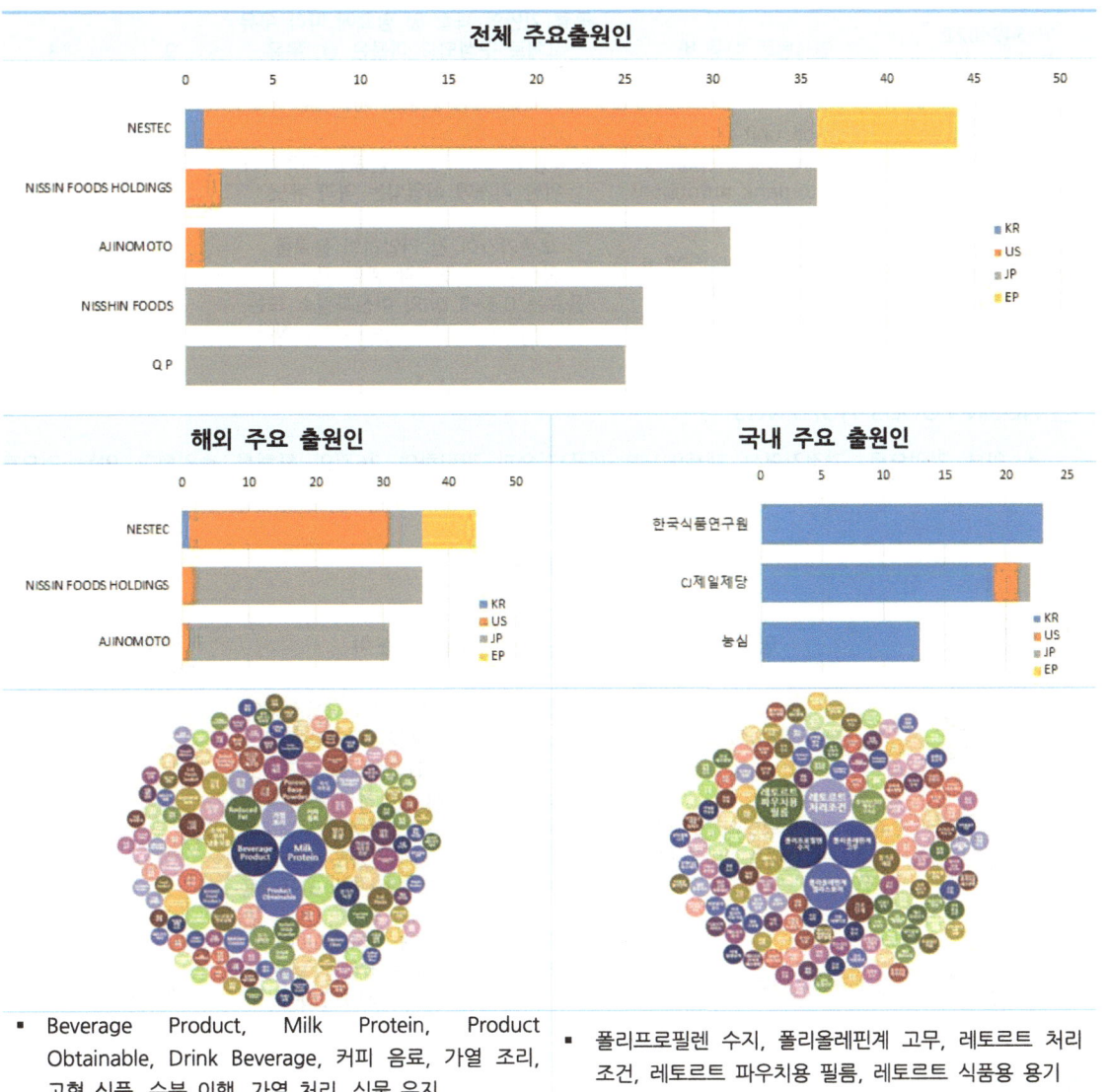

- Beverage Product, Milk Protein, Product Obtainable, Drink Beverage, 커피 음료, 가열 조리, 고형 식품, 수분 이행, 가열 처리, 식물 유지
- 폴리프로필렌 수지, 폴리올레핀계 고무, 레토르트 처리 조건, 레토르트 파우치용 필름, 레토르트 식품용 용기

전략제품 현황분석

(1) 해외 주요출원인 주요 특허 분석[6]

☐ NESTEC

- 스위스 기업으로, 가정간편식 제품(HMR 제품)기술과 관련하여 44건의 특허를 출원하고 있는 것으로 조사됨

[주요특허 리스트]

등록번호 (출원일)	명칭	기술적용분야	IP 경쟁력	
			피인용 문헌수	패밀리 국가수
JP 3494629 (2001.0.26)	인스턴트 식품 바	전분 물질을 포함한 하나 이상의 가열 곡류 기반의 과립 및 필요에 따라 우유 고체로 구성되고 이들은 당, 우유 고체, 윤활제 및 지방을 주로 포함한 바인더로 피복된 식품 바	9	18
US 10165890 (2013.02.22)	Filtration unit for use in machine for preparing ready-to-drink nutritional liquids	Ready-to-drink 즉석 음료를 제조하기 위한 기계에 삽입되는 여과 유닛	4	6
US 6669973 (2000.03.07)	Assembly comprising a container and a ready-to-drink beverage	보존기간이 긴 가압하의 음료를 함유하는 조립품에 관한 것으로, 음료는 0.5~5 g/l의 아산화질소 또는 이산화탄소를 포함하는 우유를 함유	16	16

☐ NISSIN FOODS HOLDINGS

- 일본 기업으로, 가정간편식 제품(HMR 제품)기술과 관련하여 36건의 특허를 출원하고 있는 것으로 조사됨

[주요특허 리스트]

등록번호 (출원일)	명칭	기술적용분야	IP 경쟁력	
			피인용 문헌수	패밀리 국가수
JP 4092424 (2002.03.12)	냉동식품의 탈빵 장치	트레이를 반전시키지 않고 냉동식품의 박리가 가능하며 게다가 구조가 간단한 냉동식품의 탈빵 방법 및 장치	3	1
JP 4197671 (2004.08.30)	냉동 조미액덩어리 및 조미액 부착 냉동식품 및 그 제조 방법	음식맛 및 식감이 양호하고 조리 후의 완성의 보기에 좋고 용이하게 해동 가열 조리를 할 수 있는 냉동 조미액덩어리 및 조미액 부착 냉동식품 및 그 제조 방법	8	1
JP 4642592 (2005.08.11)	즉석식품	재해 등의 긴급시에 구비하고, 대량 저장 및 간이 휴대에 적합한 상비용 보존식으로서 그 소사이즈화를 극한으로까지 규명한 즉석 식품	2	1

---

[6] 최근 출원특허 중, 등록특허를 기준으로 피인용문헌수 및 패밀리 국가수가 큰 특허를 주요특허로 도출

☐ AJINOMOTO

- 일본 기업으로, 가정간편식 제품(HMR 제품)기술과 관련하여 31건의 특허를 출원하고 있는 것으로 조사됨

[주요특허 리스트]

등록번호 (출원일)	명칭	기술적용분야	IP 경쟁력	
			피인용 문헌수	패밀리 국가수
JP 4055499 (2002.07.16)	화로구이식 맛이 유지된 냉동식품 및 그 제조 방법	축육 식품을 숯불로 굽는 공정을 1회 이상 10회 이내 수행하여 소스와 함께 포장하고 80~105℃의 온도에서 3~60분간 찐 후, 냉동한 식품	2	6
JP 3959918 (2000.02.10)	전자레인지 대응 냉동 튀김류 식품 제조 방법	기름에 튀긴 식품을 급속 냉동(즉시 급속 냉동)하는 단계를 포함하는 전자레인지 조리용 냉동 튀김 식품의 제조 방법	5	2
JP 4654772 (2005.05.31)	조미액 부착 냉동식품	조미액에서 주식인 면이나 쌀밥으로의 수분 이행을 줄여, 가열 조리 후 음식을 먹을 때의 수고를 줄이고, 포장재 비용도 들지 않는 조미액 부착 냉동식품 및 그 제조 방법	8	2

(2) 국내 주요출원인 주요 특허 분석[7]

☐ 한국식품연구원

- 가정간편식 제품(HMR 제품)기술과 관련하여 한국에 23건의 특허를 출원하고 있는 것으로 조사됨

[주요특허 리스트]

등록번호 (출원일)	명칭	기술적용분야	IP 경쟁력	
			피인용 문헌수	패밀리 국가수
KR 10-0934019 (2007.12.07)	어골 연화 어류가공식품의 제조방법	어류의 염지 조미 및 수분조절 공정, 진공조리 등 1차 열처리 공정, 2차 가압 열처리 공정 등을 포함하는 어피 안정화 및 어골 연화 어류가공식품의 제조방법	16	1
KR 10-0774535 (2005.07.11)	전자레인지 조리용 즉석떡의 조성물 및 제조방법	재차 분쇄한 후 건조한 쌀가루를 체별하여 입자크기별 쌀가루를 얻는 단계 등을 포함하는 전자레인지 조리용 즉석떡 조성물 및 제조방법	14	1
KR 10-0693460 (2005.07.06)	색상과 식감이 우수한 전복죽의 제조방법	전복죽 고유의 색상을 유지하기 위하여 전복내장을 분말화하여 스프를 제조하는 단계 등을 포함하는 색상과 식감이 우수한 전복죽의 제조방법	9	1

☐ CJ제일제당

- 가정간편식 제품(HMR 제품)기술과 관련하여 한국과 미국을 위주로 22건의 특허를 출원하고 있는 것으로 조사됨

[주요특허 리스트]

등록번호 (출원일)	명칭	기술적용분야	IP 경쟁력	
			피인용 문헌수	패밀리 국가수
KR 10-1055112 (2008.08.28)	냉동 덮밥 및 이의 제조 방법	동결된 밥 위에 덮밥용 소스를 블럭화 하여 전자레인지 조리로 간편하게 취식할 수 있을 뿐만 아니라 밥 고유의 맛을 구현할 수 있는 냉동 덮밥 및 이의 제조방법	5	2
KR 10-1532830 (2013.06.26)	증자쌀을 이용한 레토르트 조미죽의 제조방법	식물성 오일로 코팅된 쌀을 증자시킨 후 이를 이용하여 레토르트 조미죽을 제조함으로써 죽의 퍼짐 현상을 제어하는 방법	3	1
KR 10-1907743 (2016.08.05)	마이크로파 가열 전처리를 포함하는 가공 식품의 살균방법	마이크로파 가열 전처리를 포함하는 레토르트 살균방법을 이용하여 야채, 해물 등의 식감을 보존하고 병원성균을 사멸시키는 가공 식품의 살균방법	8	6

---

[7] 최근 출원특허 중, 등록특허를 기준으로 피인용문헌수 및 패밀리 국가수가 큰 특허를 주요특허로 도출

농심

- 가정간편식 제품(HMR 제품)기술과 관련하여 한국에 13건의 특허를 출원하고 있는 것으로 조사됨

[주요특허 리스트]

등록번호 (출원일)	명칭	기술적용분야	IP 경쟁력	
			피인용 문헌수	패밀리 국가수
KR 10-0499672 (2003.06.19)	조리적성이 향상된 인스턴트 감자 라면의 제조 방법	생감자를 수세하고 탈피하여 증숙시킨 후, 증숙 감자를 으깨어 동결시킨 후 해동하여 탈수하고, 열풍건조 및 분쇄하는 단계 등을 포함하는 인스턴트 감자 라면의 제조방법	7	1
KR 10-0532008 (2003.06.27)	인스턴트 식품용 동결건조 다대기 양념 및 이의 제조방법	관능면에서 우수할 뿐 아니라 위생성이 뛰어나면서도, 분말화되어 장기간 같은 품질을 유지할 수 있어 인스턴트용으로 적합한 동결건조 다대기 양념의 제조방법	3	1
KR 10-0801934 (2006.11.23)	즉석 식품용 건조 새싹 블럭의 제조방법 및 즉석 식품용 건조 새싹 블럭	새싹류를 결착제와 혼합하는 단계 및 열풍건조 하는 단계를 포함하는 즉석식품용 건조 새싹 블럭의 제조 방법	6	1

라. 기술진입장벽 분석

(1) 기술 집중력 분석[8]

□ 가정간편식 제품(HMR 제품)기술에 대한 시장관점의 기술독점 집중률 지수(CRn) 분석 결과, 상위 4개 기업의 시장점유율이 8로 독과점 정도가 매우 낮은 것으로 파악되며, 주요 출원인들에 의한 기술독점은 크기 않은 것으로 분석됨

□ 국내시장에서 중소기업의 특허점유율은 79.50으로, 가정간편식 제품(HMR 제품)기술에서 중소기업의 점유율은 매우 높은 것으로 분석되고, 현재 출원된 특허의 대부분이 특정 제품 및 소재로 한정되어있어, 신규 소재 및 가공 방법 관련 기술을 확보할 경우 국내시장에서 중소기업의 진입장벽은 높지 않을 것으로 판단됨

[주요출원인 및 한국 중소기업 집중력 분석]

	주요출원인	출원건수	특허점유율	CRn	n
주요 출원인 집중력	NESTEC(스위스)	44	12.3	3	
	NISSIN FOODS HOLDINGS(일본)	36	10.1	5	
	AJINOMOTO(일본)	31	8.7	6	
	NISSHIN FOODS(일본)	26	7.3	8	4
	Q P(일본)	25	7.0	9	
	DAINIPPON PRINTING(일본)	23	6.4	11	
	한국식품연구원(한국)	23	6.4	12	
	CJ제일제당(한국)	22	6.2	13	
	HOUSE FOODS(일본)	18	5.0	14	
	EZAKI GLICO(일본)	14	3.9	15	
	전체	1,711	100%	CR4=8	
	출원인 구분	출원건수	특허점유율	CRn	n
국내시장 중소기업 집중력	중소기업(개인)	504	79.5	79.50	중소기업
	대기업	33	5.2		
	연구기관/대학	55	8.7		
	기타(외국인)	42	6.6		
	전체	634	100%	CR중소기업=79.50	

---

[8] 상위 몇 개 기업의 특허점유율을 합한 것으로, 특허동향조사에서는 통상 CR4를 사용하며, CRn값이 0에 가까울수록 시장 독과점 수준이 낮은 것을 의미하고, CR4 값이 40에서 60일 경우(CR1 지수는 50 이상일 경우, CR2 또는 CR3 지수는 75 이상일 경우) 시장의 독과점 수준이 높은 것으로 해석됨
CRn(집중률지수, Concentration Ratio n) = (1위 출원인의 특허점유율) + ... + (n위 출원인의 특허점유율)

(2) IP 경쟁력 분석[9]

□ 가정간편식 제품(HMR 제품)기술의 주요출원인들의 IP 경쟁력 분석결과, NESTEC만 1사분면에 도출되었으며, 가정간편식 분야에서 기술영향력 및 시장확보력이 가장 높은 것으로 분석됨
- NESTEC : 영향력지수(PII) 0.81 / 시장확보력(PFS) 4.07

[주요출원인 IP 경쟁력 분석]

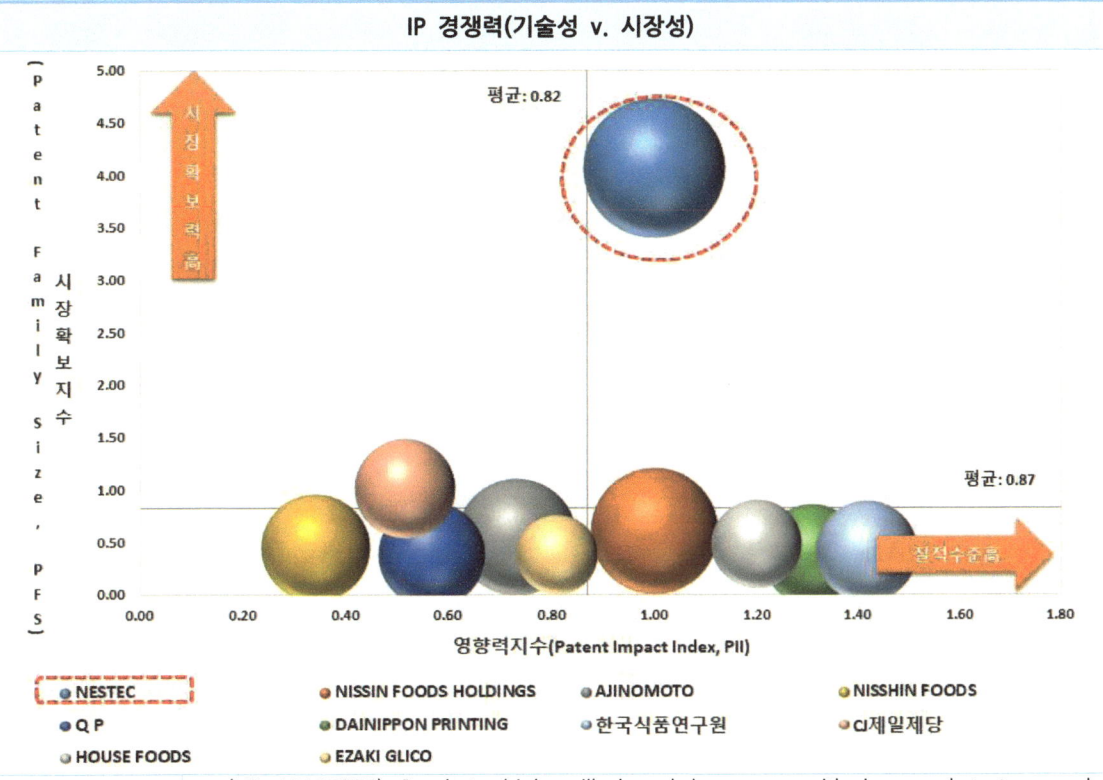

| NESTEC | - (US 11116234) Ready-to-drink milk based beverages with improved texture and stability
- (US 9968112) Instant beverage tablet for producing a layered beverage
- (US 10667536) Ready-to-drink milk beverages with improved texture/mouthfeel by controlled protein aggregation, and method of making thereof |

* **영향력지수(Patent Impact Index, PII)**: 다른 경쟁주체의 기술수준이 고려된 특정한 주체의 '상대적인' 기술적 중요도 또는 혁신성과의 가치 정보가 포함된 기술수준으로, 특허의 피인용 횟수를 특정 기술분야 내에서의 상대적인 값으로 전환시킨 지수임
* **시장확보지수(Patent Family Size, PFS)**: 특정 주체가 특정 기술분야에서 소수의 특정 국가에서만 시장확보를 하고자 하는지 아니면 다수의 세계 주요 국가들에서 시장확보를 하고자 하는지에 대한 분석으로, PFS가 높은 특허는 그만큼 상업적 가치가 큰 기술에 대한 특허인 것으로 해석될 수 있으며, PFS가 높은 출원인은 세계 여러 국가에서 사업을 하고 있는 출원인인 것으로 해석될 수 있음(2020 공공 R&D 특허기술동향조사 가이드라인, 한국특허전략개발원)
* **버블크기** : 출원 특허 건 수 비례

---
9) PFS = 특정 주체의 평균 패밀리 국가 수 / 전체 평균 패밀리 국가 수
　PII = 특정 주체 보유특허의 피인용도[CPP] / 전체 유효특허의 피인용도

전략제품 현황분석

5. 요소기술 도출

가. 특허 기반 토픽 도출

☐ 1,711개의 특허의 내용을 분석하여 구성 성분이 유사한 것끼리 클러스터링을 시도하여 대표성이 있는 토픽을 도출

[가정간편식(HMR)제품에 대한 토픽 클러스터링 결과]

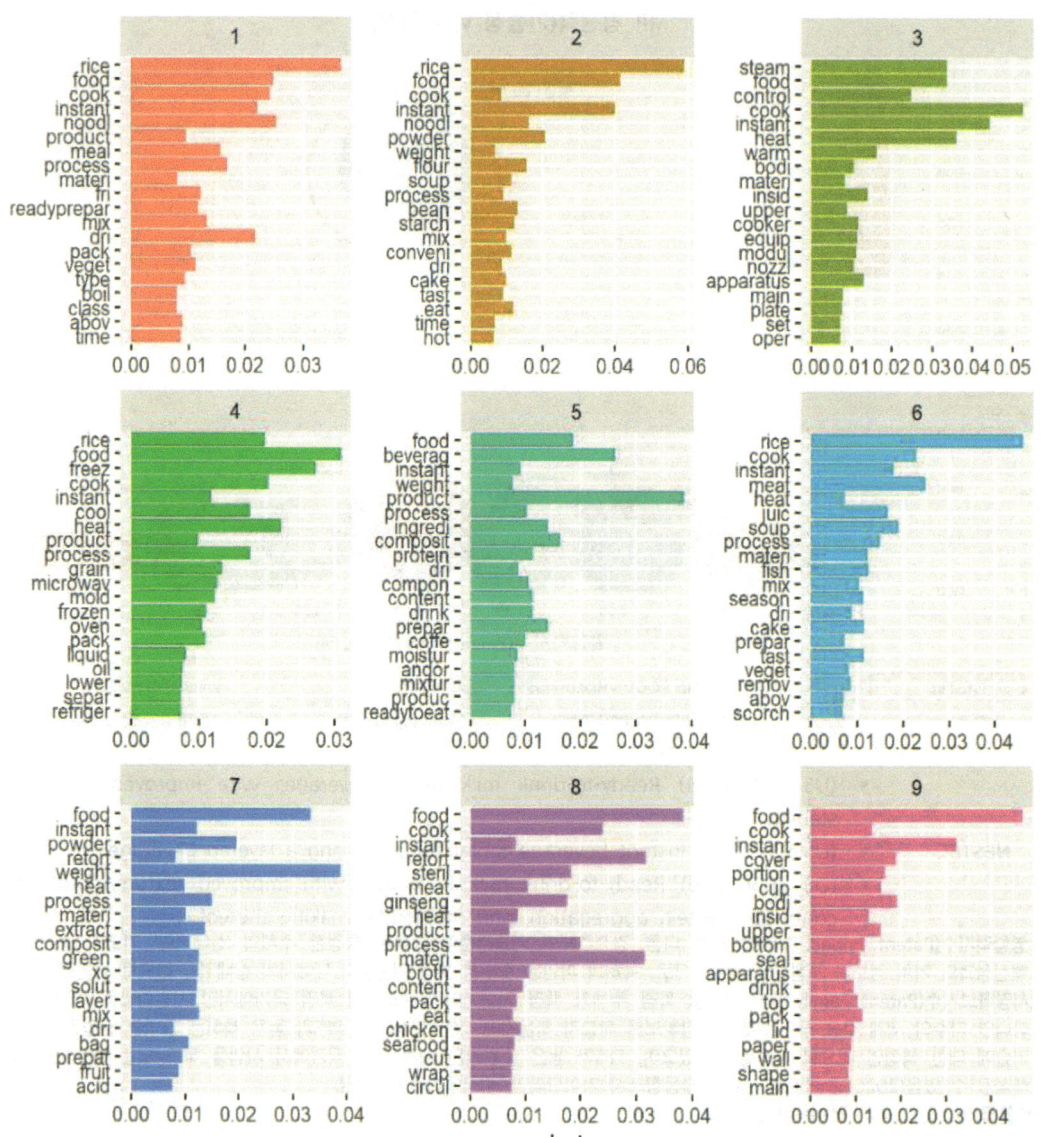

나. LDA[10] 클러스터링 기반 요소기술 도출

[LDA 클러스터링 기반 요소기술 키워드 도출]

No.	상위 키워드	대표적 관련 특허	요소기술 후보
클러스터 01	rice noodl food cook instant	• Instant soup cooked with dried radish leaves and its manufacturing method • Instant functional food • Production method of quick cooking fired rice	간편식 가공/조리/제조 기술
클러스터 02	rice food instant powder noodl	• Cowpea instant starch gel and instant gel food applied food material and method of thereof • A Instant Food Made Of Flour And Flour Containing Herbs And Medicines That Aim For The Development Of Disease Prevention And Special Function • A Instant Foods Including Functional Fish Cakes, Including Herbal Medicines Supplied By Instant Order	기능성 간편식품
클러스터 03	cook instant heat food steam	• A steam cooking equipment for instant food • A automatic cooking equipment for instant food • Steam cooking equipment for instant food	즉석조리법 관련 기술 (즉석식품 조리장치)
클러스터 04	food freez heat cook rice	• The manufacturing method of MRE using the spicy rice and wheat flour dough • The manufacturing method of MRE using the spice stir-fried rice and grains paste • Frozen rice ball food and production method thereof	간편식 제조 방법
클러스터 05	rice meat cook soup instant	• Meal replacement product and method for the preparation thereof • Ready-to-eat cereal flakes containing legumes • Ready-to-eat dry fruit products and process	식사대용 즉석식품
클러스터 06	weight food powder process extract	• Manufacturing method for freeze-dried instant cooking sundaetguk and freeze-dried instant cooing sundateguk manufactured by the same • Rightaway chicken rice served in soup manufacture method • Cooking method of packaging instant chicken soup	즉석조리식품 제조방법

---

10) Latent Dirichlet Allocation

클러스터 07	weight food powder process extract	• Simplicity food with unpolished rice as the principal material • Granule-type convenient food using the concentrate of enzyme extract from fruits or vegetables and manufacturing method thereof • The processing method of the cereals and the easy diet bosom using the same	발효물을 포함한 간편식 제조방법
클러스터 08	food retort materi cook process	• Retort food material suitable for microwave oven cooking and manufacturing method thereof • Ready to eat food of Marinated Fish and Method for Preparing the Same • A ready-to-eat samgyetang with bamboo sprout and abalone and its manufacturing method	가열/냉동 간편식 제조방법
클러스터 09	food instant bodi cover portion	• Instant food case • Instant type vessel for fermented liquor or fermented beverage • Fastfood container for instant cooking and suitably manufacture method	간편식 패키징 및 포장용기 제조기술

다. 특허 분류체계 기반 요소기술 도출

□ 가정간편식 제품(HMR 제품) 관련 유효특허의 메인 IPC 분석을 통한 요소기술 후보 도출

[IPC 분류체계에 기반 한 요소기술 도출]

IPC 기술트리		
(서브클래스) 내용	(메인그룹) 내용	요소기술 후보
(A23B) 식육, 어류, 난류, 과일, 채소, 식용종자의 보존, 예.통조림에 의한 것; 과일 또는 야채의 화학적 숙성; 보존, 숙성 또는 통조림 제품	(A23B-004/00) 식육, 소시지, 생선 또는 어류제품의 일반적 보존방법	저장, 보존 기술
	(A23B-007/00) 과일 또는 채소의 보존 또는 화학적 숙성	
(A23L) A21D 또는 A23B로부터 A23J까지; 포함 되지 않는 식품, 식료품, 또는 비알콜성음료; 그 조제 또는 처리	(A23L-003/00) 식품 또는 식료품의 보존일반, 예. 식품 또는 식료품에 특히 적합한 살균 또는 멸균(식품 또는 식료품 보존, 포장에 관련한 것 B65B-055/00)	포장용기 제조기술
	(A23L-023/00) 스프; 소스 (A23L-027/50, A23L-027/60이 우선됨); 그것의 조제 또는 처리	즉석조리법 관련 기술
	(A23L-007/117)··즉석형의 플레이크 (flake) 또는 다른 형상의 것; 그것을 위한 반제품 또는 부분적인 완제품 (A23L-007/143, A23L-007/152가 우선됨)	
(A23P) 다른 단일의 서브클래스에는 완전히 포함되지 않는 식료품의 성형 또는 가공	(A23P-010/20) ·응집화 (Agglomerating); 입상화 (Granulating); 정제화 (Tabletting)	제형 기술
	(A23P-030/00) 공정 또는 기구에 의해 특정화되는 식료품의 성형 또는 가공	
(B65D) 물품 또는 재료의 보관 또는 수송용의 용기, 예. 장류(Bags), 나무통, 병, 상자, 캔류(Cans), 마분지 상자(Carton), 나무상자(Crate), 드럼, 호리병(Jars), 탱크, 호퍼(Hopper), 운송 콘테이너, 부속품, 폐개구(Closures) 또는 그 부착; 포장 요소; 포장체	(B65D-081/34) 포장재 속에서 가열 또는 요리되어지는 식료품 포장을 위한 것	패키징 기술
	(B65D-085/804)우려내거나 용해되는 내용물을 갖는 일회용 용기 또는 포장	

라. 최종 요소기술 도출

☐ 산업·시장 분석, 기술(특허)분석, 전문가 의견, 타부처 로드맵, 중소기업 기술수요를 바탕으로 로드맵 기획을 위하여 요소기술 도출

☐ 요소기술을 대상으로 전문가를 통해 기술의 범위, 요소기술 간 중복성 등을 조정·검토하여 최종 요소기술명 확정

[가정간편식 제품(HMR 제품) 분야 요소기술 도출]

요소기술	출처
간편식 가공/조리/제조 기술	특허 클러스터링
기능성 간편식품	특허 클러스터링
즉석조리법 관련 기술	특허 클러스터링, 전문가 추천
즉석조리식품 제조방법	특허 클러스터링, 전문가 추천
발효물을 포함한 간편식 제조방법	특허 클러스터링
가열/냉동간편식 제조방법	특허 클러스터링, 전문가 추천
간편식 패키징 및 포장용기 제조기술	특허 클러스터링, 전문가 추천
식품 물성 유지 기술	전문가 추천
고령식 즉석조리식품 제조 기술	전문가 추천

6. 전략제품 기술로드맵

가. 핵심기술 선정 절차

☐ 특허 분석을 통한 요소기술과 기술수요와 각종 문헌을 기반으로 한 요소기술, 전문가 추천 요소기술을 종합하여 요소기술을 도출한 후, 핵심기술 선정위원회의 평가과정 및 검토/보완을 거쳐 핵심기술 확정

☐ 핵심기술 선정 지표: 기술개발 시급성, 기술개발 파급성, 기술의 중요성 및 중소기업 적합성
- 장기로드맵 전략제품의 경우, 기술개발 파급성 지표를 중장기 기술개발 파급성으로 대체

[핵심기술 선정 프로세스]

① 요소기술 도출	② 핵심기술 선정위원회 개최	③ 핵심기술 검토 및 보완	④ 핵심기술 확정
• 전략제품 현황 분석 • LDA 클러스터링 및 특허 IPC 분류체계 • 전문가 추천	• 전략분야별 핵심기술 선정위원의 평가를 종합하여 요소기술 중 핵심기술 선정	• 선정된 핵심기술에 대해서 중복성 검토 • 미흡한 전략제품에 대해서 핵심기술 보완	• 확정된 핵심기술을 대상으로 전략제품별 로드맵 구축 개시

나. 핵심기술 리스트

[가정간편식 제품(HMR 제품) 핵심기술]

핵심기술	개요
즉석조리식품 제조방법(포장 기술 제외)	• 식품 내용물의 특성에 맞는 가공 기술
간편식 패키징 및 포장용기 개발 기술	• 간편식의 장기유통, 사용편의성, 포장폐기물 저감을 위한 포장기술
식품 물성 유지 기술	• 소비자의 기호에 최적화된 식품별 물성 조절 기술
고령식 즉석조리식품 제조 기술	• 고령자의 기호와 거동 그리고 섭취 특성을 고려한 간편식 제조기술
즉석조리법 관련기술	• 사용자 편의와 안전(내용물, 포장재)을 고려한 즉석식품 조리기술
가열/냉동간편식 제조방법	• 식품별 조리, 저장, 품질 특성을 고려한 간편식 제조 기술

다. 중소기업 기술개발 전략

☐ 사회구조 변화로 인한 식생활의 외부의존이 높아지고 있어 가정식을 대체하는 간편식의 수요가 지속 증가하고 있어 이에 대한 기술적 대응 필요

- 생활방식과 사회특성 변화에 따른 대체식품, 고령식, 환자식 등 미래 유망식품 분야 기술 대응 필요

☐ 간편식 시장은 대기업 중심의 즉석밥, 카레류, 국·탕·찌개, 죽류 등 진입장벽이 낮은 저가형 제품 위주로 형성되어 있어 편의성 향상을 위한 포장, 냉·해동, 비열살균, 소비대상의 체계적인 분석이 필수적임

- 현재 가용한 간편식 가공기술은 식품산업의 부가가치 향상을 위한 한계에 직면, 레토르트(가열살균), 냉동, 단순 1차 가공에서 탈피 비가열살균, 포장개선, 대체식품 등 기술의 혁신이 필요
- 이를 기반으로 하는 수출경쟁력(식품, 연관기술, 기계, 포장 등) 제고 방안 마련 필요

☐ 편의성과 안전성을 향상시킨 제품의 개발을 위해 식품 외 이종산업 분야(화학, 기계, 전자 등)와의 협력 강화 필요

☐ 국내 식품기업의 90% 이상이 5인 미만의 영세 사업장임을 감안할 때, 기업의 연구개발 지원을 위한 산학연 협력이 매우 중요

☐ 식품기술의 발전방향은 식품산업에서 내포하고 있는 사회문제와 기술발전을 위한 해결책을 동시에 제시해야 함

- 영양약자(고령층, 환자, 영유아)를 위한 식품의 품질유지와 안전성 확보에 필요한 살균 기술
- 소비자 선택권 강화와 포장 폐기물 발생 최소화를 위한 포장 기술

라. 기술개발 로드맵

(1) 중기 기술개발 로드맵

[가정간편식 제품(HMR 제품) 기술개발 로드맵]

가정간편식 제품 (HMR 제품)	편의성, 안전성 등을 갖춘 가정간편식(HMR) 제품 개발			
	2022년	2023년	2024년	최종 목표
즉석조리식품 제조방법 (포장기술 제외)	──▶			혁신제품 개발을 위한 가공 기술 확보
간편식 패키징 및 포장용기 개발 기술		──▶		간편 조리에 최적화된 장기유통 친환경 편의 포장기술 개발
식품 물성 유지 기술		──▶		물성 조절인자별 DB 구축 및 조합기술 확보
고령식 즉석조리식품 제조기술		──▶		고령자에게 최적화된 식품 물성 DB 및 제조기술 확보
즉석조리법 관련기술		──▶		소비자 편의 즉석조리기술 확보
가열/냉동간편식 제조방법	──▶			조리품질 향상을 위한 냉·해동 기술확보

(2) 기술개발 목표

☐ 최종 중소기업 기술로드맵은 기술/시장 니즈, 연차별 개발계획, 최종목표 등을 제시함으로써 중소기업의 기술개발 방향성을 제시

[가정간편식 제품(HMR 제품) 분야 핵심기술 연구목표]

핵심기술	기술요구사항	연차별 개발목표			최종목표	연계R&D 유형
		1차년도	2차년도	3차년도		
즉석조리식품 제조방법 (포장기술 제외)	내용물 가공기술	완제품 개념설계	가공기술 확보	-	혁신제품 개발을 위한 가공 기술 확보	상용화기술 개발사업
간편식 패키징 및 포장용기 개발 기술	포장소재기술 편의설계 안전성 검증	소재탐색 및 개발 (내열, 친환경 검증)	포장설계 (편의)	용출 안전성 검증	간편 조리에 최적화된 장기유통 친환경 편의 포장기술 개발	기술혁신개 발사업(시장 대응형), 산학연 Collabo R&D
식품 물성 유지 기술	물성조절인자 가공기술 포장기술	식품별 물성개선 수요파악	식품별 조절인자 개선(가공 기술, 첨가물 등)	가공·포장 기술확보	물성 조절인자별 DB 구축 및 조합기술 확보	산학연 Collabo R&D
고령식 즉석조리식품 제조기술	물성조절, 고령자 대상 임상시험	고령자 식이특성 분석(DB 화)	물성조절 기술	가공, 포장 기술확보, 고령자 대상 관능평가	고령자에게 최적화된 식품 물성 DB 및 제조기술 확보	기술혁신개 발사업 산학연 Collabo R&D
즉석조리법 관련기술	포장 및 내용물 가공 기술	조리기구 별 문제점 조사 및 개선 방안 제시	조리장비 및 필요 포장기술 개발	용출 안전성 검증	소비자 편의 즉석조리기술 확보	상용화기술 개발사업
가열/냉동간편식 제조방법	냉·해동기술, 내용물 가공 기술	완제품 설계	가공 및 포장기술 확보	-	조리품질 향상을 위한 냉·해동 기술확보	상용화기술 개발사업

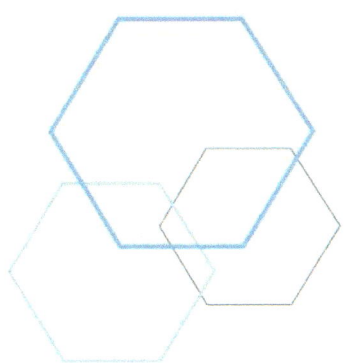

전략제품 현황분석

건강기능성 식품

건강기능성 식품

정의 및 범위

- 건강기능식품(neutraceutical, functional foods)이란 기능성 원료를 사용하여 기능성을 보장하는 일일 섭취량만큼 섭취하도록 하고 기준 규격에 맞게 제조한 식품을 의미함
- 건강기능식품은 의약품과 달리 질병상태의 치료가 목적이 아니라 생체기능의 활성화를 통해 질병발생위험을 감소시키거나 건강유지·증진을 목적으로 함

전략 제품 관련 동향

시장 현황 및 전망	제품 산업 특징
• (해외) 건강기능식품 시장의 규모는 2019년 1,777억 7,000만 달러 규모에서 연평균 5.26% 성장하여 2025년에는 2418억 1,000만 달러 규모에 이룸 • (국내) 건강기능식품 시장의 규모는 2019년 4조 6,999억 원에서 연평균 20.9% 성장하여 2025년에는 10조 7,796억 원에 이를 전망	• 코로나19 판데믹으로 인한 건강 및 면역에 대한 관심 고조, 삶의 질 향상, 인구 고령화에 따른 만성질환 증가와 의료정책의 질병 예방 개념의 도입 등으로 세계적으로 '자가관리(self care)'를 위한 건강기능식품의 사회적 필요성과 수요가 지속 증가되고 있음
정책 동향	**기술 동향**
• (해외) 기능성 소재 개발 및 제품화를 위한 R&D 투자 및 지원 • (국내) 건강기능식품에 관한 법률'에 근거하여 관리 및 규제가 이루어지고 있으며, 2020년 12월부터 일반식품의 기능성 표시제도 도입	• 유전정보를 이용한 개인 맞춤형 건강기능식품에 대한 요구가 높아지고 있으며, 마이크로바이옴을 이용한 건강기능식품 연구가 가속화되고 있음 • 건강기능식품의 제형 다양화 및 질환예방 제품에 대한 수요 증가로 인해 관련 소재 및 기술이 개발되고 있음
핵심 플레이어	**핵심기술**
• (해외) Nestle, Nutricia, BASF, Hansen holding • (국내) KGC인삼공사, CJ제일제당, 매일유업, 종근당건강	• 면역력 증강 기능성 조성물 • 면역,대사질환 치료관련 조성물 • 프로바이오틱스 조성물(예. L.유산균 또는 L. 브레비스) • 프로바이오틱스 조성물(예. 장구균(엔테로코키), 페디오코쿠스균, 락토코쿠스균, 연쇄구균, 로이코노스톡균) • (프로바이오틱스등의) 위장관 전달방법 및 전달 효율 향상 기술

중소기업 기술개발 전략

→ 건강기능식품 산업에서 프로바이오틱스를 포함하는 기능성 조성물 관련 기술은 표준화, 인체적용시험 등을 포함한 기능성, 안전성 등의 원천기술 확보가 필요함

→ 인/허가된 기능성 원료를 이용하여 건강기능식품 제품화 시, 소비자 요구에 부합하는 제제·제형 기술의 도입을 통해 기능 성분의 전달효율을 향상 시킬 필요가 있음

→ 건강기능식품 산업은 직·간접적으로 인간의 생명을 다루는 분야로 식약처의 강한 규제가 존재 하며 국가별로 까다로운 인허가제도를 도입하고 있어, 국가별 대응 전략이 요구됨

1. 개요

가. 정의 및 필요성

(1) 정의

- ☐ (기능성) 「건강기능식품에관한 법률」 제3조제2호에 따르면, 인체의 구조 및 기능에 대하여 영양소를 조절하거나 생리학적 작용 등과 같은 보건 용도에 유용한 효과를 얻는 것을 의미함

- ☐ (기능성 원료) 「건강기능식품 기능성 원료 및 기준·규격 인정에 관한 규정」(식품의약품안전처 고시 제2019-69호, 2019.8.5.)에 따르면, 건강기능식품의 제조에 사용되는 기능성을 가진 물질로서 다음의 1.~3. 중 어느 하나 혹은 복합물에 해당되는 것을 의미함
  - 1. 동물, 식물, 미생물, 물(水) 등 기원의 원재료를 그대로 가공한 것
  - 2. 위 1.의 추출물(동물, 식물, 미생물, 물(水) 등 기원의 원재료로부터 용매를 사용하거나 물리적으로 추출한 물질), 정제물(동물, 식물, 미생물, 물(水) 등 기원의 원재료에 포함되어 있는 특정한 성분을 분리·정제한 물질)
  - 3. 동물, 식물, 미생물, 물(水) 등 기원의 원재료를 그대로 가공한 것의 추출물, 정제물 중 정제물의 합성물(정제물에 화학적 반응을 일으켜서 얻은 물질)

- ☐ (건강기능식품) 인체에 유용한 기능성 원료를 사용하여 기능성을 보장하는 일일섭취량만큼 섭취하도록 하고 기준 규격에 맞게 제조한 식품
  - 기능성 원료 또는 성분의 섭취를 주된 목적으로, 정제, 캡슐, 환, 과립, 액상, 분말, 편상, 페이스트상, 시럽, 겔, 젤리 형태로 1회 섭취가 용이하게 제조 가공한 식품을 의미함
  - 기능성 원료를 사용하여 기능성을 보장하는 일일섭취량만큼 섭취하도록 하고 기준 규격에 맞게 제조한 건강기능식품은 기능성 원료와 동일한 기능성을 표시 할 수 있음

[기능성 식품 전략분야 내 건강기능성 식품 위치]

* 자체구성

☐ 건강기능식품은 의약품과 달리 질병상태의 치료가 목적이 아니라 생체기능의 활성화를 통해 질병 발생 위험을 감소시키거나 건강유지·증진을 목적으로 함

- 건강기능식품보다 더 큰 범주인 기능성식품은 '생체조절기능을 가지는 식품' 혹은 '식품의 기본적 기능(영양소 공급)이상으로 건강에 유익한 기능을 가진 식품'을 말하며, 국가에서 관리하는 건강기능식품과는 차이가 있음
- 기능성식품의 활성화를 위해 최근 정부에서는 「식품 등의 표시·광고에 관한 법률 시행령」('19.3월 제정)에 따라 "일반식품의 기능성표시제"를 도입

[건강기능식품의 범주]

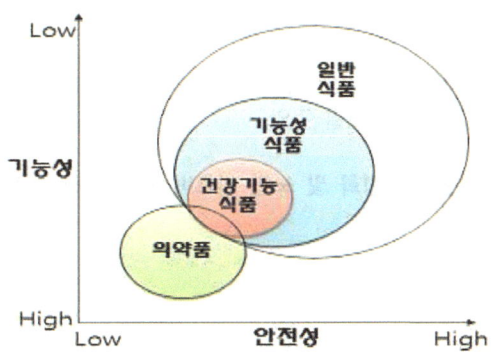

* 출처 : 농림수산식품부 식품산업정책과, "2015년 기능성식품 개발 빨라진다." (2011)

☐ "건강기능식품 마크"는 동물실험, 인체적용시험 평가를 거쳐 기능성과 안전성을 인증 받은 성분이 기준 농도 이상 함유된 제품에 식품의약품안전처가 부여함

- 식품의약품안전처에서 인정·신고된 제품만이 제품 포장에 건강기능식품마크가 있음

☐ "표시·광고 사전심의필 마크"는 소비자에게 제품 판매 전 한국건강기능식품협회에 설치된 '기능성 표시·광고 사전심의위원회'의 심의에 통과된 제품에 부여함

[건강기능식품 관련 마크]

* 출처 : 식품의약품안전처, 한국건강기능식품협회

(2) 필요성

□ 초고령사회 노인 건강 증대 및 의료비 부담 경감

- 2017년 한국은 이미 노인 인구가 14%를 초과하는 고령사회에 진입하였고, 2025년에는 초고령사회로 접어들 것으로 전망
- 고령화 사회 진행에 따른 노인의료비 등 노인부양비 지출이 크게 증가하고 있어 국가적 문제가 되고 있으며, 핵가족화의 급속화로 가족 지지체계의 붕괴가 노인 개인뿐만 아니라, 사회전체의 경제적 부담을 가중시키고 있음
- 이에 기능성원료의 개발 및 보급은 고령인구 뿐만 아니라 국민의 질병 예방을 통한 의료비 절감 및 국가기술개발에 기여할 수 있음
- 더 나아가 기능성원료의 상용화 지원은 국민의 삶의 질(Quality of Life, QoL) 개선에 영향을 주어 동반산업의 막대한 시장 창출로 이어질 것임

[인구의 고령화 및 노인 의료비 지출 예상 추이]

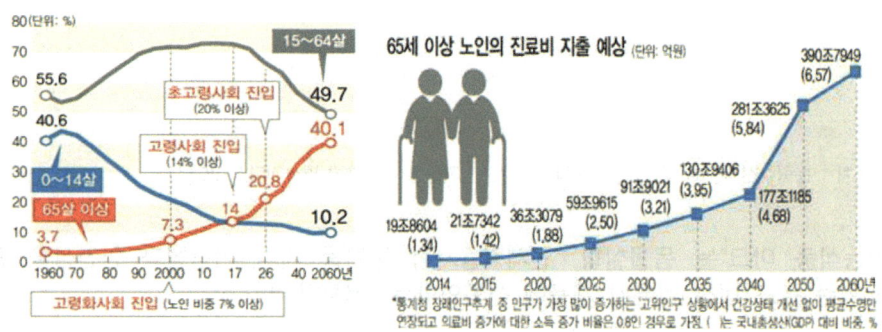

* 출처 : 통계청, 국민건강보험공단 건강보험정책연구원

□ 코로나-19 대유행으로 인한 건강과 면역력에 대한 소비자 관심도 급상승

- 건강기능식품 상위 5개 업체의 2019년 1분기 대비 2020년 1분기에 약 19.6% 성장했으며, 하반기에도 수요가 지속적으로 증가하고 있음
- 중국의 경우, 코로나19 대유행 이후 소비자들의 건강에 대한 관심이 높아졌으며, 프로바이오틱스 산업이 3년 연속 17% 이상의 성장세를 보이고 있음[11]
- 건강기능식품 산업에 '면역', '식물 연구의 현대화', '관리의 투명성', '신기술을 이용한 소비자 경험 확장' 등의 변화 일으킴

---

11) 코로나19에 건강 챙긴 중국, 건강식품 매출 급증, 머니투데이, 2020.09.30

나. 범위 및 분류

(1) 가치사슬

☐ 전방산업분야로는 대규모 데이터 분석을 위한 빅데이터 등 정보산업분야를 포함, 의료 서비스, 시스템 등 보건의료산업까지 영향을 미칠 수 있음

☐ 이와 관련하여 각국 정부주도로 유전체 분석 등의 신기술과 기능성 식·의약을 접목시켜 의료비용 절감 및 개인별 맞춤형 케어로 의료 패러다임의 전환이 가속화 시키고 있으며, 20년에는 약 5조원의 시장 규모를 형성할 것으로 예상됨

☐ 후방산업분야로는 분자세포생물학적 기법을 적용하기 위한 소재, 기기 및 생물정보 관련 연구개발 및 산업이 포함되어 있음

- 특히, 후방사업 중 바이오산업은 지속적으로 성장세에 있으며, 동식물자원산업화, 기존 소재 가치제고 등을 통한 추가 신산업 창출을 통한 산업적 파급효과 발생

☐ 기능성원료를 기반으로 하는 기능성식품은 전방 및 후방 모두에 산업파급효과가 크고, 매출규모를 확대하려는 중소, 벤처기업을 중심으로 수요가 형성되어 있음. 또한 소비자가 직접 서비스 공급 받기를 원하는 분야로 경제적 부가효과가 클 것으로 예상됨

[건강기능식품 분야 산업구조]

후방산업	건강기능식품 분야	전방산업
농업, 축산, 바이오, 소재, 정밀기기, 시약 및 분석기기	세포, 동물, 임상, 원재료표준화 등 분석시험산업, 기능성 원료 산업	연구개발 서비스, 빅데이터 분석 및 활용, 헬스케어, 의료 시스템, 의료 서비스, 제약

(2) 용도별 분류

☐ 국내 기능성원료는 고시형 원료와 개별인정원료의 2가지로 구분됨

- 고시형 원료는 식품의약품안전처에서 「건강기능식품의 기준 및 규격」에 기준 및 규격을 고시하여 누구나 사용할 수 있는 원료이며, 개별인정 원료는 개별적으로 식품 의약품안전처의 심사를 거쳐 인정받은 영업자만이 사용할 수 있는 원료임

[기능성원료 구분]

구분	내용
고시형 원료	• 「건강기능식품의 기준 및 규격」에 등재되어 있는 기능성 원료 • 정해진 제조기준, 규격, 최종제품의 요건에 적합할 경우 별도의 인정절차가 필요하지 않음 • 영양소(비타민및 무기질, 식이섬유 등) 등의 원료가 등재되어 있음
개별인정 원료	• 「건강기능식품의 기준 및 규격」에 등재되지 않은 원료로, 식품의약품안전처장이 개별적으로 인정한 원료 • 영업자가 원료의 안전성, 기능성, 기준 및 규격 등의 자료를 제출하여 관련 규정에 따른 평가를 통해 기능성 원료로 인정을 받아야 함 • 인정받은 업체만이 동 원료를 제조 또는 판매할 수 있음

* 출처 : 식품의약품안전처 고시 제2019-110호

☐ 국내 기능성클레임은 질병발생 위험 감소 기능, 생리활성 기능, 영양소 기능의 3가지 종류로 구분됨

- 인체의 정상적인 기능을 유지하거나 생리기능 활성화를 통하여 건강을 유지하고 개선하는 것을 말하는 것으로 질병발생 위험감소 기능, 생리활성 기능 및 영양소기능이 있음

- 질병발생위험감소기능의 경우 확보된 기능성 자료의 과학적 근거자료의 수준이 과학적 합의에 이를 수 있을 정도로 높을 경우에 인정됨

[기능성 클레임 구분]

기능성 종류	기능성 내용	기능성 표시
질병발생위험감소 기능	질병의 발생 또는 건강상태의 위험감소와 관련된 기능 ** 확보된 기능성 자료의 과학적 근거자료의 수준이 과학적 합의에 이를 수 있을 정도로 높을 경우 인정	○○발생위험감소에 도움을 줌
생리활성기능	인체의 정상기능이나 생물학적 활동에 특별한 효과가 있어 건강상의 기여나 기능 향상 또는 건강유지/개선을 나타내는 기능	○○에 도움을 줄 수 있음
영양소기능	인체의 정상적인 기능이나 생물학적 활동에 대한 영양소의 생리학적 작용	-

* 출처 : 식품안전나라-식품 · 안전정보-건강기능식품정보

□ 건강기능식품의 기능성 표시 내용은 기능별로 33개 클레임으로 구분되며, 작용 부위에 따라 세부적으로 47가지로 나눌 수 있음

[기능성 표시 내용 분류]

구분		내용
신경계	기억력	기억력 개선에 도움을 줄 수 있음
	긴장완화	스트레스로 인한 긴장 완화에 도움을 줄 수 있음
	수면	수면(의 질 개선)에 도움을 줄 수 있음
	인지기능	노화로 인해 저하된 인지기능 개선에 도움을 줄 수 있음
	피로	스트레스로 인한 피로 개선에 도움을 줄 수 있음
감각계	구강(치아)	구강에서의 항균작용에 도움을 줄 수 있음
		충치 발생 위험 감소에 도움을 줄 수 있음
	눈	노화로 인해 감소될 수 있는 황반색소밀도를 유지하여 눈 건강에 도움을 줄 수 있음
		눈의 피로도 개선에 도움을 줄 수 있음
		건조한 눈을 개선하여 눈 건강에 도움을 줄 수 있음
	피부	자외선에 의한 피부손상으로부터 피부 건강 유지에 도움을 줄 수 있음
		피부 보습에 도움을 줄 수 있음
소화/대사계	간	간 건강에 도움을 줄 수 있음
		알콜성 손상으로부터 간을 보호하는데 도움을 줄 수 있음
	위	위 점막을 보호하여 위 건강에 도움을 줄 수 있음
		담즙 분비를 촉진하여 지방 소화에 도움을 줄 수 있음
	장	장내 유익균 증식 및 유해균 억제에 도움을 줄 수 있음
		배변활동 원활에 도움을 줄 수 있음
		장 면역을 조절하여 장 건강에 도움을 줄 수 있음
	체지방	체지방 감소에 도움을 줄 수 있음
	흡수	체내 칼슘 흡수 촉진에 도움을 줄 수 있음
내분비계	혈당	(당의 흡수를 억제하여) 식후 혈당 상승 억제에 도움을 줄 수 있음
		혈당 조절에 도움을 줄 수 있음
	호르몬	갱년기 여성의 건강에 도움을 줄 수 있음
		갱년기 남성의 건강에 도움을 줄 수 있음
		월경 전 변화에 의한 불편한 상태 개선에 도움을 줄 수 있음
심혈관계	중성지방	혈중 중성지방 개선에 도움을 줄 수 있음
	콜레스테롤	혈중 콜레스테롤 개선(감소)에 도움을 줄 수 있음
	혈압	높은 혈압 감소(혈압 조절)에 도움을 줄 수 있음
	혈행	혈관이완을 통한 혈행 개선에 도움을 줄 수 있음
		혈소판 응집을 억제하여 혈행 개선에 도움을 줄 수 있음
신체방어 및 면역계	과민 면역	면역과민반응 개선에 도움을 줄 수 있음
		면역과민반응에 의한 코 상태 개선에 도움을 줄 수 있음
		면역과민반응에 의한 피부 상태 개선에 도움을 줄 수 있음
	면역	면역기능 증진(개선)에 도움을 줄 수 있음
	항산화	항산화에 도움을 줄 수 있음
근육계	관절/뼈	관절(및 연골) 건강에 도움을 줄 수 있음
		뼈 건강에 도움을 줄 수 있음
	근육	근력 개선에 도움을 줄 수 있음
		(근력 운동 시) 운동 수행능력 개선에 도움을 줄 수 있음
		지구력 증진에 도움을 줄 수 있음
생식계	남성생식기	전립선 건강의 유지에 도움을 줄 수 있음
	여성생식기	질내 유익균 증식 및 유해균 억제에 도움을 줄 수 있음
비뇨계	신장 및 요로	방광의 배뇨기능 개선에 도움을 줄 수 있음
		요로의 유해균 흡착 억제로 요로건강에 도움을 줄 수 있음
기타	기타	어린이 키 성장에 도움을 줄 수 있음
		정자 운동성 개선에 도움을 줄 수 있음

* 출처 : 식품안전나라-식품 · 안전정보-건강기능식품정보

전략제품 현황분석

□ 기술적으로는 탐색기술, 소재화 기술, 제품화 기술로 분류 할 수 있음

- 식품의약품안전처에서 2009년에 제시한 '기능성원료 인정 및 기술단계분석 자료'에서 건강기능식품 개발과 관련된 기술내용을 바탕으로 정리함
- 개발단계에 따라 26개의 기술로 소분류 할 수 있음

[건강기능식품의 기술관점 분류]

대분류	중분류	소분류
탐색기술	수요예측	기술/상품 시장동향 조사기술
		기술/상품 기대수요 조사기술
	후보소재도출 기술	활용검색기술 (HTS assay 시스템 개발기술, in vivo/in vitro 검색기술)
		유효성분 추출 정제 및 가공기술
		기능성분 및 물질탐색기술
		생물전환기술 및 구조정제
		원료배합기술
		예비 기능성시험 등
소재화기술	소재표준화기술	지표물질 설정 및 탐색기술
		기능성분분석법 확립 기술
		제형확보기술
		미량성분 소재화 기술
		소재 설계기술
	안전성 확보기술	안전성 시험기술 : 일반독성시험기술 등
	기능성확보기술	기능성시험기술
		인체적용시험기술
		임상설계/관리기술
		GCP확보기술
		작용기전 규명 기술
제품화기술	건강기능식품 제품화 기술	마케팅 활용기술
		제품설계기술
		제품가공 및 품질 적성기술
		제품공정 생산기술
		제품포장기술
		제품규격화 및 품질관리기술
		GMP관리기술

* 출처 : 식품의약품안전처(2009), 기능성원료 인정 및 기술단계 분석 자료

2. 산업 및 시장 분석

가. 산업 분석

☐ 코로나19 판데믹으로 인한 건강 및 면역에 대한 관심 고조, 삶의 질 향상, 인구 고령화에 따른 만성질환 증가와 의료정책의 질병 예방 개념의 도입 등으로 세계적으로 '자가 관리(self care)'를 위한 건강기능식품의 사회적 필요성과 수요가 지속 증가되고 있음

- 세계 보건산업 정책이 질병의 치료에서 질병 예방으로, 일반식품의 개발은 고부가가치 기능성 식품 개발로 패러다임이 변화하고 있음
- 한국건강기능식품협회가 2018년 실시한 조사에 따르면 2030세대의 건강기능식품 구매 증가율은 6% 이상으로 평균 증가율(4%)보다 높았음

☐ 글로벌 경제의 개방화, 세계화에 의한 식품관련 산업(제약, 한약 포함)의 경쟁력 약화 및 시장침체를 견인할 정책 방향으로 고부가가치 건강기능식품산업의 지원 필요성이 대두됨

- 건강기능식품산업은 바이오기술(BT) 및 이와 관련된 유관산업의 공동연구, 협업연구 및 융합연구개발 통한 고부가가치 소비재산업이며, 이를 통해 단시간 내에 보건의료를 포괄하는 글로벌 시장을 선점할 수 있는 전략산업이기에 국가의 전폭적인 지원이 필요함
- 하지만 국산 식품소재 관련 자료가 빈약해 과학적 근거가 풍부한 외국산 원료 수입과 제품화 선호추세가 두드러지며, 농림수산식품부에서는 기능성 소재 국산화 지원을 위한 기능성 평가 지원 사업, 수입대체농산물 발굴 사업, 국산 소재 기능성 규명사업, 기능성 원료은행 구축, 정보제공 사업 등의 기능성식품 산업진흥을 위한 제도를 실시하고 있음
- 기존의 제약업계에서도 포화된 의약품 시장에서 눈을 돌려 매년 두 자릿수의 성장률을 기록하는 건강기능식품 분야에 진출하는 비율이 높아지고 있으나, 기존의 식품기업과의 차별화에 실패해 전체 매출의 5% 수준을 제약사가 차지하고 있음

☐ 농림축산식품부에서는 식품 산업 활성화와 소비자의 선택권 보장 마련을 위해 일반식품의 기능성 표시제도 도입 실시

- 기존에는 건강기능식품에만 기능성을 표시할 수 있었으나, 2020.12.29. 고시 제정(「부당한 표시 또는 광고로 보지 아니하는 식품 등의 기능성 표시 또는 광고에 관한 규정」 제정, 식약처)으로 과학적 근거가 갖추어진 경우 일반식품에도 '기능성' 표시가 가능해짐
- 기능성을 표기할 수 있는 원료는 인삼, 홍삼, 클로렐라 등 29종으로 다량 섭취해도 건강상 문제가 없으며, 기능성 성분 함량에 대해 6개월 마다 품질검사를 실시해 유통기한까지 해당 기능성 함량이 유지되도록 관리해야함
- 풀무원의 칼슘 흡수를 돕는 'PGA플러스 칼슘연두부'와 혈중 콜레스테롤 개선에 도움을 주는 '발효홍국나또'를 시작으로 롯데제과의 장건강에 도움을 주는 아이스크림 '설레임 프리바이오틱스', 청정원의 배변활동에 도움을 주는 '홍초' 등 식품업계는 마케팅에 '기능성 표시제'를 적극 활용해 제품을 선보이고 있음

[건강기능식품과 기능성표시식품의 차이점]

구분	식품	기능성표시식품	건강기능식품
법률	식품위생법	식품 등의 표시·광고에 관한 법률	건강기능식품에 관한 법률
정의	모든 음식물 (의약품제외)	신체조직과 기능의 증진에 도움을 줄 수 있다는 내용을 표시한 식품	인체에 유용한 기능성 원료나 성분으로 제조한 식품
허가 요건	-	건강기능식품 원료 중 일반식품에 사용가능한 PLS(Positive List System) 원료 허용	- 안정성·기능성 자료 (시험관, 동물시험, 인체적용시험) - 건강인 대상 인체적용시험
	품목별 제조보고	품목별 제조보고	- 기능성 원료 : 인정 - 품목 : 신고
사용 원료	등재된 식품 원료	등재된 식품 원료	기능성 인정된 동식물 추출물
	등재된 식품첨가물	등재된 식품첨가물	기타원료 (식품원료, 식품첨가물로 등재된 부형재)
표시 광고	기능성 광고 불가	기능성 표시광고 가능	건강기능식품 표시
판매	자유판매	자유판매	건강기능식품판매업소

* 출처 : 식약처(2020), 국제컨퍼런스 자료 중

☐ **(미국)** FDA는 2016년 1월 "불량 기능식품(식이보충제)으로부터 소비자 보호를 위한 정책방안" 전략을 발표함으로써 소비자 권익을 보호함

- FDA는 식이보충제(Office of Dietary Supplement Program) '국(office)'에서는 법무부, 연방무역위원회, 미 우편감시부와 긴밀히 협력하여, 미확인된 성분이 포함된 제품 또는 잠재적으로 안전하지 않은 제품을 적발하기 위해 연간 광범위하게 감시함

- 미국 국립보건원(NIH)내 Office of Dietary Supplements(ODS)를 설치하고 이를 통해 외국자료나 대체의약국 자료를 비롯해 기능성식품(식이보충제)에 대한 연구개발 활동 지원 및 정보 제공, 평가를 함으로써 연구지원을 촉진함

☐ **(일본)** 일본의 건강식품산업은 2015년 4월부터 기능성표시식품 제도(소비자청 신고 필요) 가 시행됨에 따라 정부에서 다양한 기능성 식품산업지원제도 제시

- 건강한 식생활을 지원하는 지역·산업 만들기 추진, 기능성농산물 등의 음식에 의한 건강 도시 만들기 지원 사업, 새로운 식환경에 대응한 식생활교육활동모델추진사업, 식산업에 있어서 기능성농산물활용촉진사업 등

- 기능성표시식품에 관한 기능성 관여 성분에 관한 검증사업: 소비자청은 신고된 기능성 관여 성분의 분석 방법을 검증하고, 신고 자료로서 첨부되어있는 기능성관여성분의 분석방법의 문제 등을 정리. 기능성표시식품의 매입조사 실시, 기능성관여성분의 함유량 검증을 통해 기능성관여성분의 분석방법에 관한 신고 자료의 질적 향상 및 적절한 사후점검을 위해 필요한 기초자료 획득

나. 시장 분석

(1) 세계시장

☐ 세계 건강기능식품 시장은 2019년 1,777억 7,000만 달러 규모에서 연평균 5.26% 성장하여 2025년에는 2418억 1,000만 달러 규모에 이를 것으로 예상됨

- 코로나-19 이후 면역개선 증진 원료에 대한 소비율이 높아지며 한국산 기능성 원료(김치 등) 수출도 58.1% 급상승

- 한국산 건강식품 수출판로 확대의 기회를 맞아 국내 기능성 농자원의 안정적 원료 확보와 산업화를 위한 고부가가치화 지원이 필요

[세계 건강기능식품 시장 규모 및 전망]

(단위 : 십억 달러, %)

구분	'19	'20	'21	'22	'23	'24	'25	CAGR
세계시장	177.77	187.12	196.97	207.33	218.24	229.72	241.81	5.26

* 출처: Statista(2021), 윕스 재가공

☐ 미국의 건강보조식품 시장규모는 2018년 307억 달러(약 35조 원) 규모였으며, 향후 5년간은 연평균 1.8%의 성장을 전망하여 2023년에는 336억 달러 규모에 이를 전망임

- 소아비만, 체중과다, 성인병 등에 대한 경각심과 인구의 고령화 및 건강보험료에 대한 부담 등으로 인하여 질병의 예방에 대한 관심이 높아지고 있는 점 등을 미루어 볼 때 미국 건강기능식품 시장은 지속적으로 성장할 것으로 전망됨

[미국 건강기능식품 시장 현황 및 전망]

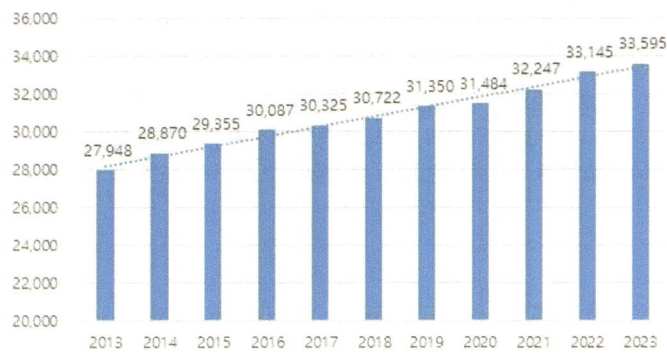

* 출처 : IBIS World(2018)

전략제품 현황분석

□ 2021년 중국 건강기능식품 시장규모는 2,708억 위안에 달할 것이며, 2023년도에는 3,283억 위안에 달할 것으로 예상됨

- 중국 제7차 인구조사에 따르면 60세 이상 노인 인구는 전체의 13.5%를 차지해 고령화 현상이 심화되고 있음을 보여주는데, 이에 따라 중국 실버산업이 성장하고 있음. 2020년 중국 실버시장 규모는 7조 2,000억 위안이었으며, 올해는 전년대비 22.3% 성장한 8조 8,000억 위안으로 예측됨
- 휴대가 용이하고 간편하게 먹을 수 있는 소비자들의 선호를 반영해 제품과 포장의 형태가 변화하고 있으며, 2020년 티몰 사이트에서 젊은 소비자 대상 판매 증가율이 가장 높은 제품 형태는 젤리였음

[중국 건강기능식품 시장 현황 및 전망]

* 출처: KOTRA(2021), 코로나19 이후 중국 전 연령층에서 건강기능식품 관심 높아져

□ 야노경제연구소는 일본의 2020년 기능성표시식품 시장규모가 전년대비 11.8% 증가한 2,843억 엔으로 확대될 것이라 전망함

- 코로나19 확산 이후, 건강 의식이 높아지면서 보조수단인 기능성 식품 소비가 증가하고 있음. 특히 체중 증가를 고민하는 사람들이 많아져 식생활 및 운동 습관을 개선하고자 하는 움직임이 늘어남
- 일본 20~79세 기혼 남녀 5,640명을 대상으로 실시한 '구체적으로 어떠한 건강 의식이 높아졌는가'에 대한 설문조사 결과, '식사·영양에 관심이 높아졌다(50.9%)', '운동에 관심이 높아졌다(35.3%)', '스트레스 관리 관심이 높아졌다(22.8%)' 순으로 나타남

(2) 국내시장

☐ 국내 건강기능식품 시장의 규모는 2019년 4조 6,999억 원에서 연평균 20.9% 성장하여 2025년에는 10조 7,796억 원에 이를 전망이며, 2030년까지 25조원에 달할 것으로 전망

[국내 건강기능식품 시장 규모 및 전망]

(단위 : 억 원, %)

구분	'19	'20	'21	'22	'23	'24	'25	CAGR
국내시장	46,699	49,273	50,454	60,999	73,748	89,161	107,796	20.9

* 출처 : 한국건강기능식품협회(2021), 2021 건강기능식품 시장현황 및 소비자 실태 조사, ㈜윕스 재가공
* 2017년~2021년의 CAGR로 2022년 이후 규모 추정

☐ 코로나19 확산에 따른 건강 관심 증가와 다양한 브랜드의 시장 진입에 의해 가파르게 성장 중임

- 가구별 건강기능식품 구매지표 조사에 따르면 2021년 구매 경험률은 81.1%로 100가구 중 81가구가 일 년에 한 번 이상 건강기능식품을 구매하고 있으며, 평균 구매액은 31만 3,202원으로 전년대비 소폭 증가함

- 인터넷몰을 제외한 모든 유통채널은 감소세를 보이고 있으며, 코로나19 확산 이후 인터넷몰을 통한 구매는 가파르게 상승하여 그 규모는 2021년 2조 2,127억 원을 형성할 것으로 전망됨

[유통채널별 금액규모]

* 출처: 건강기능식품 시장 현황 및 소비자 실태조사 ('21)
** 선물제외, 구매건수 기준

☐ 국내 건강기능식품 매출액 상위 기업은 식품 및 의약품 분야의 기업들임

- 식품의약품안전처의 식품의약품통계연보('20)에 따르면 2019년 국내 건강기능식품 매출액 상위 10개 기업으로는 한국인삼공사(원주), 한국인삼공사(부여), 종근당건강, 한국야쿠르트, 콜마BNH(푸디팜), 콜마 BNH(선바이오텍), 코스맥스바이오, 서흥, 노바렉스, 에스트라가 있음

- 화장품·식품·의약품과 건강기능식품의 동반 성장은 북미 및 유럽 등 기존 해외 시장의 흐름과 같은데, 국내 또한 기존 산업의 성장에 뒤따르는 건강기능식품 시장 성장이 기대됨

3. 기술 개발 동향

☐ **기술경쟁력**
- 건강기능성 식품은 미국이 최고기술국으로 평가되었으며, 우리나라는 최고기술국 대비 91.0%의 기술 수준을 보유하고 있으며, 최고기술국과의 기술격차는 1.2년으로 분석
- 중소기업의 기술경쟁력은 최고기술국 대비 77.1%, 기술격차는 2.0년으로 평가
- 미국(100.0%)>EU(95.0%)>한국(91.0%)>일본(84.4%)>중국(63.1%)의 순으로 평가

☐ **기술수명주기(TCT)[12]**
- 건강기능성 식품은 7.94의 기술수명주기를 지닌 것으로 파악

가. 기술개발 이슈

☐ 유전정보를 이용한 개인맞춤형 건강기능식품에 대한 요구 높아짐

- 게놈 프로젝트 (genome project) 완성이후 이들 유전자 정보를 활용하는 genomics를 시작으로 transcriptomics, proteomics, metabolomics까지 다양한 'omics' 기술들을 한번에 분석할 수 있는 high-throughput data analysis 방법이 개발됨

- 생명공학의 첨단기술을 식품분야와 연관시켜 식품 phytochemical 과 인간유전체간 관련성, 영양 관련 질병 제어 및 맞춤형 처방 분야로 응용하려는 연구가 핵심 연구 분야로 부상 중임

- 유럽의 경우 기능성 소재의 세부 작용기작에 대한 연구와 'omics'기술을 접목 한 첨단 연구를 진행하고 있음. 네덜란드의 TNO의 식품영양 연구그룹은 영양유전체학뿐만 아니라 post-genomics 기술(transcriptomics, proteomics, metabolomics 등) 및 생물정보학기술을 통합적으로 접목시켜 학계의 기초연구와 산업계의 응용연구 간의 갭을 연결하는 역할을 수행함으로써 맞춤식품의 실용화를 위해 나아가고 있음

☐ 마이크로바이옴을 이용한 건강기능식품 연구 가속화

- 마이크로바이옴 연구는 차세대 염기서열 분석(Next Generation Sequencing, NGS) 기술과 메타게노믹스 기술개발로 크게 가속화되고 있으며 이미 마이크로바이옴 산업을 선점하기 위한 글로벌 경쟁이 시작되었음

- 유럽에서는 문화적으로 다양한 프리바이오틱스, 프로바이오틱스, 기타 식품 보조제를 쉽게 수용하기 때문에 미생물 균형을 유지하기 위한 식품 및 음료 분야가 가장 큰 시장이 될 것으로 예상됨

- 국내의 경우 마이크로바이옴 시장이 본격적으로 형성되진 않았으나, 프로바이오틱스 관련 제품이 활발히 출시되고 있으며, 국내 건강기능식품 전체 시장 성장률에 비해 장내 미생물, 프로바이오틱스 관련 시장의 성장률이 3배 이상 높음

---

12) 기술수명주기(TCT, Technical Cycle Time): 특허 출원연도와 인용한 특허들의 출원연도 차이의 중앙값을 통해 기술 변화속도 및 기술의 경제적 수명을 예측

원천소재 개발

- 생명공학기본계획 총괄추진위원회의 보고에 의하면 국내 천연물 소재 추출/가공 기술은 선진국대비 70%, 5년의 기술격차가 있으며, 제조기술 및 소재탐색기술은 강점으로 효능평가, 영양유전체 기술, 인체시험기술은 약점으로 평가됨. 신규 기능성소재 개발연구, 영양유전체 활용 및 개인맞춤형 질환예방 제품 개발 연구는 신기술 유망분야인 것으로 진단함
- 건강기능식품으로 사용할 수 있는 기존 제형인 분말, 환, 정제, 캡슐, 과립, 액상, 페이스트, 시럽, 겔, 편상 제형에서 2016년 12월 '필름' 제형이 추가되어 지속적으로 신규 제형에 대한 연구 개발이 진행되고 있음
- 캡슐의 경우 기존에는 돈피, 우피를 사용해 왔는데 광우병, 구제역 등으로 동물성 원료에 대한 인식이 악화되자 식물성 연질캡슐 제형화 기술을 개발하였고 최근 씹어 먹는 형태의 츄어블 연질캡슐 개발에도 성공함. 식물성 연질캡슐의 경우는 채식주의자, 이슬람교도 등을 위한 할랄 식품으로도 활용성이 높을 것으로 기대됨
- 최근에는 고령자들의 뇌혈관 질환, 치매, 면역 저하 등을 개선시킬 수 있는 장내 미생물, 즉, 유산균을 활용하여 노화에 따른 뇌질환, 면역 기능과 관련된 연구가 활발히 진행되고 있음

건강기능식품 제형의 다양화

- 20-30대의 건강기능식품에 대한 관심 증가로 기존 정제, 캡슐 등의 의약품과 같은 제형에서 젤리, 겔 등과 같은 일반식품과 같은 섭취하기 용이한 제형으로의 확대됨에 따라 다양한 제형화, 서방형 등과 같은 제형 관련 기술 개발 필요성 증대
- 정상인부터 노인, 유아, 환자 등 취약계층의 질환예방 소재화를 위한 Rheology 기술, 액상 및 고형제품에의 접목을 위한 유용성분의 안정화 및 기호도 분석 기술이 필요함

질환예방 제품 및 서비스의 수요 증가

- 약용자원으로서 역할을 해왔던 전통천연물은 사용한 역사가 오래되어 풍부한 임상적 경험을 가지고 있고 1차적인 의약품으로 사용되고 있을 뿐만 아니라, 건강기능식품 등 질환 예방 제품으로서의 용도로 활발히 연구
- 특히, 근래 새로운 과학기술 및 제도적 지원과 결합하여 질환예방제품의 소재로서 활발한 연구 및 개발이 진행 중

규제 완화로 인한 개인 맞춤형 건강기능식품 소분판매 서비스

- 식약처는 그동안 금지되었던 '개인 맞춤형 건강기능식품 소분판매'를 규제특례 대상으로 선정해 일부 기업에 시험 사업을 허용하여 소비자에 필요한 것을 조합해 판매할 수 있게 함. 시범사업에는 모노랩스, 풀무원건강생활, 아모레퍼시픽 등 7개 업체와 152개 매장이 참여함
- 풀무원의 퍼팩(PERPACK)은 국내 최초 맞춤형 건강기능식품 브랜드로서 전문 영양 상담사와 상담 후 하루에 필요한 건기식을 소분해 1팩에 포장해 제공함
- 모노랩스의 아이엠은 자체 개발한 AI 알고리즘에 기반해 개인의 건강상태와 생활습관에 맞춰 건강기능식품을 조합 및 소분해 제공하는 서비스이며, 카카오톡 알림서비스를 이용하면 지정한 시간마다 섭취 알림을 보내줌

나. 생태계 기술 동향

☐ 코로나19 판데믹으로 인해 건강에 대한 관심이 커지면서, 건강기능식품에 대한 수요 및 관심 확대

(1) 해외 플레이어 동향

☐ 네슬레 퓨리나(Nestle Purina, 스위스)
- 2021년 7월 미국의 마이크로바이오 치료제 개발 전문 생명공학기업 세레스 테라퓨틱스와 경구용 미생물군집 치료제로 개발이 진행 중인 'SER-109'를 공동발매하기로 합의함
- 프락토올리고당 및 모유 유래 성분을 함유하고 있어, CMPA(Cow's milk protein allergy)를 가진 태아의 소화를 돕고, 건강 증진 및 면역기능에 도움을 주는 Althéra® HMO를 출시했으며, 자체 실험 결과 태아의 분유 섭취 후 설사 및 구토 완화에 유의적 효과가 있는 것으로 입증되었음
- 네슬레 헬스 사이언스의 건강 및 영양 포트폴리오를 보완하기 위해 비타민, 미네랄 및 허브 보충제 공급업체인 바운티풀 컴퍼니(The Bountiful Company)의 핵심 브랜드를 인수함

☐ 뉴트리시아(Nutricia, 프랑스, 모회사 다논)
- 중환자실 퇴원 후 회복중인 코로나19 환자의 영양관리를 돕기 위해 고안된 칼로리와 단백질이 풍부한 의료 영양 제품을 기부하여 여러 국가의 의료기관을 지원함
- 호주와 뉴질랜드의 소비자들 사이에서 염소 및 양 우유와 같은 대체 우유 공급원을 기반으로 하는 유아용 조제분유에 대한 수요 증가에 대응하여 양유 기반의 기능성 분유인 'Toddler Sheep Milk' 출시
- 뉴트리시아는 영양과 운동을 통합해 암 환자의 근육 손실 문제를 해결하는 것을 목표로 하는 Food4Health의 MuscleCancer 프로젝트에 참여해 특정 영양소와 암 환자의 결과 개선에 대한 잠재적 역할을 연구하고 다양한 솔루션과 전문지식을 제공할 계획임
- 지역 식자재, 식물성 고기, 비건 식품 등 프랑스 식자재 트렌드에 맞춰 각 지역에서 나는 과일로 만든 요거트를 출시함

☐ 로손(일본)
- 2018년 1월 건강식품에 특화된 편의점 점포 '로손 엠씨 포레스트(Lawson MC Forest)'점을 오픈했으며, 이 매장에는 건강 관련 식품 약 250개가 진열됨
- 당질 제한 식품의 선두주자로, 빵, 디저트 등의 70여개의 상품에는 사토연구소 병원의 당뇨병 센터에서 부여하는 '로우 카보 (law carbo)' 마크 및 당질의 양을 공기밥과 비교한 수치를 도입하여 당질 제한 식을 구매하고자 하는 소비자들에게 정보를 제공함
- 로손은 지난 6월 당질 오프 삼각김밥을 비롯한 샌드위치, 면류 등을 출시함. 재료 특성상 극단적인 당질 절감은 어려워 기존 제품 대비 30~40%까지 당질을 줄임

☐ 바스프(BASF, 독일)
- 지난 1월 국내 바이오 기업 케어젠과 코스메틱 펩타이드 공급에 대한 글로벌 독점 계약을 체결했으며, 항노화, 미백, 항여드름, 항아토피 기능 펩타이드 4종을 출시할 예정임

☐ 크리스찬 한센(Chr. Hansen Holding A/S, 덴마크)
- 2021년 6월에 런칭한 디지털 플랫폼 '프로바이오틱스 인스티튜드(The Probiotics Institute)'은 프로바이오틱스와 인체 마이크로바이옴(Human Microbiome), 면역 건강 등에 관한 정확한 정보와 교육 및 과학 콘텐츠를 제공함
- 크리스찬 한센이 지난해 11월 출시한 프로바이오틱 로젠지(녹여먹는 정제)는 두 가지의 프로바이오틱 균주와 아르가닌의 조합으로 치아 건강을 위한 프로바이오틱스임. 교정기를 착용한 사람, 어린이, 노인 등 구강관리에 어려움을 겪는 사람들에게 로젠지 형태는 큰 편리함을 줄 것으로 기대됨

(2) 국내 플레이어 동향

☐ KGC인삼공사
- 갱년기 여성용 건강기능식품인 '정관장 화애락 본'의 홍삼농축액을 1.7배 증량하고 석류, 크렌베리 등 여성 특화 소재를 강화함
- 인삼 진세노사이드 및 작물보호제 분석규격 추가와 미량영양성분 분석에 대한 공인 시험 검사 기관(KOREA LABORATORY ACCREDITATION SCIENCE, KOLAS) 신규인정을 획득
- 이는 국내 홍삼의 해외 수출시 인증 받은 항목에 대해서 별도의 시험이나 제품인증을 다시 받지 않아도 됨에 따라 해외인증 획득에 소요되는 기간을 단축해 수출경쟁력을 크게 강화할 것으로 기대됨
- 국제백신연구소(International Vaccine Institute, IVI)는 KGC인삼공사와의 MOU 체결을 통해 정관장 홍삼에 함유된 12종의 진세노사이드를 공급받아 면역증가제로서의 효과를 연구할 예정으로, 면역증강제는 항원이 일으키는 면역반응을 증강시키는 물질로 백신에 함유되면 소량의 항원으로도 동일한 효력을 나타낼 수 있어 진세노사이드의 역할이 기대됨
- 2021년 7월 정관장은 홍삼 외 건강기능식품 시장 확대를 위해 비타민 4종과 프로바이오틱스, 오메가3, 루테인, 밀크씨슬, 프로폴리스 등 '알파프로젝트 스탠다드 라인 9종'을 출시했으며, 바른 규칙을 제시하는 '바른건강 맞춤법'을 브랜드 컨셉으로 내세움

☐ CJ제일제당
- '개인별 맞춤 건기식' 시장 진출을 위해 2020년 유전자 분석 전문업체인 EDGC, 마이크로바이옴 기술을 보유한 바이오 벤처 HEM과 업무 협약을 체결함. 모발 분석으로 최근 3개월 간 대사 상태와 체내 중금속, 미네랄 수치 등을 확인하여 개인의 신체 상태를 진단한 뒤 개인별 맞춤형 건강기능식품을 추천하는 서비스를 개발하여 상용화할 계획임
- 기존 눈 건강 브랜드 '아이시안'을 40세 이상, 60세 이상으로 구분해 출시했으며, 혈관 건강 제품은 '리턴업 콜레스테롤 케어'와 '리턴업 혈행 케어'로 구분함

전략제품 현황분석

- 건강기능식품 전문 브랜드 '리턴업(Returnup)'의 라인업을 확장을 위해 '리턴업 면역케어 프로폴리스+아연', '리턴업 갱년기케어 회화나무 열매추출물+비타민D1000IU', '리턴업 관절케어 MSM', '리턴업 쾌변케어 차전자피' 등 신제품 4종을 출시함

☐ 매일유업

- 면역과 인지기능 개선에 도움을 주는 기능성 유산균을 발굴하고 개발하여 건강기능식품 개별 인정형 소재 허가를 취득하고 상용화하기 위해 마이크로바이옴 신약 개발 벤처기업인 '지아이바이옴'과 공동 연구개발협약을 체결함

- 고창군에서 자란 새싹보리를 이용해 간 건강 등에 도움을 주는 건강기능식품을 개발할 계획임. 주원료인 새싹보리는 알콜성 간 손상 개선, 혈중지질 개선에 효과적인 폴리코사놀(Policosanol)과 사포나린(Saponarin) 함량이 높은 것으로 확인되었으며, 매일유업은 관련 특허를 농촌진흥청으로부터 기술이전 받음

- 주요 브랜드인 셀렉스는 단백질 건강기능식품 중 2년 연속(2020~2021년) 판매량 1위를 차지했으며, 누적 매출은 1천억 원을 돌파함. 이에 매일유업은 그간 근감소증 예방을 위한 영양설계연구와 인체적용시험을 통한 효능 검증, 우유 단백질 및 천연물을 이용한 기능성소재개발 등 지속적인 연구를 1등의 배경으로 꼽음

- 전체 매출의 4%를 차지해 알짜 사업체인 건강기능식품 사업부는 '매일헬스앤뉴트리션'으로 단순 물적 분할되어 마케팅, 판매를 비롯한 연구개발(R&D) 부문까지 독립함. 저출산으로 우유 주 소비층인 영유아 인구가 갈수록 줄어, 건강기능식품을 성장 동력으로 키워나갈 것으로 판단됨

☐ 종근당건강

- 1,100만 명의 회원을 확보하고 있는 중국 대형 건강식품 유통회사인 이씨모호(ECMOHO)와 전략적 파트너쉽을 체결했으며, 이씨모호의 유통채널을 통해 프로바이오틱스와 고품질 건강기능식품 등이 공급될 예정

- 종근당건강의 '21년 1분기 매출액은 전년동기대비 40.4%, 직전분기대비 23.5% 상승한 1,691억 원으로 모기업 매출의 60%를 차지하였으며, 자체 기술로 개발한 프로바이오틱스 제품 '락토핏'의 실적 상승을 그 주역으로 꼽음.

☐ 국내 중소기업 사례

- 바이오리더스는 바이오 신약/ 소재 개발, 경구 점막면역 백신, 면역치료제 개발 업체이며, 지난 2016년 바이오리더스는 이롬과 식품의약품안전처로부터 생리활성기능 2등급으로 허가를 받은 개별 인정형 소재인 폴리감마글루탐산(γ-PGA)을 이용한 건강기능식품 제품개발 업무 협약을 체결

- 티움바이오는 레스베라트롤 원료 및 제품 생산하고 있으며, 티움바이오는 SK케미칼 등 국내 대기업 신약 개발 연구소 출신들이 함께 설립한 회사로 대다수 연구 인력들이 바이오 의약품을 개발하고 해외 승인을 받은 경험을 보유

- 리즈바이오텍은 기능성식품 개발업체이며, 간 건강, 대사증후군 예방 및 치료, 제품 개발하고 있음. 자생식물인 복분자 추출 분말이 간 보호 효과가 있다는 사실을 규명했으며, 식품의약품안전청으로부터 인증 받음. 엘라직 애시드(ellagic acid)를 함유시킨 복분자 추출물을 동물(쥐)실험 한 결과 간독성 해소, 간 보호, 급성 간염 억제, 면역 향상 및 항 지방간 효과를 확인함

- 동우당제약은 한약/생약/한방차/한방화장품/한방식품/한약제제 제조 등 한의약품 제조업체이며, 장흥생약협회-동우당제약은 업무협약을 통해 생산·소비 협력을 맺음으로써 장흥군은 북부지역의 지역특성에 적합한 약용작물을 새로운 틈새 소득 작목으로 육성. 작약, 우슬, 황금, 지황, 복령 등의 약용작물은 통합의학과 연계해 특화가 가능할 뿐만 아니라 농가의 새로운 소득원으로도 적합하다는 평가를 받음

- 벤스랩은 건강식품 원료 및 식품 제조업체이며, AN-1000 숙취 해소 및 흡연 예방 기능성 원료, 숙취해소음료 알틴제로 & 알코틴-X , 알레르기 비염 개선 건강기능식품 알비엔, 흡연으로 인한 니코틴을 체외로 배출시켜 흡연 폐해를 예방하는 기능성 제품 니코니틴 등을 생산함. 벤스랩은 천연물 신약 및 기능성 원료와 관련해 약 30여 건의 특허를 보유한 강소기업이며, 신약과 기능성 원료뿐 아니라 완제품까지 생산

- 지에스피는 FDA 식품검사필(멸치칼슘) 승인을 받았으며, 부산시는 CIS지역으로 분류되는 카자흐스탄 알마티와 키르기스스탄 비슈케크에 지역 수출기업의 신흥시장 진출을 지원하기 위해 소비재 업체 지에스피 포함 10개사를 선정해 '무역사절단'을 파견

- 서흥은 지난 3월 강원도농업기술원과 자색옥수수 활용 건강기능식품 개발 공동연구 업무협약을 맺어 강원도 고유 품종인 자색옥수수를 활용해 항비만 및 눈 건강 건강식품 개발할 예정

- 노바렉스의 밀추출물 'Ceratiq'은 '21년 1월 식품의약품안전처로부터 건강기능식품 기능성 원료 인정을 획득했으며, 기능성 내용은 '피부보습에 도움을 줄 수 있음'으로 대형유통사, 건강기능식품회사, 제약사 등에 완제품을 공급하고 원료 및 완제품의 수출 및 해외 시장도 개척할 예정

- 코스맥스바이오는 지난해 산수국잎에서 추출되는 성분인 '하이드란제놀'의 피부 건강 개선 및 체지방 감소 효능을 인정받아 복합 기능성 개별인정형 원료 허가를 획득해 이를 활용한 건강기능식품을 선보일 예정임. 하동군과의 협약을 통해 산수국 1만 5,000본을 심어 재배단지를 조성, 산수국잎 원료를 공급받기도 함. 또한, 젤라틴을 주성분으로 하는 시중의 동물성 캡슐과 달리 전분류·해조 추출물 등 식물 성분으로 제조한 식물성 캡슐을 개발하였으며, 지난 8월 중국에 특허 등록을 완료함

- 류마앤정바이오의 '미즈본 신바이오틱스'는 NAG(N-아세틸글루코사민)를 주원료로 하며, 2021년 서울어워드 아이디어 상품' 부문에서 우수상품으로 선정됨. NAG는 관절 및 연골 건강 기능성을 인정받은 기능성 원료로 미즈본은 이를 최대로 함유하고 있음. 또한, 프로바이오틱스, 프락토올리고당, 비타민D를 함유하고 있어 장 건강부터 뼈 건강, 관절·연골건강, 피부보습까지 동시 케어가 가능함

다. 국내 연구개발 기관 및 동향

(1) 연구개발 기관

[건강기능성 식품 주요 연구조직 현황]

기관	소속	연구분야
한국식품연구원	기능성소재연구단	• 혈당 개선 프로바이오틱스 연구 • 면역 증강 프로바이오틱스 연구 • 비알콜성 지방간 개선 효능 갈초근 연구
한국한의학연구원	한의학융합연구부	• 파골세포 억제 효능 곽향 추출물 관련 연구 • 비만 예방 및 치료 효능 계지 추출물 관련 연구
유전자동의보감사업단	-	• 당뇨병 위험도 예측 또는 진단용 조성물 • 신 처방복합 BS011의 항스트레스 효능 측정
금산인삼약초산업진흥원	-	• 간 기능 및 혈행 개선 진세노사이드 연구

(2) 기관 기술개발 동향

☐ 한국식품연구원

- (혈당 개선 프로바이오틱스 연구) 프로바이오틱스의 일종인 페디오코커스 펜토사시우스 KI62 균주가 탄수화물 분해를 억제하고, 단쇄지방산을 생산하여 인슐린 분비를 촉진하여 혈당 개선에 도움을 줄 수 있음을 입증함

- (면역 증강 프로바이오틱스 연구) 김치유래 유산균 락토바실러스 플란타늄의 초미립자 열처리 균주(nF1)가 장관흡수율을 높여 면역세포와의 직접적 접촉을 통해 면역력 증진에 도움을 줄 수 있음을 입증함

- (비알콜성 지방간 개선 효능 갈초근 연구) 길초근 추출물이 자가포식, 세포내 불필요하거나 기능하지 않는 세포 구성성분을 자연적으로 분해하는 '오토파지'를 조절하여 비알콜성 지방간을 개선하는 효능이 있음을 과학적으로 입증함

☐ 한국한의학연구원

- (파골세포 억제 효능 곽향 추출물 관련 연구) 곽향 추출물 내지 이에 포함된 조다당 분획물은 국내에서 재배되고 있는 식물을 기반으로 제조할 수 있어 시간 및 비용 측면에서 유리하며, 파골세포의 전구세포의 분화, 생장 내지 골흡수 기능을 효과적으로 억제할 수 있음을 입증함

- (비만 예방 및 치료 효능 계지 추출물 관련 연구) 계지(Cinnamomi Twig) 및 목단피 (Moutan Root Bark) 혼합 추출물은 단 회 투여 시 비만을 유발하는 지방의 장관 내 흡수와 체중 증가를 억제할 수 있고, 장기 투여 시 혈액 지방 함량 및 지방조직의 중량 및 크기를 감소시키며, 간 조직 내 지방의 축적을 효과적으로 억제함. 또한 빈번한 설사 등의 치명적인 부작용을 해결하였으므로, 비만의 예방 또는 치료를 위한 약학적 조성물 및 기능성식품 개발에 널리 활용될 수 있음을 입증함

☐ (재)유전자동의보감사업단

- (당뇨병 위험도 예측 또는 진단용 조성물) 당뇨병 위험도를 예측 또는 진단하기 위한 바이오마커인 라크노스피로세(Lachnospiraceae) 과의 미생물인 GU174097_g는 당뇨병 군 및 당뇨병 위험군에 비하여 정상군에서 더 많이 존재하는바, 이를 통해 해당 균주는 제2형 당뇨병의 위험성을 감소시킬 수 있음을 확인

- (신 처방복합 BS011의 항스트레스 효능 측정) 스트레스를 가한 마우스로부터 채취한 혈장에서 스트레의 지표인 corticosterone을 정량하는 모델시스템을 이용하여 기존의 항스트레스 약재 조합보다 더 특화된 새로운 조성물 BS011을 개발했으며, 정신적인 스트레스로 인한 불면증이나 공황장애, 우울증 등을 치료 및 예방하기 위한 다양한 제재나 보조식품 등의 약효를 가진 약재의 개발에 적용 가능함을 확인

☐ (재)금산인삼약초산업진흥원

- (간 기능 및 혈행 개선) 외국삼과 고려인삼을 비교분석해 고려인삼의 특이성분이 말로닐 진세노사이드임을 확인, 국내 최초로 분리 정제하여 분석법을 확립, 인삼 부위별 함량을 분석하여 고려인삼 표준화 소재(GS-KG9) 개발에 성공함. 고려인삼 표준화 소재를 활용해 중국 시장을 목표로 혈행 개선에 대한 국제 인체적용시험을 추진하여 수출을 견인함. 또한, 인체적용시험과 동물실험을 통해 간 기능 개선 효과를 과학적으로 입증하고, 식약처로부터 인정받음

◎ 국내 건강기능성 식품 관련 선행연구 사례

[국내 선행연구(정부/민간)]

수행기관	연구명(과제명)	연도	주요내용 및 성과
국립농업과학원	농식품자원 유래 기능성분 사포닌 탐색 및 DB 구축	2019 ~ 2021	• 농식품자원 30점에 대한 사포닌 라이브러리 구축 • 농식품자원 30점의 사포닌 구조동정 및 정량평가 • 사포닌 고함유 농식품자원(곡·두류)의 가공조건별 사포닌 특성 평가 • 농식품자원 유래 사포닌 DB 구축 및 책자 발간
고려은단헬스케어	면역력 증진을 위한 당귀 발효기술 개발 및 기능성 소재화	2021 ~ 2023	• 스크리닝을 통해 선정된 면역증진 기능성 소재인 당귀를 이용하여 발효기술을 적용한 대량생산 시스템 공정을 확립 • 발효에 의해 증진된 효능을 시험관실험과 동물실험을 통해 재검증하고 발효당귀의 제조공정 최적화 및 원료의 표준화를 수행 • 인체 내 유효성 및 안전성 평가를 통해 면역기능 증진에 도움을 주는 기능성 식품 소재를 개발
㈜노바웰스	장미꽃잎추출물을 이용한 피부 건강 개선용 건강기능식품 소재 개발 및 사업화	2021 ~ 2023	• 국내·외 천연자원인 장미꽃잎추출물 원료 표준화 • 국내 최초 피부건강 개선용 복합기능성 원료 개별인정 획득 • 건강기능식품 제품화로 인한 건강기능식품 산업 활성화 및 국내 화훼 농가 소득 확대
을지대학교	장 투과성을 억제하는 프로바이오틱스의 발굴 및 장 투과성 관련 질환에서 예방/치료 효과 확인	2021 ~ 2024	• 발효식품에서 장 투과성 억제 가능한 프로바이오틱스 발굴 • 염증성 장질환 모델에서 발굴한 프로바이오틱스의 예방 및 치료 효과 확인 • 장관투과성에 의한 다양한 질병의 프로바이오틱스 기반 예방 및 치료법의 개발
(재)전남생물산업진흥원	국내 해조류 청각을 이용한 혈당 조절 건강기능식품 기능성 원료 및 제2형 당뇨병 치료 소재 개발	2021 ~ 2022	• 국내 해조류 청각을 이용한 혈당 조절 건강기능식품 기능성 원료 및 제2형 당뇨병 치료 소재 개발 • 해조류 청각의 신규 기능성을 증명함으로 해양 수산 식물자원의 건강기능식품 기능성 소재로 이용할 수 있는 과학적 기반 제공
주식회사 메디언스	국내 육성 상추 품종을 이용한 수면건강용 기능식품 개발	2021 ~ 2022	• 흑하랑 상추의 종자를 확보하고, 이를 농가와 계약재배를 진행하여 국내 육종 상추 품종을 이용한 수면건강용 기능식품 효능자료의 확보(동물시험) • 추출물의 제조공정 확립 및 추출물의 기준 및 시험법 확립 • 수면건강용 기능식품의 대량생산공정 확립
부경대학교	수산물 유래 HO-1/Nf2 신호전달 활성화를 통한 지방세포분화 조절 및 항비만 신소재 개발	2019 ~ 2022	• 수산물에 풍부하게 포함되어 있는 단백질을 생물전환기법을 이용하여 HO-1/Nrf2 신호전달 체계를 활성화하는 신소재를 개발 • HO-1/Nrf2 신호전달 체계를 중심으로 한 지방세포분화 기전에 미치는 영향을 규명

4. 특허 동향

가. 특허동향 분석

(1) 연도별 출원동향

☐ 건강기능성 식품 기술의 지난 20년(2000년~2019년)간 출원동향[13]을 살펴보면 전체적으로 증가 추세에 있는 것으로 분석됨

☐ 국가별 출원비중을 살펴보면 한국이 전체의 41%의 출원 비중을 차지하고 있어, 최대 출원국으로 건강기능성 식품 기술 분야를 주도하고 있는 것으로 나타났으며, 미국, 일본, 유럽의 점유율은 각각 26%, 19%, 16% 순으로 나타남

- 미국, 일본 유럽의 경우, '건강 기능성 식품' 자체를 정의하고 있지는 않으며, 기능성 물질 및 소재와 관련하여 약학적 조성물에 관련된 특허가 존재함. 특허 조사 시에는 한국 건강 기능성 식품 분류에 따른 효과에 기초하여 특허를 조사하였으므로 한국 이외의 국가들은 상대적으로 적은 건수의 특허가 도출됨

[연도별 출원동향]

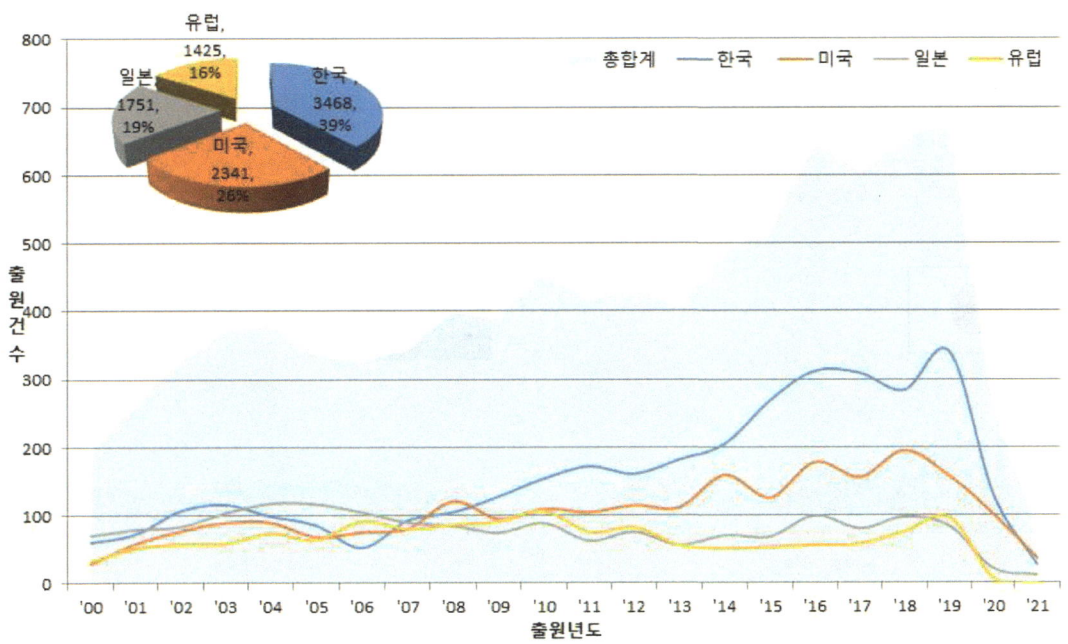

---

13) 특허출원 후 1년 6개월이 경과하여야 공개되는 특허제도의 특성상 실제 출원이 이루어졌으나 아직 공개되지 않은 미공개데이터가 존재하여 2020, 2021년 데이터가 적게 나타나는 것에 대하여 유의해야 함

(2) 국가별 내·외국인 출원현황

☐ 한국의 경우, 내국인의 출원 비중이 더 높은 것으로 나타났으며, 2006년 이후 최근까지 내국 출원인에 의한 출원 건수가 급격히 증가하고 있음

☐ 미국의 경우, 외국인의 출원 비중이 더 높은 것으로 나타났으며, 2015년 이후 내국 출원인과 외국 출원인의 출원 건수가 모두 증가함

☐ 일본의 경우, 내국인의 출원 비중이 더 높은 것으로 나타났으며, 2000년대 초반에는 내국 출원인 비중이 더 높았으나, 최근에는 내국 출원인과 외국 출원인의 비중이 유사함

☐ 유럽의 경우, 내국인(유럽인)의 출원 비중이 더 높은 것으로 나타났으며, 2010년까지는 내국인(유럽인)의 출원 비중이 더 높았으나, 최근에는 내국 출원인과 외국 출원인의 비중이 유사함

[국가별 출원현황]

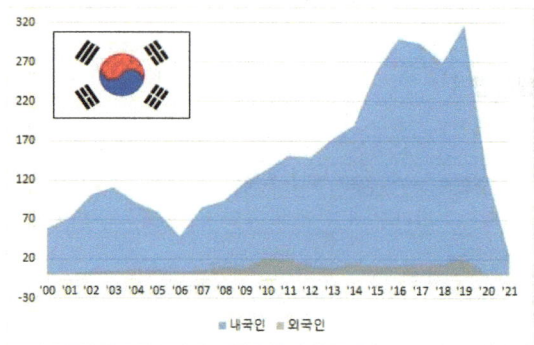
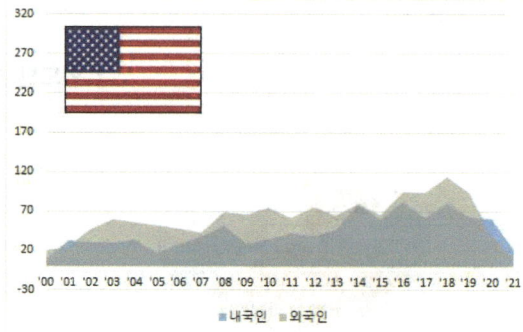
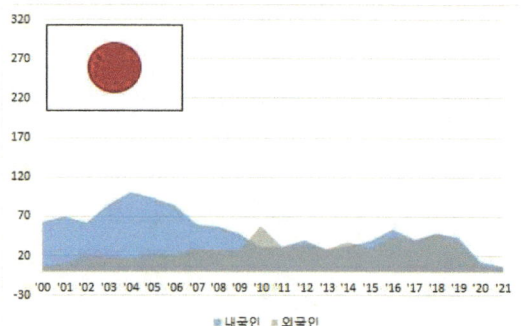
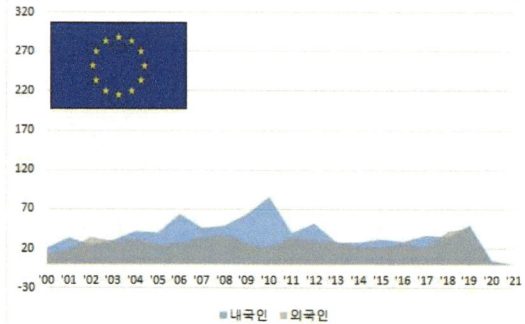

나. 주요 기술 키워드 분석

(1) 기술개발 동향 변화 분석

□ 건강기능성 식품 기술에 대한 구간별 기술 키워드 분석을 진행하였으며, 전체 분석구간에서 Food Product, Nutiritional Compostion, Pharmaceutical Composition, 염증성 장질환, 염증성 사이토카인, 항산화 활성, 피로 회복, 면역 증강 효과 등 건강기능성 식품용 영양학적/약학적 조성물 및 생리활성 효과와 관련된 주요 키워드가 도출됨

- 최근 분석구간에 대한 기술 키워드 분석 결과, 최근 1구간에는 항바이러스 활성, 선천면역 증진 효능, 항산화 활성 등의 주요 키워드가 도출되었으며, 2구간에서는 1구간의 주요 키워드를 포함하여 스타터 균주, 락토바실러스 플란타룸 등 프로바이오틱스 관련 키워드의 비중이 높아짐

[특허 키워드 변화로 본 기술개발 동향 변화]

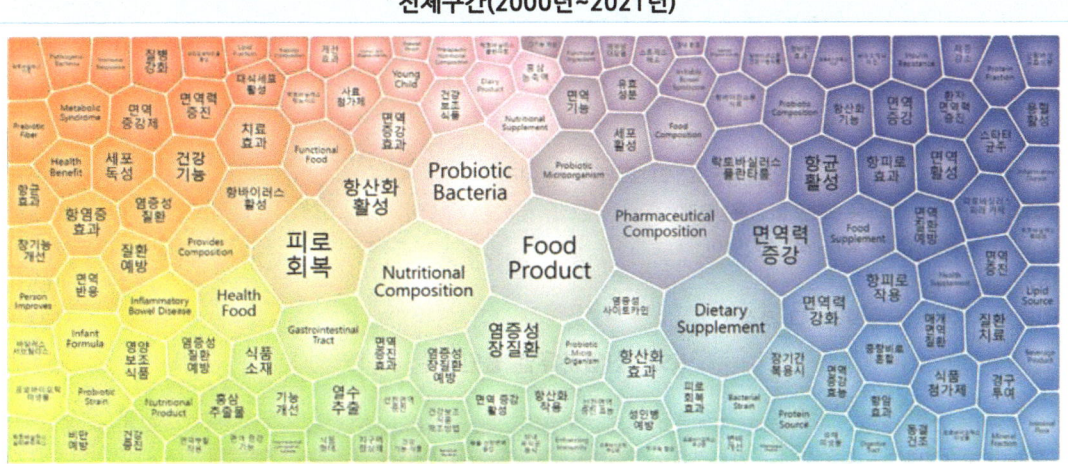

- Food Product, Nutiritional Compostion, Pharmaceutical Composition, 염증성 장질환, 염증성 사이토카인, 항산화 활성, 피로 회복, 면역 증강 효과, 세포 활성, 유효 성분, 홍삼 농축액, 건강 보조 식품

1구간(2013년~2016년)	2구간(2017년~2021년)
Nutritional Composition, Pharmaceutical Composition, Dietary Supplement, 항바이러스 활성, 선천면역 증진 효능, 항산화 활성	Pharmaceutical Composition, Nutritional Composition, 스타터 균주, 락토바실러스 플란타룸, 항산화 활성, 치료 효과, 면역력 증진

(2) 기술-산업 현황 분석14)

☐ 건강기능성 식품 기술에 대한 Subclass 기준 IPC 분류결과, 식품, 식료품, 또는 비알콜성음료, 그 조제 또는 처리(A23L)으로 다수의 특허가 분류되는 것으로 조사됨

☐ KSIC 산업분류 결과, 다수의 특허가 기타 식사용 가공처리 조리식품 제조업(C10759), 그 외 기타 달리 분류되지 않는 제품 제조업(C33999)으로 분류되는 것으로 파악됨

[기술-산업 분류 분석]

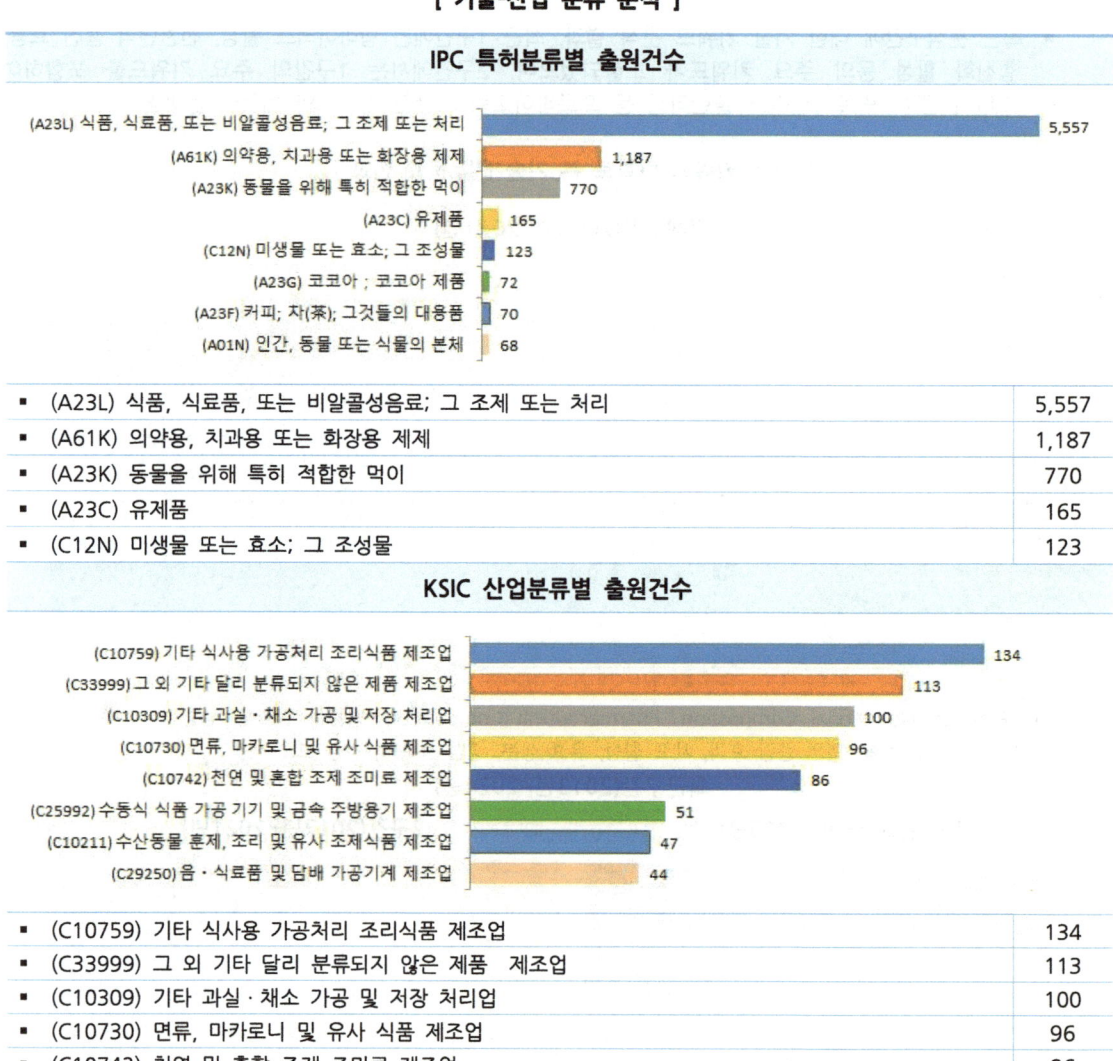

- (A23L) 식품, 식료품, 또는 비알콜성음료; 그 조제 또는 처리 — 5,557
- (A61K) 의약용, 치과용 또는 화장용 제제 — 1,187
- (A23K) 동물을 위해 특히 적합한 먹이 — 770
- (A23C) 유제품 — 165
- (C12N) 미생물 또는 효소; 그 조성물 — 123

- (C10759) 기타 식사용 가공처리 조리식품 제조업 — 134
- (C33999) 그 외 기타 달리 분류되지 않은 제품 제조업 — 113
- (C10309) 기타 과실·채소 가공 및 저장 처리업 — 100
- (C10730) 면류, 마카로니 및 유사 식품 제조업 — 96
- (C10742) 천연 및 혼합 조제 조미료 제조업 — 86

---

14) 해당제품 특허데이터를 대상으로 윕스 보유 기술·산업·시장 동향 분석 플랫폼 'Build' 활용

다. 주요 출원인 분석

☐ 건강기능성 식품 기술의 전체 주요출원인(Top 5)을 살펴보면, 유럽, 한국, 미국 출원인들이 분포해 있으며, 제 1 출원인은 유럽의 NESTEC으로 나타남

- NESTEC은 NESTLE의 기술 지원을 담당하는 회사이며, NESTLE는 스위스에 본사를 둔 세계 최대 다국적 식품회사로 식품 전 영역에 걸쳐 식음료 및 가공식품을 판매 중임

☐ 건강기능성 식품 기술 관련 국내 주요출원인으로 한국식품연구원, 농촌진흥청, CJ제일제당이 도출되었으며, 한국식품연구원과 CJ제일제당은 미국, 일본, 유럽에도 출원을 진행한 것으로 나타남

[주요출원인 동향]

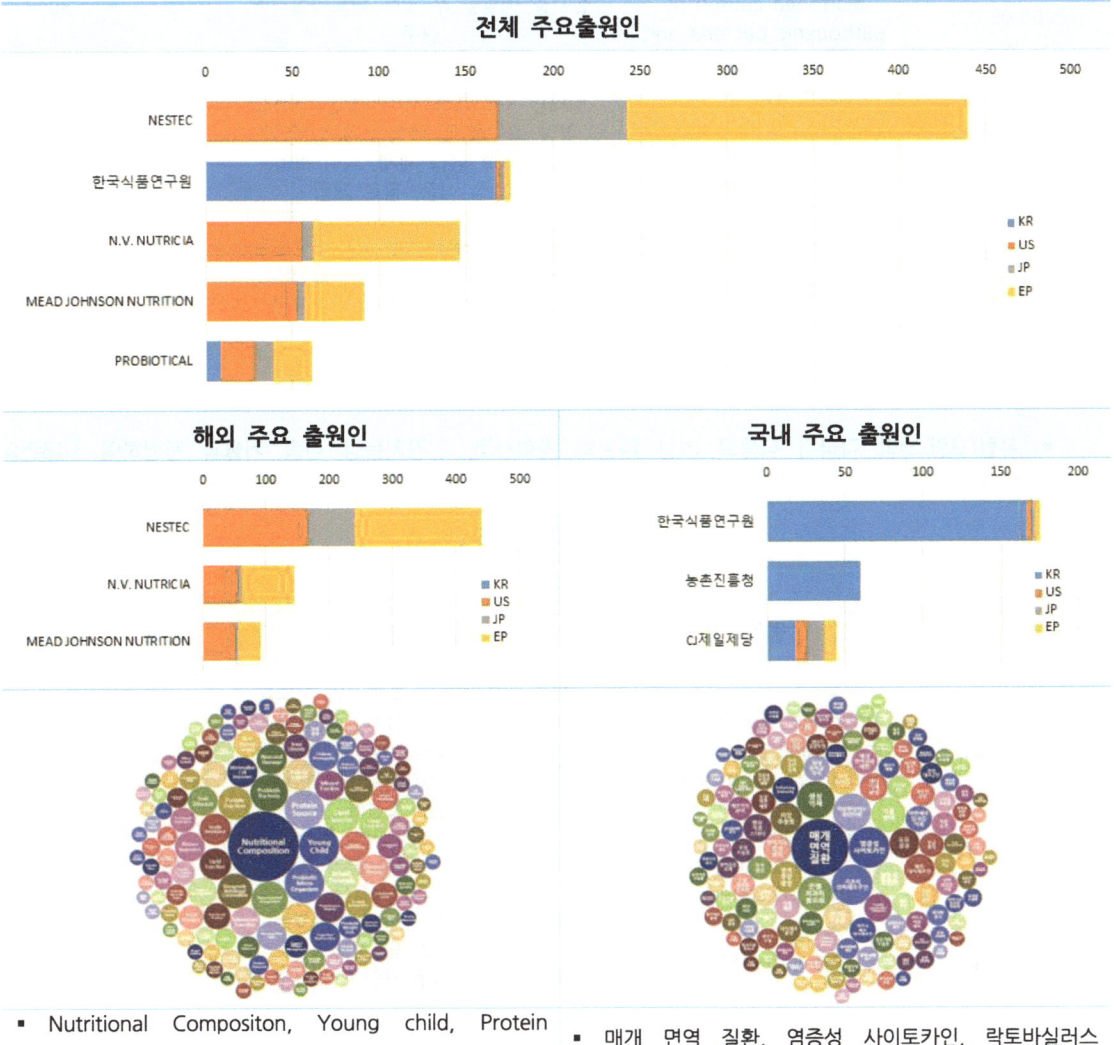

- Nutritional Compositon, Young child, Protein Source, Probiotic Micro Organism, Probiotic Bacteria
- 매개 면역 질환, 염증성 사이토카인, 락토바실러스 플란타룸, 식품 형태, 면역기능 증진 활성, 질환 예방

(1) 해외 주요출원인 주요 특허 분석[15]

☐ NESTEC

- 유럽(스위스)에 본사를 둔 다국적 기업으로, 건강기능성 식품 기술과 관련하여 439건의 특허를 출원하고 있는 것으로 조사됨

[주요특허 리스트]

등록번호 (출원일)	명칭	기술적용분야	IP 경쟁력	
			피인용 문헌수	패밀리 국가수
US 6887465 (2000.03.02)	Lactobacillus strains capable of preventing diarrhoea caused by pathogenic bacteria and rotaviruses	병원성 세균 및 로타바이러스에 의한 설사를 예방할 수 있는 락토바실러스 균주	3	30
US 9763898 (2016.12.02)	Nutritional composition for promoting musculoskeletal health in patients with inflammatory bowel disease (IBD)	비타민 K를 포함하는 카제인 단백질 영양 조성물 및 약학적 제제, 영양 제제, 튜브 공급 제제, 식이 보충, 기능성 식품, 음료 제품	10	11
US 7101553 (2004.04.13)	Immune response enhancement methods	프리바이오틱스를 포함하는 면역반응 증강용 영양 조성물 및 유효량의 프리바이오틱스를 투여하는 방법	29	23

☐ N.V. NUTRICIA

- 유럽(프랑스)의 다국적 식음료 기업 다논의 자회사로, 건강기능성 식품 기술과 관련하여 146건의 특허를 출원하고 있는 것으로 조사됨

[주요특허 리스트]

등록번호 (출원일)	명칭	기술적용분야	IP 경쟁력	
			피인용 문헌수	패밀리 국가수
US 8076282 (2008.06.20)	Composition for improving membrane composition and functioning of cells	면역 관련 장애의 효율적인 치료를 가능하게 하는 도코사헥산산(DHA), 도코사펜타엔산(DPA) 및 에이코사펜타엔산(EPA) 중 하나를 포함하는 조성물	6	20
US 9566291 (2005.08.24)	Nutritional composition comprising indigestible oligosaccharides	호흡기 감염 질병의 치료 및/또는 예방을 위한 난소화성 올리고당을 포함한 영양 조성물	24	20
JP 5705400 (2005.05.17)	GOS와 폴리프럭토스와의 상승 작용	프리바이오틱스 분야에 사용되는 폴리프럭토스 및 갈락토 올리고당(GOS)을 포함한 조성물	7	20

---

15) 최근 출원특허 중, 등록특허를 기준으로 피인용문헌수 및 패밀리 국가수가 큰 특허를 주요특허로 도출

☐ MEAD JOHNSON NUTRITON

- 미국 기업으로, 건강기능성 식품 기술과 관련하여 92건의 특허를 출원하고 있는 것으로 조사됨

[주요특허 리스트]

등록번호 (출원일)	명칭	기술적용분야	IP 경쟁력	
			피인용 문헌수	패밀리 국가수
US 7572474 (2005.06.30)	Method for simulating the functional attributes of human milk oligosaccharides in formula-fed infants	아세테이트의 생산을 증가시키고, 부티레이트의 생산을 감소시켜 유아의 장 내 프리바이오틱스 발효 속도를 늦추기 위한 방법	25	23
US 8075934 (2009.02.13)	Nutritional composition with improved digestibility	단백질원, 갈락토올리고당 등을 포함하는 소화율이 개선된 유아용 영양 조성물	13	23
US 8287932 (2009.05.11)	NUTRITIONAL COMPOSITION TO PROMOTE HEALTHY DEVELOPMENT AND GROWTH	단백질원, 올리고당, 도코사헥사산 등 긴 사슬 고도 불포화 지방산을 포함하는 영양 조성물	38	23

전략제품 현황분석

(2) 국내 주요출원인 주요 특허 분석16)

☐ 한국식품연구원

- 건강기능성 식품 기술과 관련하여 한국을 위주로 175건의 특허를 출원하고 있는 것으로 조사됨

[주요특허 리스트]

등록번호 (출원일)	명칭	기술적용분야	IP 경쟁력	
			피인용 문헌수	패밀리 국가수
KR 10-1801764 (2017.06.01)	양모 촉진 활성을 갖는 락토바실러스 커베투스 WIKIM55 및 이를 포함하는 조성물	김치로부터 분리된 신규한 락토바실러스 커베투스 WIKIM55(Lactobacillus curvatus WIKIM55) 프로바이오틱스 조성물	3	8
KR 10-1867768 (2017.08.10)	락토바실러스 아시도필루스를 포함하는 갱년기 예방 또는 치료용 조성물	갱년기의 예방, 개선, 또는 치료용 락토바실러스 아시도필루스(Lactobacillus acidophilus) YT1 균주 및 이를 포함하는 조성물	3	5
KR 10-1468015 (2013.12.30)	면역 증강 활성 및 항종양 활성이 있는 감잎 유래 다당 분획물 및 이의 제조 방법	전체 다당 분획물 대비 중성 다당은 60~80 중량%, 우론산은 18~39 중량%, KDO(3-deoxy-D-manno-2-octulosonic acid) 유사 물질은 0.5~10중량%인 것을 특징으로 하는 감잎 유래 다당 분획물	4	4

☐ 농촌진흥청

- 건강기능성 식품 기술과 관련하여 한국에만 60건의 특허를 출원하고 있는 것으로 조사됨

[주요특허 리스트]

등록번호 (출원일)	명칭	기술적용분야	IP 경쟁력	
			피인용 문헌수	패밀리 국가수
KR 10-1403520 (2013.03.21)	뒤영벌 류의 알코올 추출물을 유효성분으로 포함하는 면역 증강용 조성물	서양뒤영벌일벌의 알코올 추출물을 유효성분으로 포함하는 면역 증강용 식품 조성물	2	5
KR 10-0453575 (2001.07.09)	귀뚜라미 자체 또는 이의 추출물을 함유하는 간보호, 강장피로회복, 알코올대사 촉진, 과산화지질 생성 억제를 위한 식품조성물	불포화지방산 등 필수지방을 고함유한 귀뚜라미 엑기스에 대한 간기능개선 및 숙취해소 효과, 피로 회복 효과와 관련된 조성물	17	2
KR 10-2054125 (2017.09.01)	저온숙성마늘 제조방법 및 상기 방법으로 제조된 저온숙성마늘의 추출물을 유효성분으로 함유하는 피로개선용 조성물	근육 내 항산화 효소 관련 유전자 발현을 증가시키는 저온숙성마늘 추출물의 제조방법 및 이를 유효성분으로 함유하는 피로개선용 조성물	2	2

---

16) 최근 출원특허 중, 등록특허를 기준으로 피인용문헌수 및 패밀리 국가수가 큰 특허를 주요특허로 도출

☐ CJ제일제당

- 건강기능성 식품 기술과 관련하여 한국과 일본을 위주로 44건의 특허를 출원하고 있는 것으로 조사됨

[주요특허 리스트]

등록번호 (출원일)	명칭	기술적용분야	IP 경쟁력	
			피인용 문헌수	패밀리 국가수
KR 10-1178217 (2009.10.28)	신규한 락토바실러스 플란타룸 및 이를 포함하는 조성물	락토바실러스 플란타룸 CJLP243(Lactobacillus plantarum) 균주 및 해당 유산균을 포함하는 장질환 치료용 조성물 및 면역 증강용 조성물	15	14
US 10123558 (2016.09.26)	Leuconostoc citreum and fermented foods using the same as a starter, and compositions thereof	류코노스톡 시트리움 CJGN34 (Leuconostoc citreum) 균주 및 해당 유산균을 포함하는 김치 제품 및 캡슐 형태의 의약품, 식품용 프로바이오틱스	2	9
KR 10-1381794 (2012.04.10)	타가토스 및 프로바이오틱 유산균을 함유하는 신바이오틱 식품 조성물	락토바실러스 속 유산균의 활발한 장내 증식을 돕기 위해 균주의 영양원으로 타가토스를 함유하는 신바이오틱 식품 조성물	1	11

라. 기술진입장벽 분석

(1) 기술 집중력 분석17)

- 건강기능성 식품 설계기술에 대한 시장관점의 기술독점 집중률 지수(CRn) 분석 결과, 상위 4개 기업의 시장점유율이 9로 독과점 정도가 매우 낮은 것으로 분석됨

- 국내시장에 있어서 중소기업의 특허점유율은 61.8로, 중소기업의 비중이 매우 높은 것으로 분석되며, 중소기업은 다양한 조성물 및 제품을 위주로 특허를 출원하고 있음
  - 대기업의 점유율은 1.2%(41건)에 불과하며, 해당 분야에 특허를 출원한 대기업은 CJ제일제당, 롯데칠성음료, 롯데푸드, 엘지생활건강, 한국인삼공사가 있음

[주요출원인 및 한국 중소기업 집중력 분석]

	주요출원인	출원건수	특허점유율	CRn	n
주요 출원인 집중력	NESTEC(스위스)	439	4.9	5	
	한국식품연구원(한국)	175	1.9	7	
	N.V. NUTRICIA(프랑스)	146	1.6	8	
	MEAD JOHNSON NUTRITION(미국)	92	1.0	9	4
	PROBIOTICAL(이탈리아)	61	0.7	10	
	농촌진흥청(한국)	60	0.7	11	
	DUPONT NUTRITION BIOSCIENCES(덴마크)	53	0.6	11	
	DSM IP ASSETS(네덜란드)	51	0.6	12	
	KAO(일본)	49	0.5	13	
	CJ제일제당(한국)	44	0.5	13	
	전체	8,985	100%	CR4=9	
	출원인 구분	출원건수	특허점유율	CRn	n
국내시장 중소기업 집중력	중소기업(개인)	2142	61.8	61.8	중소기업
	대기업	41	1.2		
	연구기관/대학	1,073	30.9		
	기타(외국인)	212	6.1		
	전체	3,468	100%	CR중소기업=61.8	

---

17) 상위 몇 개 기업의 특허점유율을 합한 것으로, 특허동향조사에서는 통상 CR4를 사용하며, CRn값이 0에 가까울수록 시장 독과점 수준이 낮은 것을 의미하고, CR4 값이 40에서 60일 경우(CR1 지수는 50 이상일 경우, CR2 또는 CR3 지수는 75 이상일 경우) 시장의 독과점 수준이 높은 것으로 해석됨
CRn(집중률지수, Concentration Ratio n) = (1위 출원인의 특허점유율) + … + (n위 출원인의 특허점유율)

(2) IP 경쟁력 분석[18]

□ 건강기능성 식품 기술의 주요출원인들의 IP 경쟁력 분석결과, N.V. NUTRICIA의 시장확보력 및 기술영향력이 가장 높은 것으로 분석됨

- N.V. NUTRICIA : 시장확보력(PFS) 15.32, 영향력지수(PII) 4.67

□ 종합적으로는, 1사분면으로 도출된 N.V. NUTRICIA, NESTEC, MEAD JOHNSON NUTRITION의 특허가 시장확보력 및 질적 수준이 높은 특허, 특 기술적 파급력과 상업적 가치가 큰 것으로 해석됨

[주요출원인 IP 경쟁력 분석]

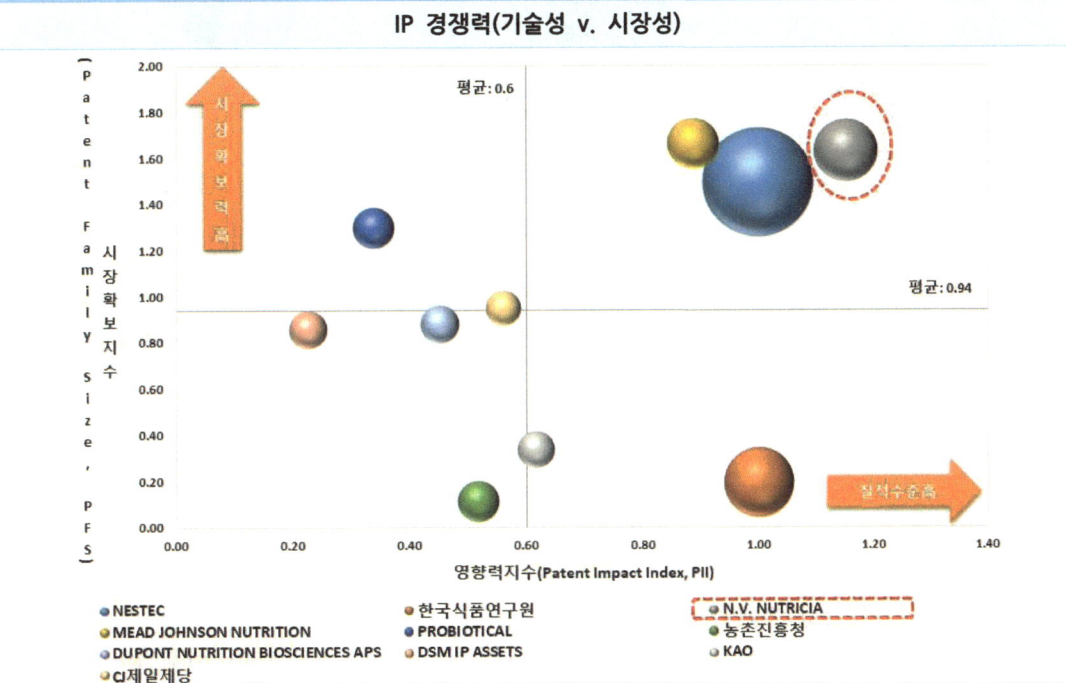

N.V. NUTRICIA	■ (US 9717270) Immune system stimulating nutrition
	■ (US 10426791) Synergism of GOS and polyfructose
	■ (US 10071125) Nutritional composition with probiotics

* **영향력지수(Patent Impact Index, PII)**: 다른 경쟁주체의 기술수준이 고려된 특정한 주체의 '상대적인' 기술적 중요도 또는 혁신성과의 가치 정보가 포함된 기술수준으로, 특허의 피인용 횟수를 특정 기술분야 내에서의 상대적인 값으로 환산시킨 지수임
* **시장확보지수(Patent Family Size, PFS)**: 특정 주체가 특정 기술분야에서 소수의 특정 국가에서만 시장확보를 하고자 하는지 아니면 다수의 세계 주요 국가들에서 시장확보를 하고자 하는지에 대한 분석으로, PFS가 높은 특허는 그만큼 상업적 가치가 큰 기술에 대한 특허인 것으로 해석될 수 있으며, PFS가 높은 출원인은 세계 여러 국가에서 사업을 하고 있는 출원인인 것으로 해석될 수 있음(2020 공공 R&D 특허기술동향조사 가이드라인, 한국특허전략개발원)
* **버블크기** : 출원 특허 건 수 비례

---

[18] PFS = 특정 주체의 평균 패밀리 국가 수 / 전체 평균 패밀리 국가 수
  PII = 특정 주체 보유특허의 피인용도[CPP] / 전체 유효특허의 피인용도

5. 요소기술 도출

가. 특허 기반 토픽 도출

☐ 8,985개의 특허의 내용을 분석하여 구성 성분이 유사한 것끼리 클러스터링을 시도하여 대표성이 있는 토픽을 도출

[건강기능성식품에 대한 토픽 클러스터링 결과]

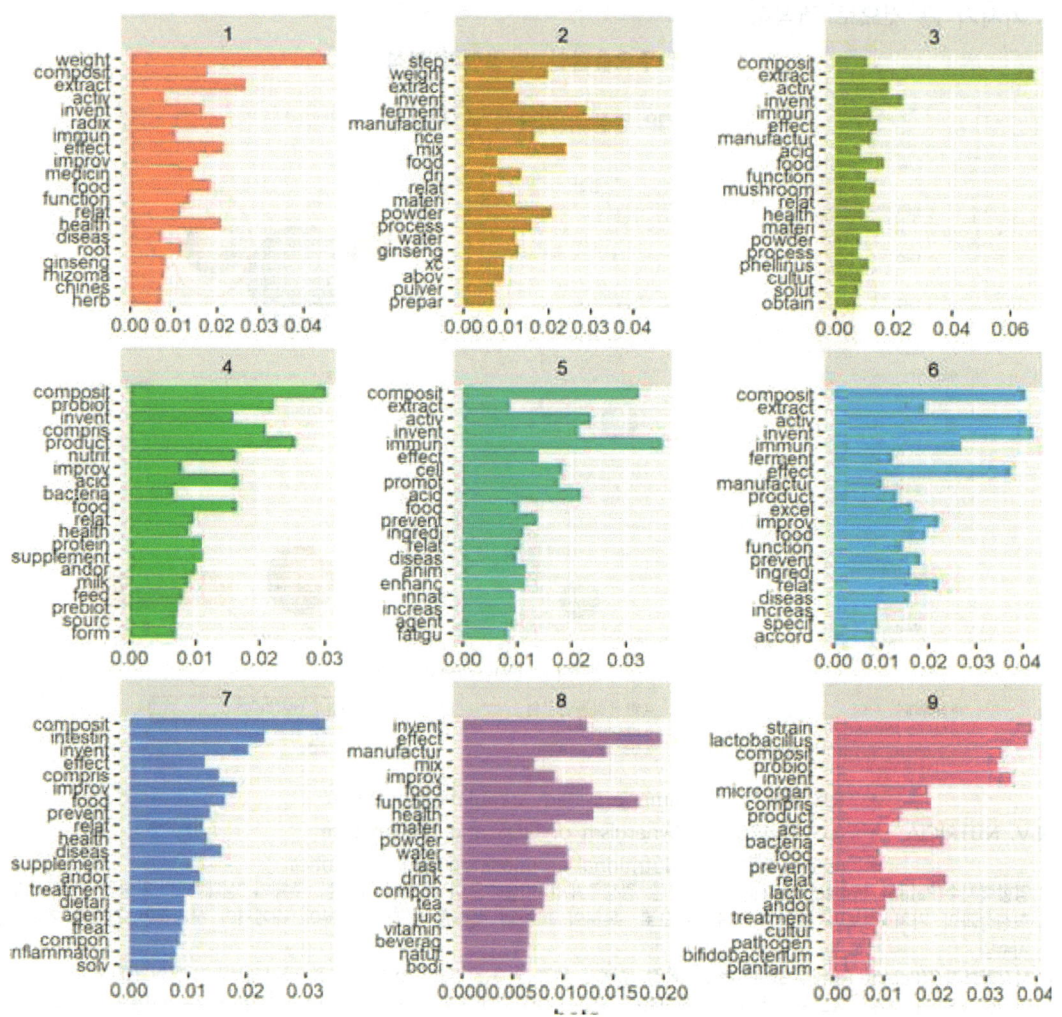

나. LDA[19] 클러스터링 기반 요소기술 도출

[LDA 클러스터링 기반 요소기술 키워드 도출]

No.	상위 키워드	대표적 관련 특허	요소기술 후보
클러스터 01	weight composite extract active invent	• Herbal formulations and methods for supplementing caffeinated beverages • An Extract having antiaging activity • Herbal composition for improving anticancer activity, immune response and hematopoiesis of the body, and protecting the body from oxidative damage, and the method of preparing the same	허브 유래 기능성 조성물
클러스터 02	step weight extract invent ferment	• As a cactus to mature manufacturing of various meat • Manufacturing method of health supplement food using germinated grain • A method for manufacturing diet bread and a bread manufactured by the same as	식품 유래 식이보충제
클러스터 03	composit extract activ invent immune	• The extracting method of the ingredients with immunity activity from Rhodiola sachalinensis, and the extract • Processed Panax spp. plant extract with increased content ratio of ginsenoside 20(S)-Rg3 or ginsenoside 20(R)-Rg3, a process for the preparation thereof, and a composition comprising the same	기능성 물질 추출 방법
클러스터 04	composite probiotics invent comprise product	• Gi track delivery systems • MULTILAYER MICROENCAPSULATED PROBIOTIC BACTERIA AS WELL AS FOOD AND PHARMACEUTICAL COMPOSITIONS COMPRISING SAID BACTERIA • ENCAPSULATION SYSTEM FOR PROTECTION OF PROBIOTICS DURING PROCESSING	(프로바이오틱스 등의) 위장관 전달 방법 및 전달 효율 향상 기술
클러스터 05	composite extract active invent immune	• Composition for enhancing innate immunity and antivirus comprising Piperis Longi Fructus extract as effective component • Composition for enhancing innate immunity and antivirus comprising Eriocauli Herba extract as effective component	면역력 증강 기능성 조성물
클러스터 06	composite extract active invent immune	• Composition for preventing, improving or treating atopic dermatitis comprising extract mixture of Diospyros lotus leaf and grape fruit stem as effective component • Composition for preventing or treating immune disease comprising metformin	면역력 증강 기능성 조성물

---

19) Latent Dirichlet Allocation

클러스터 07	composite intestine invent effect comprise	• Microbiomarker for Celiac Disease and a Related Product • HYPOTENSIVE AGENT • NUTRITIONAL COMPOSITION FOR PROMOTING GUT MICROBIOTA BALANCE AND HEALTH	면역, 대사질환 치료 관련 조성물
클러스터 08	invent effect manufacture mix improve	• A beverage drinking with edible charcoal, health supplementary food • The pizza method by green-tea • Nephrite honey.	기능성 조성물을 활용한 식품
클러스터 09	strain lactobacillus composite probiotics invent	• PROBIOTICS WITH ENHANCED SURVIVAL PROPERTIES • Compositions for probiotic recolonisation therapy • Probiotic recolonisation therapy	프로바이오틱스 조성물

다. 특허 분류체계 기반 요소기술 도출

☐ 건강기능성 식품 관련 유효특허의 메인 IPC 분석을 통한 요소기술 후보 도출

[IPC 분류체계에 기반 한 요소기술 도출]

IPC 기술트리		
(서브클래스) 내용	(메인그룹) 내용	요소기술 후보
(A23L) A21D 또는 A23B로부터 A23J까지; 포함 되지 않는 식품, 식료품, 또는 비알콜성음료; 그 조제 또는 처리, 예. 가열 조리, 영양 개선, 물리적 처리	(A23L-033/105) 식물추출물, 그것의 인공 복제물 또는 유도체	식물 유래 기능성 조성물
	(A23L-033/10) 첨가물을 사용하는것	-
	(A23L-033/135) 박테리아 또는 그것의 유도체, 예. 프로바이오틱스	프로바이오틱스 조성물
	(A23L-033/00) 식품의 영양개선; 다이어트 식품; 그것의 조제 또는 처리	영양개선용 기능성 조성물
	(A23L-029/00) 첨가제를 함유하는 식품 또는 식료품; 그것의 조제 또는 처리	-
	(A23L-019/00) 과일 또는 채소 생산물; 그것의 조제 또는 처리	식물 유래 기능성 조성물
(A61K) 의약용, 치과용 또는 화장용 제제	(A61K-035/747) 젖산균, 예. L.유산균 또는 L. 브레비스	프로바이오틱스 조성물
	(A61K-035/744) 젖산 박테리아, 예. 장구균(엔테로코키), 페디오코쿠스균, 락토코쿠스균, 연쇄구균, 로이코노스톡균	프로바이오틱스 조성물
(C12R) 생화학; 맥주; 주정; 포도주; 식초; 미생물학; 효소학; 돌연변이 또는 유전자공학	(C12R-001/225) 락토바실러스	프로바이오틱스 조성물

라. 최종 요소기술 도출

☐ 산업·시장 분석, 기술(특허)분석, 전문가 의견, 타부처 로드맵, 중소기업 기술수요를 바탕으로 로드맵 기획을 위하여 요소기술 도출

☐ 요소기술을 대상으로 전문가를 통해 기술의 범위, 요소기술 간 중복성 등을 조정·검토하여 최종 요소기술명 확정

[건강기능성 식품 분야 요소기술 도출]

분류	요소기술	출처
기능성 조성물	프로바이오틱스 조성물	특허 클러스터링, 전문가 추천, IPC 분류체계
	영양개선용 기능성 조성물	IPC 분류 체계
	식물 유래 기능성 조성물	IPC 분류 체계
	면역력 증강 기능성 조성물	특허 클러스터링, 전문가 추천
	면역,대사질환 치료관련 조성물	특허 클러스터링, 전문가 추천
위장관 전달 효율 관련 기술	(프로바이오틱스등의) 위장관 전달방법 및 전달 효율 향상 기술	특허 클러스터링, 전문가 추천
기능성 조성물 응용분야	기능성 조성물을 활용한 식품	특허 클러스터링
	식품 유래 식이 보충제	특허 클러스터링

6. 전략제품 기술로드맵

가. 핵심기술 선정 절차

☐ 특허 분석을 통한 요소기술과 기술수요와 각종 문헌을 기반으로 한 요소기술, 전문가 추천 요소기술을 종합하여 요소기술을 도출한 후, 핵심기술 선정위원회의 평가과정 및 검토/보완을 거쳐 핵심기술 확정

☐ 핵심기술 선정 지표: 기술개발 시급성, 기술개발 파급성, 기술의 중요성 및 중소기업 적합성
- 장기로드맵 전략제품의 경우, 기술개발 파급성 지표를 중장기 기술개발 파급성으로 대체

[핵심기술 선정 프로세스]

① 요소기술 도출	② 핵심기술 선정위원회 개최	③ 핵심기술 검토 및 보완	④ 핵심기술 확정
• 전략제품 현황 분석 • LDA 클러스터링 및 특허 IPC 분류체계 • 전문가 추천	• 전략분야별 핵심기술 선정위원의 평가를 종합하여 요소기술 중 핵심기술 선정	• 선정된 핵심기술에 대해서 중복성 검토 • 미흡한 전략제품에 대해서 핵심기술 보완	• 확정된 핵심기술을 대상으로 전략제품별 로드맵 구축 개시

나. 핵심기술 리스트

[건강기능성 식품 분야 핵심기술]

핵심기술	개요
면역력 증강 기능성 조성물	면역력 증강을 목적으로 하는 식물 유래 혹은 박테리아 유래 기능성 소재, 첨가물 등의 소재
면역, 대사질환 치료관련 조성물	면역 및 대사질환의 치료를 목적으로 하는 식물 유래 혹은 박테리아 유래 기능성 소재
프로바이오틱스 조성물 (L.유산균 또는 L. 브레비스)	L.유산균 또는 L. 브레비스의 프로바이오틱스를 이용한 기능성 식품 소재
프로바이오틱스 조성물 (장구균(엔테로코키), 페디오코쿠스균, 락토코쿠스균, 연쇄구균, 로이코노스톡균)	장구균(엔테로코키), 페디오코쿠스균, 락토코쿠스균, 연쇄구균, 로이코노스톡균 등의 프로바이오틱스를 이용한 기능성 식품 소재
(프로바이오틱스등의) 위장관 전달방법 및 전달 효율 향상 기술	프로바이오틱스 등을 위장관까지 전달하는 방법 및 전달의 효율을 높이는 기술을 칭함 (예시. encapsulation 등)

다. 중소기업 기술개발 전략

☐ 건강기능식품 산업에서 프로바이오틱스를 포함하는 기능성 조성물 관련 기술은 표준화, 인체적용시험 등을 포함한 기능성, 안전성 등의 원천기술 확보가 필요함

☐ 인허가된 기능성 원료를 이용하여 건강기능식품 제품화 시, 소비자 요구에 부합하는 제제·제형 기술의 도입을 통해 기능 성분의 전달효율을 향상 시킬 필요가 있음

☐ 건강기능식품 산업은 직·간접적으로 인간의 생명을 다루는 분야로 식약처의 강한 규제가 존재 하며 국가별로 까다로운 인허가제도를 도입하고 있어, 국가별 대응 전략이 요구됨

라. 기술개발 로드맵

(1) 중기 기술개발 로드맵

[건강기능성 식품 기술개발 로드맵]

건강기능성 식품	핵심 기능성 소재 및 전달효율 향상 관련 기술 개발			최종 목표
	2022년	2023년	2024년	
면역력 증강 기능성 조성물			➡	소재 도출
면역,대사질환 치료관련 조성물			➡	표준화 완료, 기능성 확보
프로바이오틱스 조성물 (젖산균, 예. L.유산균 또는 L. 브레비스)			➡	표준화 완료
프로바이오틱스 조성물 (젖산 박테리아, 예. 장구균(엔테로코키), 페디오코쿠스균, 락토코쿠스균, 연쇄구균, 로이코노스톡균)			➡	안전성 확보, 기능성 확보
(프로바이오틱스등의) 위장관 전달방법 및 전달 효율 향상 기술			➡	제품화

(2) 기술개발 목표

□ 최종 중소기업 기술로드맵은 기술/시장 니즈, 연차별 개발계획, 최종목표 등을 제시함으로써 중소기업의 기술개발 방향성을 제시

[건강기능성 식품 핵심기술 연구목표]

핵심기술	기술요구사항	연차별 개발목표			최종 목표	연계R&D 유형
		1차년도	2차년도	3차년도		
면역력 증강 기능성 조성물	후보소재도출 기술	도출성공률(%) -	50% 이상	75% 이상	소재 도출	산학연 Collabo R&D
면역,대사질환 치료관련 조성물	소재표준화기술	표준화성공률 50%	75% 이상	95% 이상	표준화 완료	산학연 Collabo R&D
	기능성확보기술	기능성확보 25%	50% 이상	90% 이상	기능성 확보	산학연 Collabo R&D
프로바이오틱스 조성물 (젖산균, 예. L.유산균 또는 L. 브레비스)		표준화성공률 50%	75% 이상	95% 이상	표준화 완료	산학연 Collabo R&D
프로바이오틱스 조성물 (젖산 박테리아, 예. 장구균(엔테로코키), 페디오코쿠스균, 락토코쿠스균, 연쇄구균, 로이코노스톡균)	소재표준화기술 안전성확보기술 기능성확보기술	안전성확보 20%	90% 이상	100%	안전성 확보	산학연 Collabo R&D
		기능성확보 25%	50% 이상	90% 이상	기능성 확보	산학연 Collabo R&D
(프로바이오틱스등의) 위장관 전달방법 및 전달 효율 향상 기술	건강기능식품 제품화 기술	제품화확보 50%	90% 이상	100%	제품화	기술혁신

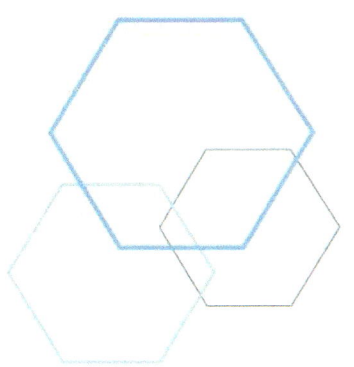

전략제품 현황분석

특수용도식품
(케어푸드)

특수용도식품(케어푸드)

정의 및 범위

- 영·유아, 병약자, 노약자, 비만자 또는 임신·수유부 등 특별한 영양관리가 필요한 특정 대상을 위하여 식품과 영양소를 배합하는 등의 방법으로 제조 가공한 영아용 조제식, 성장기용 조제식, 영·유아용 곡류조제식, 기타 영·유아식, 특수의료용도식품, 체중조절용 조제식품, 임산·수유부용 식품을 의미함

전략 제품 관련 동향

시장 현황 및 전망	제품 산업 특징
• (해외) 특수의료용식품 시장 규모는 2019년 193억 8,700만 달러에서 연평균 6.8%로 성장하여 2025년 287억 7,000만 달러에 이를 전망임 • (국내) 특수용도식품 국내 판매액은 2019년 기준 3,924억 원으로, 연평균 5.53%로 성장하여 2025년에는 5,421억 원에 달할 것으로 전망됨	• 기능성이 인증된 건강기능성 식품 등으로 연계하여 개발이 가능하므로 산업적 파급효과가 큼 • 특수용도식품의 경우 식품공전에 따라 별도의 제조·가공기준 및 규격이 존재함
정책 동향	**기술 동향**
• (해외) 안전관리 강화를 위해 국가적 차원에서 제조 및 가공 과정을 관리하고 있으며, 소비된 제품의 이력을 추적하고 있음 • (국내) 고령화에 따른 만성질환의 증가로 어르신, 환자에게 맞춤형 식품이 개발·공급될 수 있도록 특수의료용도식품을 별도의 식품군으로 개편	• 초고령 사회에 진입한 일본을 중심으로, 고령자가 삼키기 쉬운 다양한 형태의 연하식 및 고령친화제품 개발이 활발 • 영유아 제품의 경우, 최근 단순 죽/밥이 아닌 국수, 덮밥, 그라탕 등 새로운 형태로 출시되고 있음 • 최근 유기농, 고품질 소재를 쓰면서도 사용의 편리성을 강조하는 식품이 많이 출시되고 있음
핵심 플레이어	**핵심기술**
• (해외) Nestle, Kraft Heinz, ABBOTT, Raffertys Garden, Asahi Foods 등 • (국내) 매일유업, 한국야쿠르트, 신세계푸드, 리앤씨바이오, 팜스빌 등	• 고령자용 기능 성분 강화 기술 • 비만 예방을 위한 소재 발굴 및 식품생산 기술 • 고령자용 섭식능 용이성 부여 기술 • 고령자용 만성질환 예방/개선 기술 • 면역력 개선을 위한 소재 발굴 및 식품생산 기술

중소기업 기술개발 전략

➜ 고령친화산업 진흥법에는 케어푸드라고 불리는 고령친화식품에 대한 직접적인 정의가 제시되어있지 않지만, 2019년 12월 식품공전 공통기준(명칭: 고령친화식품)에 등재됨에 따라 초고령사회를 앞두고 있는 시점에서 고령친화식품에 대한 필요성이 지속적으로 대두되고 있어 이에 대한 중소기업의 대비가 필요함

➜ 특수용도식품(케어푸드)은 기능성이 인증된 건강기능식품 등으로 개발이 가능하므로 중소기업에 적합한 기능성 선정 및 평가기술 개발이 필요함

➜ 학계, 연구계와의 협업을 통한 제품개발이 가능하며, 중소기업은 식품이나 조성물 생산에 주력하는 것도 기술개발 전략의 하나임

1. 개요

가. 정의 및 필요성

(1) 정의

☐ 특수용도식품은 영·유아, 병약자, 노약자, 비만자 또는 임신·수유부 등 특별한 영양관리가 필요한 특정 대상을 위하여 식품과 영양소를 배합하는 등의 방법으로 제조 가공한 영아용 조제식, 성장기용 조제식, 영·유아용 곡류조제식, 기타 영·유아식, 특수의료용도등식품, 체중조절용 조제식품, 임산·수유부용 식품을 의미함

- 영아용 조제식은 분리대두단백 또는 기타의 식품에서 분리한 단백질을 단백원으로 하여 영아의 정상적인 성장·발육에 적합하도록 기타의 식품, 무기질, 비타민 등 영양소를 첨가하여 모유 또는 조제유의 수유가 어려운 경우 대용의 용도로 분말상 또는 액상으로 제조·가공한 것을 의미

- 성장기용 조제식은 분리대두단백 등 단백질함유식품을 원료로 생후 6개월부터의 영아, 유아의 정상적인 성장·발육에 필요한 무기질, 비타민 등 영양소를 첨가하여 이유식의 섭취 시 액상으로 사용할 수 있도록 분말상 또는 액상으로 제조·가공한 것을 의미

- 영·유아용 곡류조제식은 이유기의 영아, 유아의 이유 및 영양보충을 목적으로 곡류, 두류, 서류 등 전분질 원료를 주원료(최종제품에서 고형분 기준 25%이상)로 하여 이에 식품, 영양소 등을 가하여 제조·가공한 것을 의미

- 특수의료용도등식품은 정상적으로 섭취, 소화, 흡수 또는 대사할 수 있는 능력이 제한되거나 손상된 환자 또는 질병이나 임상적 상태로 인하여 일반인과 생리적으로 특별히 다른 영양요구량을 가진 사람의 식사의 일부 또는 전부를 대신할 목적으로 이들에게 경구 또는 경관급식을 통하여 공급할 수 있도록 제조·가공된 식품을 의미

- 체중조절용 조제식품은 체중의 감소 또는 증가가 필요한 사람을 위해 식사의 일부 또는 전부를 대신할 수 있도록 필요한 영양소를 가감하여 조제된 식품을 의미

☐ 2020년 11월 식품의약품안전처는 '식단형 식사관리제품' 제조기준 고시 개정안을 발표하면서, 특수의료용도식품(메디푸드)을 독립된 식품군으로 분류하여 '특수용도식품'을 '특수영양식품'과 '특수의료용도식품'으로 재분류함

- 특수의료용도식품은 표준형, 맞춤형, 식단형 제품으로 재분류했으며, 환자용 식품은 당뇨, 신장질환, 장질환 등 질환분류 세분화하여 질환별 맞춤형 제품관리가 용이하도록 함

- 이외에도 밀키트 형태의 식단형 식사관리식품을 허용했으며, 고령친화식품 중 액상제품에 대한 새로운 점도규격 등이 개정안 내용에 포함됨

특수용도식품(케어푸드)

[특수용도식품 분류 개정안]

현행	개정안
10. 특수용도식품 　10-1 조제유류 　10-2 영아용조제식 　10-3 성장기용조제식 　10-4 영·유아용 이유식 **10-5 특수의료용도등식품** 　(1) 환자용식품 　(2) 선천성대사질환자용식품 　(3) 유단백알레르기 영·유아용 조제식품 　(4) 영·유아용 특수조제식품 　10-6 체중조절용 조제식품 　10-7 임산·수유부용 식품	**10. 특수영양식품** 　10-1 조제유류 ~ 　10-6 임신·수유부용 식품 **11. 특수의료용도식품** 　**11-1 표준형 영양조제식품** 　　(1) 일반 환자용 균형영양조제식품 　　(2) 당뇨환자용 영양조제식품 　　(3) 신장질환자용 영양조제식품 　　(4) 장질환자용 단백가수분해 영양조제식품 　　(5) 열량 및 영양공급용 식품 　　(6) 연하곤란자용 점도조절 식품 　**11-2 맞춤형 영양조제식품** 　　(1) 선천성대사질환자용조제식품 　　(2) 영·유아용 특수조제식품 　　(3) 기타환자용 영양조제식품 　**11-3 식단형 식사관리식품 (신설)** 　　(1) 당뇨환자용 식단형 식품 　　(2) 신장질환자용 식단형 식품

* 출처 : 식품의약품안전처, 2020.11.26

[기능성 식품 전략분야 내 특수용도식품(케어푸드) 위치]

가정간편식제품
(HMR제품)

대체식품

기능성 식품

건강기능성식품

특수용도식품
(케어푸드)

반려동물식품/
기능성사료

* 자체구성

(2) 필요성

- ☐ 국내에는 간편식 시장에서 고령자나 만성질환자를 위한 기능성이 강화된 식품시장 규모는 도입단계로 나타나며, 케어푸드에 대한 명칭 또한 환자식, 고령친화식, 실버푸드, 영양식, 헬스케어 등 여러 용어들이 혼용되어 사용되고 있는 실정임

- ☐ 식생활 구조가 빠르게 변화하면서 간편식(HMR) 시장과 함께 케어푸드의 시장도 증가 할 것으로 예상되며, 일본이나 선진국들이 경험하는 사회경제적 또는 인구학적 요인 변화는 간편식 시장과 케어푸드 시장이 성장하는 이유가 되고 있음

- ☐ '저출산과 과학기술의 발달로 평균수명이 연장되고 있으며 우리나라 고령인구 비율(65세 이상)은 지속적으로 증가하고 있어 건강관리에 대한 관심 또한 높아지고 있음

- ☐ 연하식은 음식을 삼키는 데 어려움을 겪는 고령자 및 환자를 위해 점도를 조절한 식품과 원활한 수분 공급을 위한 보충 제품이 주를 이루고 있으며 주로 병원과 요양시설뿐 아니라 퇴원 후 가정에서 치료 중인 고령자에게 필요성이 높아지고 있음
    - 노인용 건강관리 식품인 고령친화식품은 쉽게 섭취할 수 있는 액상이나 타먹는 분말 형태로 단백질·탄수화물·지방 등 필수 영양소가 균형 있게 배합되어 있음

- ☐ 국내에는 수술 전후나 만성질환자를 위한 영양보충제나 점도 증진제 등의 고령친화식품이 출시됨
    - 점도 증진제에는 전분이나 덱스트린 등 음식물 점도를 바꾸는 성분이 들어가 액체 형태의 음식을 요플레나 호박죽 정도로 걸쭉하게 만들어 기도로 쉽게 넘어가는 것을 막아주는 효과가 있어 연하장애를 겪는 노인들을 위한 식품에 적용할 경우 음식물이 기도로 흡인되어 폐렴을 유발하는 것을 방지할 수 있음
    - 저단백 식이가 필요한 신장질환자를 위한 단백질 제한식 등 환자용 식품 등이 있음

- ☐ 아시아에서는 이미 초 고령화에 접어든 일본을 중심으로 시장이 형성되고 있으며, 미국도 품목이 더욱 세분화되며 다양한 형태로 시장이 발전 중임

- ☐ 국내의 경우 아직까지 시장 형성 초기 단계에 해당하나, 고령화 추세 및 건강에 대한 관심 증대로 인한 중장년층의 수요 증가로 인해 발전가능성이 높을 것으로 판단됨

나. 범위 및 분류

(1) 가치사슬

☐ 특수용도식품산업은 식품산업 중 가장 기술집약적 산업으로 새로운 과학이 제품화로 바로 연결될 수 있는 high-technology 구현이 가능한 산업임

- 제약업계에서도 기능성 성분 특수용도식품 관련 개발에 활발히 진출하고 있음

☐ 특수용도식품은 농/식품산업, 기계산업, 유통산업, 제조 및 소비재 등 전방 및 후방산업 모두에 파급효과가 매우 큼

- 대부분이 중소기업인 건강기능성원료 수입업체가 개별인정원료 혹은 소재를 등록하고 있는 데 반해서, 중견기업 및 대기업, 제약업체들은 건강기능식품원료를 사용하여 최종 소비재 제품을 제조하는 산업구조를 가짐

- 전방산업으로는 기능성식품으로 사용할 수 있는 원재료를 생산하기 위한 농업, 임업, 수산업 등의 1차 원재료 생산업, 1차 생산된 원재료를 전처리, 가공하는 식품가공산업, 건강기능성 소재 원료로 사용할 수 있는 한방산업 및 6차 산업을 포괄함. 한편, 후방산업은 신소재, 신원료, 의료, 화장품, 의료기기, 교육, 유통, 융복합, ICT, 웰니스, 관광산업으로 구성됨

[특수용도식품(케어푸드) 분야 산업구조]

후방산업	특수용도식품(케어푸드) 분야	전방산업
농업, 임업, 수산업, 축산업 식품가공산업, 한방산업	세포, 동물, 임상, 원재료표준화 등 분석시험산업, 기능성 원료 산업	화장품, 신소재, 제약, 의료, 의료기기, 교육, 유통, 융복합, ICT, 웰니스, 관광

(2) 용도별 분류

☐ 영양강화식품, 다이어트식품, 영유아식, 고령친화식품, 예방식/환자식 등의 특수용도식품은 일반식품과 건강기능식품의 경계에 있으며, 케어푸드는 일반식품의 범주에 속함

[케어푸드 개념 모형도]

* 출처 : 전북대학교(2020), 케어푸드의 소비구조 및 수요예측에 관한 연구 : 가정간편식(HMR) 신제품을 중심으로

☐ 식품공전에 의하면 영유아식은 '특수용도식품'의 하위 품목으로 분류되어 있으며, 영유아용 곡류조제식과 기타 영유아식 등이 있음

- 식품공전의 정의에 따른 환자용 식품은 환자에게 필요한 영양성분을 균형 있게 제공할 수 있도록 영양성분을 조정하여 제조 가공한 것으로 환자의 식사 일부 또는 전부를 대신할 수 있는 제품을 말하나 환자의 정의 및 범위 등이 모호하여 대사질환 타깃 식품은 모두 해당될 수 있을 것으로 판단됨

[특수용도식품군의 영유아식 정의]

식품유형	정의
영유아용 곡류 조제식	• 영·유아용 곡류조제식은 이유기의 영아, 유아의 이유 및 영양보충을 목적으로 곡류, 두류, 서류 등 전분질 원료를 주원료(최종제품에서 고형분 기준 25% 이상)로 하여 이에 식품, 영양소 등을 가하여 제조·가공한 것을 말함
기타 영유아식	• 기타 영·유아식은 영·유아의 이유기 또는 성장기에 일반식품으로의 적응을 도모할 목적으로 제조·가공한 것을 말함. 다만, 영아용조제식 내지 영·유아용 곡류조제식은 제외함

* 출처 : 식품공전

☐ 특수의료용도식품은 형태, 대상, 영양기준에 따라 표준형, 맞춤형, 식단형 제품으로 구분됨

[특수의료용도식품의 유형]

	표준형 영양조제식품	맞춤형 영양조제식품	식단형 식사관리제품
형태	액상, 페이스트, 분말		가정간편식 형태의 제품
대상	식품유형으로 짚어된 4개질환 및 균형영양, 열량공급	특정 영양요구가 있는 모든 질환대상 제조 가능	식품유형으로 지정된 질환 (당뇨, 신장질환)
영양기준	식약처가 정한 표준 기준	제조자 자율 설정(실증)	식약처가 정한 표준기준

* 출처 : 식품의약품안전처(2020)

2. 산업 및 시장 분석

가. 산업 분석

☐ 케어푸드는 건강상의 이유로 맞춤형 식품이 필요한 이들을 위한 연화식·치료식·다이어트 식품 등 고기능성 식품을 의미함. 고령화가 심화하면서 최근에는 시니어 계층을 타깃으로 한 케어푸드가 주목받고 있음

- 이에 따라 주요 식품기업과 단체급식·식품업계가 노인, 환자, 영유아 등 맞춤형 식사가 필요한 이들을 위한 케어푸드 사업을 확대
- 주 타겟층은 시니어층이지만, 넓은 의미에서 볼 때 다이어트를 하는 사람, 산모, 어린이 등 맞춤형 식단을 필요로 하는 소비자까지 타겟으로 포함

☐ 먹을거리를 통해 건강을 챙기려는 소비자가 늘면서 전 세계적으로 '케어푸드'에 대한 관심이 늘어나는 추세임

- 과거 케어푸드는 환자 및 고령자를 위한 식단으로, 병원 등에서 각광을 받았지만 최근에는 어린이는 물론 2030대 젊은 층까지 아우를 수 있는 유아식, 다이어트 제품 등 품목이 다양화되며 시장 성장성에도 한층 더 탄력
- 특히 최근 전 세계적으로 신종 코로나바이러스(코로나 19)가 확산되자 케어푸드에 대한 기대감은 더욱 높아지는 추세

☐ 고령친화식품산업은 미래 식품산업의 초석으로 고령친화식품산업과 급식 및 배달 서비스업의 활발한 보급은 고령자의 영양 상태를 개선해 노인 의료비를 감소시키고 건강한 고령사회 구축에 기여함

- 고령자의 요구를 반영한 제도와 서비스 구축은 대상자의 건강·경제·외로움 등 불안 해소
- 또한 노인복지시설의 급식안전관리 지원을 통해 시설의 질적 수준이 향상되고, 노인 전문 영양사·노인 전문 조리사·관련 연구개발자 등 신규 일자리가 창출
- 고령친화식품산업의 활성화는 향후 국내 식품산업 발전의 기회일 뿐 아니라 식품산업의 세계화 등 미래 식품산업의 초석이 될 수 있음

☐ 이미 고령사회에 진입한 일본, 미국, 유럽 등은 고령친화식품 개발에 적극적으로 참여하고 있음

- 최근에는 질병을 가진 노인 환자들을 대상으로 하는 고령친화식품뿐만 아니라, 건강하고 활동적인 중장년층을 겨냥한 고령친화식품이 많이 개발되며 시장 규모를 키우고 있는 중임
- 고령친화식품의 수요층이 보살핌이 필요한 고령층에 한정되지 않고 일반 수요층도 위화감 없이 먹을 수 있도록 개발되고 있음

☐ 고령친화제품을 처음부터 집에서 준비하는 것은 부담이 커 최근에는 시판되는 레토르트 제품을 적절히 이용해 만드는 것이 일반적으로, 시판되는 고령친화식품에 재료를 추가해 다양한 요리를 만들 수 있도록 식료품 제조사에서도 조리법 등을 안내하고 있음

전략제품 현황분석

◎ 일본 산업 동향

☐ 일본의 경우 저출산과 고령화로 인해 침체된 식품 산업이 고령친화식품으로 새로운 국면을 맞이하고 있음

- 2020년 기준 일본의 65세 이상 고령 인구는 총 인구의 약 28.7%를 차지하고 있으며, 이는 UN의 초고령화 사회 구분 기준인 20%를 초과한 것임
- 일본은 고령 사회에 진입함과 동시에 고령 친화 식품 등에 대한 국가 차원의 대책을 내놓으면서 관련 산업의 기반을 마련

☐ 일본 시장조사기관 야노경제연구소에 따르면 2022년 일본 고령친화식품 시장 규모는 한화로 9,025억 원까지 증가할 전망임

- 2019년 일본개호식품협의회가 발표한 보고서에 따르면 2018년 UDF 규격 개호식품 총생산량과 생산액은 2017년 대비 각각 10.2%, 14.9% 증가했으며, 등록된 제품 수도 2,103개로 5년 연속 시장 확대 추세를 보이고 있음

☐ 일본의 고령친화식품은 2014년부터 '스마일 케어 식(smile care food)'로 제도화하고 있으며, 개호예방을 위한 식품, 약한 힘만으로 씹을 수 있는 식품, 잇몸으로도 부술 수 있는 식품, 혀로 으깰 수 있는 식품, 페이스트 식품, 젤리 상태의 식품의 7가지 유형으로 구분함

[스마일 케어식의 7가지 분류]

분류	마크	형태	씹는 힘	삼키는 힘
개호 예방을 위한 식품	D	영양 상태는 양호하나 개호 예방을 위한 식품	문제 없음	문제 없음
약한 힘으로 부술 수 있는 식품	A	구운 두부 정도의 경도를 가진 식품	다소 약함	다소 약함
잇몸으로 부술 수 있는 식품	B	생두부 정도의 경도를 가진 식품	약함	다소 약함
혀로 부술 수 있는 식품	C	연두부와 같이 원형은 그대로이지만 혀로 쉽게 부수어 소화할 수 있는 식품	매우 약함	약함
반죽식품	A	숟가락으로 떠먹을 수 있는 쌀알이나 된죽 형태의 식품	매우 약함	매우 약함
무스 형태의 식품	B	푸딩, 무스 등 소량을 숟가락으로 떠서 소화할 수 있는 식품	매우 약함	매우 약함
젤리 식품	C	숟가락으로 더먹을 수 있는 얇은 슬라이스 형태의 식품	매우 약함	매우 약함

* 출처 : 일본 농림수산성 홈페이지, 농림축산식품부(2020), 가공식품 세분시장 현황-고령친화식품

- ☐ 편의점이나 마트에서 손쉽게 구매할 수 있으며, 정기적인 배달 서비스도 제공하고 있음
    - 이미 조리한 식품을 플라스틱제 용기에 넣어 밀봉한 뒤, 고압·고열의 살균솥에서 멸균, 급속 냉각 과정을 거쳐 만들어진 레토르트 형태의 제품이 인기를 끌고 있음

- ☐ 일본에서는 고령자를 전기(65세 이상)와 후기(75세 이상)로 나누어 고령친화식품을 세분화하고 있음
    - 전기 고령자에 비해 후기고령자는 소화기 계통의 이상으로 영양소와 식품 종류별 섭취량의 급격한 변화를 겪게 됨

- ☐ 일반 소비자층도 위화감 없이 먹을 수 있도록 일반 식품으로 개발하는 것이 현 일본 고령친화식품 산업에서 중요한 부분으로 대두됨

- ☐ 2002년 일본개호식품 협의회가 87개 회원사의 규격을 통일하여 '유니버셜 디자인 푸드(UDF)'라는 통일된 규격을 제정함
    - '유니버셜 디자인푸드 4개 등급'은 음식의 딱딱한 정도(굳기), 마시는 정도(점도)에 따른 기준으로 '쉽게 씹을 수 있음', '잇몸으로 부술 수 있음', '혀로 부술 수 있음', '씹지 않아도 됨' 으로 구분

[유니버셜 푸드 단계 구분]

구분	구분1 (쉽게 씹을 수 있음)	구분2 (잇몸으로 부술 수 있음)	구분3 (혀로 부술 수 있음)	구분4 (씹지 않아도 됨)	점도 조정 및 단백질 등 공급
씹는정도	딱딱하거나 큰 것은 약간 먹기 어려운 정도	딱딱하거나 큰 것은 먹기 어려운 정도	잘게 자르고 부드러우면 먹을 수 있는 정도	고형물은 작게 해도 먹기 어려운 정도	식품에 첨가해서 점도를 조정해 주는 보조제와 단백질, 에너지 등의 보조제 등이 포함됨
마시는 정도	보통 마시는 정도	종류에 따라 마시기 어려운 경우도 있는 정도	물이나 차를 마시기 어려운 경우도 있는 정도	물이나 차를 마시기 어려운 정도	
딱딱한 정도					
밥	밥~부드러운 밥	부드러운 밥~미음(죽)	미음(죽)	아주 부드러운 미음(죽)	-
생선	구운 생선	삶은 생선	약간 걸죽하게 삶은 생선	생선살코기를 채로 걸러낸 정도	-
고기	작게 자른 돼지고기 조림	햄버거 스튜	닭고기 소보로	닭고기 간 것	-
당근	삶은 당근	한입 크기의 삶은 당근	으깬 당근	당근 간 것	-
달걀	두껍게 구운 달걀	국물이 있을 정도의 일본식 계란말이	스크램블 에그	부드러운 일본식 계란찜	-
디저트	사과시럽조림	한입 크기의 사과시럽 조림	으깬 사과시럽 조림	부드러운 사과 젤리	-
물성(N/m²)/규격(mPa×s)					
경도 상한치	5×10⁵	5×10⁴	1×10⁴ (졸 형태) 2×10⁴ (겔 형태)	3×10³ (졸 형태) 5×10³ (겔 형태)	-
점도 하한치	-	-	1,500(졸 형태)		

* 출처 : 일본개호보험협회, Asahi-gf, 대신증권 Research&Strategy본부, 윕스 재가공

◎ 미국 산업 동향

☐ 미국은 정부 차원에서는 고령화가 초래할 가장 주요한 국가적 어려움을 고령화로 인한 건강 비용의 증가로 보고 건강 수명의 연장과 관련된 다양한 정책을 추진하고 있으며, 이에 따라 고령친화식품 산업도 성장세를 보이고 있음

☐ 3D프린팅 등 디지털 기술을 활용한 고령친화식품 개발도 활발히 이루어지고 있음
- 스마트폰을 사용해 원하는 레시피를 검색, 기계에 프로그래밍한 뒤 식품 캡슐에 신선한 재료를 채우면 음식이 인쇄되어 나오며, 음식 섭취가 불가능하거나 어려운 사람들에게 의료 분야의 치료 식품으로 사용될 수 있다는 평가를 받고 있음

☐ 미국은 다이어트에 대한 관심이 꾸준히 증가하고 있어 다양한 보조제와 식품 등이 개발돼 판매되고 있으며, 다이어트 비법도 다양하게 소개되고 있음

☐ 미국 언론 내 다이어트 홍보의 주요 키워드는 야채, 물, 과일 등이며, 천연 식재료 외에는 식이보조제가 가장 많이 언급되고 있음
- 보조제 종류를 살펴보면, 단백질과 케토 보조제가 가장 많으며, 케토 키워드는 매체에서 다이어트 식품으로도 많이 거론되고 있는데, 이는 미국 내 케토 다이어트 열풍과 관련이 있는 것으로 나타남
- 케토 다이어트는 신체의 주요 에너지원인 탄수화물을 지방으로 대체하는 식이요법으로, 저탄수화물, 고지방 식단을 핵심으로 함
- 다이어트와 관련해 차, 커피 키워드도 다수 빈출되고 있으며, 차 종류로는 녹차가 압도적이며, 커피 종류로는 블랙커피나 방탄 커피가 다수 언급되고 있고, 방탄 커피는 케토 다이어트의 일종으로 트리글리세리드 코코넛 오일, 버터 등이 들어간 고지방 커피이며, 주로 아침 식사 대체용으로 추천

[미국 다이어트 식품 관련 데이터 분석 결과]

	키워드(한국어)	키워드(영어)	키워드 빈도
언론 매체	야채	Vegetables	1,955
	물	Water	1,761
	보조제	Supplements	1,757
	과일	Fruit	1,734
	오일	Oil	1,401
커뮤니티 댓글	탄수화물	Carbs	851
	야채	Vegetables	663
	단백질	Protein	634
	물	Water	534
온라인 쇼핑몰 제품	캡슐	Capsules	617
	보조제	Supplement	431
	디톡스	Detox	348
	알약	Pills	338
다이어트 커피 제품	그린 커피	Green coffee	759
	추출물	Extract	318
	캡슐	Capsules	315
	정화	Cleanse	207

* 출처 : 식품음료신문(2019), 미국 다이어트 시장

- 다이어트 식품 산업 초기에는 잔티젠, 가르시니아, 판두라틴 등의 원료가 함유된 제품이 출시되었고, 이후 우유나 물에 타서 마실 수 있는 쉐이크 제품이나 근육을 만들기 위한 단백질 보충제, 고단백질의 식품 등의 제품이 인기를 끌었음

- 최근에는 과거의 원푸드 다이어트보다는 '디톡스'와 '저탄수화물 고지방 식이' 등의 방법을 선호하는 소비자가 늘어나면서 다이어트와 건강을 고려한 밸런스에 맞는 소재를 사용한 제품이 인기를 끌고 있음

- 과거와 달리 일정 시기를 대상으로 하는 다이어트가 아닌 지속적인 다이어트와 1인 가구를 중심으로 식사 대용식과 꾸준히 간편하게 할 수 있는 자연원료를 사용한 다이어트 건강식품 시장이 큰 폭으로 성장하는 추세임

◎ **중국 산업 동향**

- 중국 소비자들 역시 전 세계적인 트렌드에 발맞추어 건강, 식품위생 및 안전에 대한 관심이 높음. 이들은 기존 중국의 기름진 음식을 최대한 피하고, 건강식 섭취와 운동으로 건강을 지키려는 모습이 나타남

- 중국 정부는 영유아식품 시장의 품질 관리 강화를 위해 저품질 기업의 시장 퇴출, 기업 구조조정 등 지속해서 유관 정책을 제정·발표하여 강력한 시장개선 의지를 보이고 있음

- 중국의 영유아 식품의 분유품목 중 유기농 분유는 50%에 가까운 성장률을 보이며, 전체 영유아용품 시장의 발전을 이끌었으며, 중국인들의 소비능력 향상에 따라 더 좋은 품질의 영유아식품과 용품을 찾기 시작함

[중국 소비자 관심 영유아식품 구조]   [2017~2018년 중국 분유 오프라인 채널 총 매출액 증가율]

* 출처 : MobData, 닐슨, KOTRA(2019), 중국 영유아식품 시장 트렌드

◎ 국내 산업 동향

☐ 농림축산식품부와 해양수산부는 2021년 10월 '고령친화 우수식품'을 선정하여 소비자가 신뢰할 수 있는 좋은 품질의 다양한 고령친화식품을 육성·관리하는 한편, 기업들이 고령 친화 우수 식품을 지속적으로 개발하고 품질을 향상시킬 수 있도록 장려함

[2021년 고령친화 우수식품 선정 현황]

업체명	현대그린푸드	신세계푸드	하림산업	푸드머스
(브랜드명) 제품명	(더부드러운) 돼지고기장조림, 소고기장조림, 함박스테이크	(이지밸런스) 소불고기무스, 가자미구이무스	(연화식 부드러운) 쥐눈이콩조림, 소불고기, 간장제육볶음, 고추장제육볶음	풀스케어갈치무조림 한끼밀닭고기브로콜리 한끼밀대구두부 한끼밀쇠고기야채 한끼밀전복미역 한끼밀팥 한끼밀야채 한끼밀단호박 입마를땐촉촉한
업체명	서창산업	복지유니온	푸른가족	더비
(브랜드명) 제품명	(이로운죽) 소고기 닭고기	(연하도움식) 야채죽 소고기죽 황태죽	쇠고기야채미음 검은깨영양컵죽	한끼 뇌보식

* 출처 : 농림축산식품부(2021), 고령친화 우수식품 선정 현황, 윕스 재가공

☐ 식품의약품안전처는 2021년 12월부터 특수용도식품 식품이력추적관리 의무 대상을 매출액 1억 원 이상의 기업으로 확대할 예정임

- 1단계는 50억 원 이상(2019년 12월), 2단계는 10억 원 이상(2020년 12월), 3단계는 1억 원 이상(2021년 12월), 4단계는 의무화완료(2022년 12월) 등으로 진행되고 있으며, 올해 등록 확대 대상은 매출액 기준 1억 원 이상인 임산·수유부용식품, 특수의료용도 등 식품, 체중조절용 조제식품을 제조·수입하는 업체임

☐ 식품산업통계정보에 따르면 지난 2015년 680억 원 수준이었던 미음·퓨레·유아간식 등 간편 영유아식은 2020년 1700억 원(예상치)으로 2.5배 수준으로 성장함

- 저출산 시대가 이어지면서 분유, 우유 시장은 정체상태인 반면, 이유식(미음, 퓨레)나 유아 간식 등 간편 영유아식 시장은 성장

☐ 국내의 경우, 노인 특성별 맞춤형 식사 서비스 위한 정부의 제도적 지원이 필요한 상태

- 단기적으로는 고령친화산업진흥법 시행령에서 사용되는 고령친화식품의 용어 정의를 '노인의 건강을 유지하거나 개선하는 데 유용한 식품 및 건강기능식품, 급식서비스'로 개정해 고령친화식품산업법에 신설 필요
- 또, 장기요양보험법상 재가급여 대상자들이 식사·영양 서비스를 받을 수 있도록 재가급여 항목을 확대하며, 장기적으로는 비급여 대상으로 분류되어 있는 식사재료비를 비용 부담의 특례로 개선하는 것이 필요

나. 시장 분석

(1) 세계시장

☐ 세계 영·유아식품 시장 규모는 2019년 753억 8,400만 달러에서 연평균 5.6%로 성장하여 2025년 1,044억 3,800만 달러에 이를 전망임

☐ 세계 특수의료용식품 시장 규모는 2019년 193억 8,700만 달러에서 연평균 6.8%로 성장하여 2025년 287억 7,000만 달러에 이를 전망임

- 특수의료용식품은 처방식을 의미하며, 의사가 처방하거나 감독 하에 복용하는 식품으로 특정 질병 또는 폐 및 대사 장애와 같은 의학적 상태에 대한 식이 관리 또는 보조 요법을 위한 제품 범주임

[영유아 및 특수의료용식품 세계 시장규모 및 전망]

(단위 : 백만 달러, %)

구분	'19	'20	'21	'22	'23	'24	'25	CAGR
영·유아식*	75,384	79,591	84,032	88,722	93,673	98,900	104,438	5.6
특수의료용식품(처방식)**	19,387	20,705	22,113	23,617	25,223	26,938	28,770	6.8

* 출처 : statista(2019), Market value of infant nutrition worldwide in 2018 and 2024
** 출처 : MarketWatch(2020), Rx Medical Food Market, by Product Type, by Destribution Channel, and by Region-Size, Share, Outlook, and Opportunity Analysis, 2020-2027

☐ 세계 건강기능식품 시장은 2019년 1,777억 7,000만 달러 규모에서 연평균 5.26% 성장하여 2025년에는 2,418억 1,000만 달러 규모에 이를 것으로 예상됨

- 코로나-19 이후 면역개선 증진 원료에 대한 소비율이 높아지며 특수용도식품 관련 소재 개발이 가속화되고 있음

[세계 건강기능식품 시장 규모 및 전망]

(단위 : 십억 달러, %)

구분	'19	'20	'21	'22	'23	'24	'25	CAGR
세계시장	177.77	187.12	196.97	207.33	218.24	229.72	241.81	5.26

* 출처: Statista(2021), 웝스 재가공

(2) 국내시장

☐ 식품의약품안전처에 따르면, 특수용도식품 국내 판매액은 2019년 기준 3,924억 원으로, 연평균 5.53%로 성장하여 2025년에는 5,421억 원에 달할 것으로 전망됨

[특수용도식품 국내 판매액 현황]

(단위 : 억 원, %)

구분	'19	'20	'21	'22	'23	'24	'25	CAGR
국내 판매액	3,924	4,141	4,371	4,612	4,868	5,137	5,421	5.53

* 출처 : 식품의약품안전처(2020), 식품 및 식품첨가물 생산실적

☐ 국내 건강기능식품 시장의 규모는 2019년 4조 6,999억 원에서 연평균 20.9% 성장하여 2025년에는 10조 7,796억 원에 이를 전망이며, 2030년까지 25조원에 달할 것으로 전망

[국내 건강기능식품 시장 규모 및 전망]

(단위 : 억 원, %)

구분	'19	'20	'21	'22	'23	'24	'25	CAGR
국내시장	46,699	49,273	50,454	60,999	73,748	89,161	107,796	20.9

* 출처 : 한국건강기능식품협회(2021), 2021 건강기능식품 시장현황 및 소비자 실태 조사, ㈜윕스 재가공
* 2017년~2021년의 CAGR로 2022년 이후 규모 추정

3. 기술 개발 동향

□ 기술경쟁력
- 특수용도식품(케어푸드)은 미국이 최고기술국으로 평가되었으며, 우리나라는 최고기술국 대비 92.4%의 기술 수준을 보유하고 있으며, 최고기술국과의 기술격차는 1.3년으로 분석
- 중소기업의 기술경쟁력은 최고기술국 대비 77.6%, 기술격차는 2.0년으로 평가
- 미국(100.0%)＞한국(92.4%)＞EU(91.7%)＞일본(89.9%)＞중국(64.8%)의 순으로 평가

□ 기술수명주기(TCT)[20]
- 특수용도식품(케어푸드)은 7.46의 기술수명주기를 지닌 것으로 파악

가. 기술개발 이슈

◎ 영유아 식품

□ 영유아 식품을 구매하는 소비자들은 아이를 위해 영양 높은 다양한 상품을 요구하는 추세로, 과거 죽과 밥 종류의 이유식과 달리, 최근에는 유아용 국수와 덮밥, 스튜, 그라탕 등 새로운 형태의 영유아 식품이 출시되고 있음
- 미국의 Nurture Life는 '아기 식단' 키트를 아기와 토들러, 어린이로 구분하며 성장 과정에 맞는 식단을 제공
- 2018년 기준 일본 유아용 가공식품 시장 규모는 출산율 하락에도 불구하고 2017년 대비 약 8% 이상의 높은 성장률을 기록
- 조리가 편리한 레토르트 계열 식품이 시장 성장을 주도했으며, 다양한 종류의 레토르트 식품 중 유아용 면 요리가 주목
- 일본 소비자는 유아용 면 요리의 안정성을 중요시하기 때문에 수출 시 적당한 국수 길이와 섭취할 수 있는 개월 수 표시 등 제품의 안전성 강조 필요
- 이처럼 '간편함', '건강', '새로움' 등이 강조되는 추세로, 한국 기업도 한국산 농/식품을 활용한 '유기농 쌀 과자', '한국산 배를 첨가한 유아식' 등과 같은 영유아 식품을 개발 필요

□ 유기농, 고품질, 안전한 원재료 사용 제품 선호
- 최근에는 유기농(Organic)으로 만든 제품이 고가임에도 수요가 증가하고 있는 추세이며, 소비자 니즈에 따라 슈퍼푸드를 첨가한 영양 강화 제품, 고품질·안전한 원재료 사용 제품 등이 출시

---

20) 기술수명주기(TCT, Technical Cycle Time): 특허 출원연도와 인용한 특허들의 출원연도 차이의 중앙값을 통해 기술 변화속도 및 기술의 경제적 수명을 예측

전략제품 현황분석

☐ 사용의 편리성을 강조한 이유식 제품

- 편리한 제품을 원하는 소비자의 니즈를 만족시키기 위해 이유식을 준비하는 시간을 절약하고, 외출 시에도 편하게 들고 나갈 수 있는 이유식 제품들이 다수 출시

- 기존 캔에 들어있는 가루 이유식을 1회용 스틱에 포장한 제품이나 물을 부어 3분 이상 지난 후 죽이 되면 섭취하는 즉석조리식품 유형의 제품들이 출시

- 퓌레 형태의 이유식의 경우 가볍고 섭취 후 편리하게 버릴 수 있는 플라스틱 용기로 변화하고 있음. 배달 이유식의 경우에도 위에 덮인 포장 용기를 뜯으면 바로 이유식을 먹일 수 있는 포장 형태로 배달

☐ 영유아용 간식/반찬 제품 출시

- 다양한 음식의 맛과 촉감에 익숙해질 수 있는 영유아용 간식 등이 다수 출시되고 있으며, 가공기술도 발전하여 다양한 식품유형의 영유아식품이 출시

- 영유아용 과자는 유기농 인증을 받은 곡물과자가 다수 유통되고 있으며, 대형 이유식 업체의 OEM 제품이 다수를 차지

- 영유아용 음료는 아이가 직접 쥐고 먹을 수 있는 파우치 형태의 과채주스가 다수 유통되고 있음. 영유아용 티백차들도 시중에 나와 있으며, 대부분 유기농인증을 받은 제품임. OEM 제품이 다수를 차지

- 치즈, 건과일, 국수, 요거트 등 다양한 종류의 영유아용 간식이 유통

- 유아용 반찬이 일부 출시되어 유통되고 있으며, 유아용 반찬은 성인용 보다 나트륨 함량을 적게 한 특성을 보임

☐ 슈퍼 푸드, 유기농 식재료를 이용한 프리미엄 이유식 제품 출시

- 슈퍼푸드란 열량과 지방함량이 낮고 비타민, 무기질, 항산화 영양소, 섬유소 등의 영양소를 다량 함유한 식품들을 말함. 특히 고단백질에 글루텐프리 식품으로 알려진 퀴노아, 아마란스 등의 슈퍼 곡물이 이유식 재료로 인기

- 슈퍼푸드는 식품학적으로 정의된 것이 아니며, 영양학적인 면에서 몸에 좋은 식재료를 추천하는 과정 중에 학자와 언론에서 편의상 만들어낸 용어임. 제조업체들은 이를 바탕으로 제품을 생산하고 슈퍼푸드 용어를 활용하여 마케팅 활동 중

  - 매일유업의 맘마밀 요미요미 슈퍼푸드 밀크, 일동후디스의 슈퍼 푸드 뉴트리셀프 키즈밀, 풀무원 베이비밀의 퀴노아, 렌즈콩 등 슈퍼푸드를 재료로 한 스텝업 완료기 이유식

- 유기농 재료를 사용한 영유아식이 다수 출시되고 있음. 유기가공식품 인증을 받은 제품들은 일반 식재료를 사용한 제품보다 높은 가격대를 형성하고 있으나 영유아에게 안전한 식품을 먹이고 싶어 하는 소비자들에게 좋은 반응을 얻고 있음

- 2014년 1월1일부터 20개의 인증기관으로부터 인증을 받아야만 '유기(농)', 'organic', 'bio' 등의 표시를 할 수 있는 유기가공식품 인증제가 시행

☐ 다양한 기능의 이유식 마스터기 출시
- 아이에게 이유식을 직접 만들어 먹이고 싶으나 조리과정을 간편하게 하고자 하는 소비자들의 니즈를 충족하기 위해 이유식 마스터기의 기능이 점점 다양화
- 한 개의 마스터기에 익힘(스팀)기능과 분쇄 기능이 함께 있는 것이 기본이며, 분쇄의 정도를 조절할 수 있어 초기, 중기, 후기, 완료기 등 이유식의 과정에 맞게 조리할 수 있음. 또한 최근 출시된 제품에는 믹싱, 블렌딩, 끓이면서 저어주는 멀티 쿠킹 기능 등 다양한 기능을 갖춘 이유식 마스터기도 등장

◎ **노인용 건강관리 식품**

☐ 65세 이상 질병분류별 연령별 급여현황을 보면 치매, 고혈압, 관절증, 뇌경색, 당뇨병 순으로 높은 내원일수를 기록하여 이 질병들이 대표적인 노인성질환로 볼 수 있음

☐ 3D 프린터로 만든 고령친화식품은 기존 퓨레 식품보다 더 많은 영양을 유지할 수 있으며 비타민 및 미네랄 등 추가 영양소를 얻을 수 있음
- 전 세계적으로 3D프린팅, ICT 및 생명공학을 활용한 개인 맞춤형 미래식품기술이 고부가가치 융복합 기술로 주목받고 있으며, 3D 프린터를 이용 시 기호성 높은 조직감과 미각을 구현해 내고 개인 맞춤형 제조가 가능함
- 고령친화식품의 적합한 연화 정도, 경도, 형태에 따른 소재화 기술 개발이 필요함

◎ **체중조절(다이어트)식품**

☐ 체중조절용 조제식품은 '식품공전'에 의해 정의됨. 다이어트 건강기능식품은 '건강기능식품공전'에 별도로 정의된 표현은 아니며 건강기능식품 중 체지방감소에 도움이 되는 식품을 일반적으로 의미
- 체중조절용 조제식품은 체중의 감소 또는 증가가 필요한 사람을 위해 식사의 일부 또는 전부를 대신할 수 있도록 필요한 영양성분을 가감하여 조제된 식품을 의미함

☐ 최근 경제적인 발달로 편리해진 생활방식의 변화와 함께 비만, 당뇨, 암, 고혈압, 고지혈증과 관상동맥질환 같은 성인병이 증가하고 있음
- 세계보건기구(World Health Organization; WHO)에서 '21세기 신종 전염병'으로 비만을 지목할 만큼 세계인의 건강을 위협하는 심각한 문제가 될 것이라 예측

☐ 건강기능식품 중 체지방감소에 도움이 되는 식품의 정의 및 기준
- 기능성 원료는 건강기능식품의 제조에 사용되는 기능성을 가진 물질로서 동물·식물·미생물 기원의 원재료를 그대로 가공한 것이거나 이의 추출물·정제물, 정제물의 합성물, 복합물이 해당
- 기능성 원료의 범위는 건강기능식품공전에 총 60가지가 제시되어 있으며, 이중 '체지방 감소'에 도움이 되는 식품은 고시형 원료 기준 녹차 추출물, 공액리놀레산, 가르시니아캄보지아 추출물, 키토산/키토올리고당이 해당

□ 체중조절식품 주요 제품

- 체중조절용 조제식품은 일반적으로 분말형 쉐이크 형태가 가장 많으며, 최근에는 국수, 과자, 시리얼 등 다양한 형태로 확대

- 건강기능식품 중 가르시니아 캄보지아 추출물, 녹차 추출물 등이 들어간 체지방 감소에 도움이 되는 제품은 알약타입이 가장 많으며, 가루나 액상타입도 일부 존재

- 기타 식품은 체중조절에 대한 별도의 제조 기준을 적용받지는 않았으나, 칼로리를 낮추거나 체중조절에 도움이 되는 성분 등을 일부 추가하며 체중조절 식품으로 인식

□ 체중조절 식품 제형의 다양화

- 20-30대의 건강기능식품에 대한 관심 증가로 기존 정제, 캡슐 등의 의약품과 같은 제형에서 젤리, 젤 등과 같은 일반식품과 같은 섭취하기 용이한 제형으로의 확대됨에 따라 다양한 제형화, 서방형 등과 같은 제형 관련 기술 개발 필요성 증대

- 정상인부터 노인, 유아, 환자 등 취약계층의 질환예방 소재화를 위한 Rheology 기술, 액상 및 고형제품에의 접목을 위한 유용성분의 안정화 및 기호도 분석 기술이 필요함

- 일반적인 다이어트 식품은 식욕을 억제하는 다이어트 기능성 식품을 떠올리기 쉽지만, 먹으면서 다이어트 하는 시대가 도래 하면서 최근에는 '어떻게 먹을 것인가'에 초점을 맞춘 제품들이 인기를 누리고 있어 대표적으로 다이어트 도시락이 있음

□ 맛과 영양은 유지한 저칼로리, 저지방 제품의 확산

- '다이어트 음식은 맛이 없다'는 고정관념을 깬 제품들이 등장해 눈길을 끌고 있으며, 식품업계들은 칼로리와 염도는 낮지만 맛과 영양은 높은 체중조절식품들을 선보이고 있음

- 최근에는 미식에 대한 관심이 높아지며 '먹는 즐거움'을 놓치지 않으면서 건강한 다이어트를 원하는 사람이 증가하는 추세로, 이에 무작정 굶는 것이 아니라, 평상시처럼 식사를 하면서 일상 속에서 간편하고 건강하게 다이어트를 할 수 있는 제품들이 인기

◎ 임신·수유부 식품

□ 임산·수유부용식품은 임신과 출산, 수유로 인하여 일반인과 다른 영양요구량을 가진 임산부 및 수유부의 식사 일부 또는 전부를 대신할 목적으로 제조·가공한 것을 의미함

□ 최근 여성들은 건강한 식생활을 영위하는 데 어려움을 겪고 있으며 건강과 영양을 위해 음식을 섭취하기 보다는 바쁜 일상이나 체중감량을 이유로 식사를 거르는 일이 많아지고 있음. 그러나 태어날 아이들에게 건강한 삶을 제공해 주기 위해서는 여성들의 임신기간 동안 균형 있는 영양섭취가 필요하기 때문에 많은 여성들이 임신기간 동안 영양성분 및 건강에 대해 관심을 가지게 됨

- 임신 기간에는 에너지와 영양소 요구량이 증가되는데 모체빈혈이 태아발육에 부정적인 영향을 끼칠 수 있기 때문에 철을 보충하여 빈혈을 예방하는 것이 중요

특수용도식품(케어푸드)

나. 생태계 기술 동향

(1) 해외 플레이어 동향

☐ 세계 주요 영유아식 제조업체는 NESTLE(세계시장 점유율 36.4%)와 하인즈(15.4%)이며, 영유아식 시장은 유럽 제조업체들이 강세를 보이고 있음. 글로벌 식품 기업의 하위 제품군으로 영유아식(baby-foods)을 생산하고 있는 경우가 많음

☐ 네슬레

- 네슬레(NESTLE)는 세계적인 영유아식 제조회사로 Cerelac, Gerber 등의 주요 브랜드를 보유하고 있음

- 소화 흡수력이 약한 아기들의 소화를 돕는 맞춤형 단백질, 프로바이오틱을 배합한 제품, 닭고기와 당근가루를 배합한 스튜 제품 등을 세계 각국에 판매 중이며, 차요테(중국 호박)등의 지역 특화된 제품 라인업 출시

- 식물성 원료 기반의 비건 제품과 뜨거운 물을 부어 간편하게 제조할 수 있는 HMR 형태의 제품 출시가 증가하고 있음

[Nestle 영유아식 제품]

브랜드 및 제품명	특징
Cerelac wheat apple	• 생후 6개월~12개월 영유아를 위한 제품으로, 영유아 철분 일일 섭취량의 75%를 제공 가능 • 씨리얼 형태 제품으로, 뜨거운 물을 부어 간편하게 제조 가능 • 비타민과 미네랄을 포함한 19가지 중요한 영양소의 공급원
Gerber 3rd food	• 사과, 당근, 바나나 등의 과일/채소 퓨레를 영유아가 섭취하기 용이하게 제공하는 제품 • 실온 상태 혹은 전자레인지에 데워서 영유아에게 제공 가능
Gerber Teethers	• 단단한 음식물을 먹기 시작하고 새로운 질감의 음식을 먹기 시작한 아이를 대상으로 한 제품으로, 이가 나기 시작하는 잇몸 및 치아 발육에 도움이 됨 • 딸기, 사과, 시금치를 원료로 한 제품으로, 으깨먹기 쉬우며 손가락으로 잡기 용이한 형태로 되어있음 • 인공 향료 및 글루텐 무함유 제품임
Gerber Puffs	• 6가지 필수 비타민 및 미네랄 함유 • 기어다니기 시작하는 아기의 시리얼 간식 제품으로, 입에서 바로 녹으며 집어올리기 좋은 크기로 되어있음 • 천연 향미료로 자연적인 맛을 구현했으며, 유전자 변형 성분을 함유하지 않음

*출처 : Nestle

전략제품 현황분석

☐ 크래프트 하인즈

- 크래프트 하인즈는 세계 식료품 점유율 5위 기업으로, 간편한 조리 및 섭취가 가능하며 천연 재료를 사용한 영유아식 제품을 판매하고 있음

[크래프트 하인즈 영유아식 제품]

브랜드 및 제품명	특징
Simply	· 4개월 이상 영유아를 대상으로 하는 제품으로, 영유아가 직접 들고 먹을 수 있도록 패키지를 구성함 · 배, 바나나, 사과를 혼합한 제품, 사과, 복숭아, 망고를 혼합한 제품 등의 다양한 혼합 제품 존재
Heinz by nature	· 12개월 이상 영유아를 대상으로 하는 스파게티, 코티지 파이 등의 제품으로, 식사를 처음 시작하는 영유아가 새로운 맛과 질감을 탐구할 수 있도록 함 · 천연 재료만 사용하며, 인공 향, 색소 또는 방부제가 첨가되지 않음 · 전자레인지 사용 가능 트레이에 제공되어 간편한 조리 가능
Heinz Let's Cook	· 10개월 이상의 영유아를 대상으로 하는 동물 모양으로 제작된 파스타 제품 · 부드러운 밀가루를 사용하여 영유아의 치아에 적합함 · 9분 내에 간편 조리가 가능한 Ready-To-Eat 제품

*출처 : Heinz

☐ 래퍼티스 가든

- 래퍼티스 가든은 호주 유아식 시장점유율 1위 기업으로, 신선한 과일과 야채를 원료로 하는 퓨레 및 스낵바 제품을 판매 중임
- 당 사의 제품으로 이유식 파우치를 구매하여 제조할 수 있는 레시피를 제공하고 있음

[래퍼티스 가든 영유아식 제품]

브랜드 및 제품명	특징
calci fruit	· 4개월 이상의 영유아를 대상으로 한 천연 재료 기반 퓨레 제품 · 4~8개월 영유아 대상 제품은 이유식 파우치 형태이며, 10개월 이상의 영유아 대상 제품의 경우 스푼으로 떠먹는 형태임 · 사과, 바나나, 복숭아를 혼합한 제품, 바나나, 배, 망고를 혼합한 제품 등의 다양한 혼합 제품 존재
fruit snack bar	· 12개월 이상의 영유아 대상 스낵바 제품으로, 부드럽고 씹기 좋은 질감이며 영유아의 작은 손에 적합한 크기로 제작됨 · 음식을 들고 씹는 연습을 하는 데 도움이 됨 · 사과, 바나나, 고구마 등 다양한 제품군 존재 · 인공색소 및 인공 향료 무첨가

*출처 : Raffertys Garden

- 일본야쿠르트
  - 일본 야쿠르트는 시니어 고객을 타겟으로 야쿠르트 골드 유산균 음료를 출시

- 메이지유업
  - 일본의 메이지유업은 우유에 넣어 마시는 분말 종류를 커피, 딸기 등의 맛으로 나눠 시니어가 마시기 용이한 전용 상품을 개발하고 있음

- 산토리식품
  - 일본의 산토리식품인터내셔널의 녹차음료인 '이에몽 특차'가 300억 엔 매출에 이르는 히트를 쳤고 커피음료인 '보스그린' 등의 발매 등 시장을 확대
  - 혈압 분야에서는 산토리식품인터내셔널의 차계음료 '고마무기차'가 매출 신장에 기여

- 아사히식품
  - 일본의 아사히식품은 혈당치와 체지방, 중성지방을 개선할 수 있는 '식사와 함께 16차 W'를 출시하여 매출에 공헌

- 몬데리즈재팬
  - 일본의 몬데리즈재팬은 특정보건용식품인 츄잉껌 시장의 축소 현상을 회복했고 구강 케어 관련 특정보건용식품 개발에 주력

- 바이오메이트
  - 칭다오 바이오메이트(Biomate) 식품 유한회사는 주로 영유아 보조식품을 연구 개발하고 있으며 생산, 판매, 서비스까지 제공하는 회사로, 영유아 보조식품과 관련하여 지속적인 성장세를 보일 전망

(2) 국내 플레이어 동향

- ☐ 고령사회로 진입하면서 케어푸드에 대한 관심이 높아지고 있으며, 이에 발맞춰 식품시장을 리드하는 기업들의 발걸음도 빨라지고 있음
  - 건강과 다이어트, 친환경 라이프스타일로 식물성 식품을 선택하는 소비자가 늘면서, 식물기반 식품시장이 커지고 있으며, 대상은 식물성 단백질이 60% 이상 들어있고, 미네랄과 베타글루칸 등이 풍부한 황금클로렐라를 개발

- ☐ 매일유업
  - 2018년 '사코페니아' 연구소를 출범하고 시니어 사업에 진출함. 노년층에서 자주 나타나는 사코페니아는 팔과 다리 등을 구성하는 골격근이 정상보다 크게 줄어드는 근감소증을 의미

- ☐ 한국야쿠르트
  - 케어푸드 브랜드 '잇츠온 케어(eats on care)'를 론칭하고 케어푸드 시장 공략 중
  - 잇츠온 케어는 생애주기별 맞춤형 건강케어 브랜드로, 한국야쿠르트는 이를 중장기 육성 브랜드로 정하고 당뇨 환자식, 건강 유지용 일반식, HMR 연화식 등 다양한 제품 라인업을 선보일 계획.
  - 이번에 선보이는 제품은 '잇츠온 케어온 검은깨&콩'으로, 이 제품은 환자용 균형영양식으로 검은깨와 검은콩을 포함해 총 22가지 곡물이 함유
  - 여기에 비타민 12종을 비롯한 마그네슘, 아연, 칼슘 등 미네랄 12종을 더해 필요한 영양성분을 꼼꼼히 채울 수 있으며, 영양 흡수 및 소화 속도 등을 고려해 동·식물성 3가지 단백질 카제인, 유청, 대두 단백질을 다양하게 넣어 설계한 것도 특징
  - 한국야쿠르트 디지털마케팅 부문장은 "잇츠온 케어온은 수술 후 균형잡힌 영양 보충이 필요한 환자나 식욕, 저작 기능 저하로 일반 음식물 섭취가 어려운 환자를 주요 고객층으로 고려해 만들었다"며 "앞으로도 다양한 케어제품을 개발해 고객의 건강한 삶에 기여하는 브랜드로 입지를 다져나갈 계획"

- ☐ 현대그린푸드
  - 케어푸드 전문 브랜드 '그리팅'을 론칭함. 그리팅은 일반적인 한 끼 식사보다 저당식이나 칼로리 밸런스식을 원하는 소비자들이 음식을 먹으면서도 일상생활에 필요한 영양을 섭취할 수 있도록 설계된 맞춤형 건강식단 브랜드로, 단 별로 당분 또는 염분을 조절하면서도 시중 음식 맛을 유지한 것이 특징
  - 2017년 연화식(軟化食) 전문 브랜드 '그리팅소프트'를 출시. 연화식은 잘 씹히도록 하는 데 초점을 맞춘 식품으로, 부드러운 스테이크, 뼈째로 먹을 수 있는 생선 등이 소비자들로부터 반응이 좋음

- ☐ 신세계푸드
  - 신세계푸드는 케어푸드 중에서도 인두, 식도 근육이 약해져 연하(음식을 삼키는 행위)가 곤란한 경우 이를 돕는 연하식에 초점
  - 국내 고령인구의 증가가 가속화됨에 따라 소량팩 또는 가정간편식 형태의 연하식을 제공할 경우 향후 케어푸드 시장에서 승산이 있을 것으로 판단, 시장 공략에 적극적

- 케어푸드 전문 브랜드 '이지밸런스'를 론칭하고, 신규 개발한 연하식 5종을 선보였으며, 특허청에 자체 개발한 연하식 및 영양식 제조 기술에 관련된 특허 4건도 출원
- 이지밸런스 '소불고기 무스', '닭고기 무스', '가자미구이 무스', '동파육 무스', '애호박볶음 무스' 등 5종은 음식 본연의 맛을 살리면서도 쉽게 삼키거나 혀로 가볍게 으깰 수 있을 정도로 경도, 점도 등을 조절했으며, 별도의 조리과정 없이 용기째 중탕 또는 콤비오븐에서 가열 후 섭취 가능
- 신세계푸드는 이지밸런스 연하식 5종 외에 추가로 제품을 개발해 요양원, 대형병원 등 B2B(기업간 거래) 시장을 공략한 후 향후 B2C(기업과 소비자간 거래) 시장까지 확대한다는 방침

☐ 롯데푸드

- 롯데푸드는 2020년 6월 케어푸드연구회와 '파스퇴르 케어푸드' 공동 연구 및 개발협약을 맺고 케어푸드 사업을 론칭하여 성인용 단백질 강화 영양식 '닥터액티브'를 출시
- '닥터액티브'는 단백질과 마그네슘, 망간, 아연 등 식품의약품안전처에서 인정한 9가지 기능 성분으로 구성해 신경·근육 기능 유지와 면역기능 강화에 도움을 주며, 1일 섭취량인 3스푼(36g) 섭취 시 비타민A, 비타민E, 비타민B1, 비타민B6의 1일 영양성분기준치의 100%, 단백질과 마그네슘의 30% 이상을 충족

☐ CJ프레쉬웨이

- CJ프레시웨이는 상암동 본사에서 시니어 요양 전문기업 비지팅엔젤스코리아와 케어푸드 시장 공략을 위한 '홈케어&케어푸드' 업무협약을 체결
- 2007년 설립된 비지팅엔젤스코리아는 지난해 기준 전국 131개 지점에 6780명의 고객을 보유하고 있는 시니어 케어 전문기업으로, 양사는 업무협약을 계기로 시니어 전용 간식과 식사 등을 담은 '엔젤키트' 개발 진행
- CJ프레시웨이는 자사의 전국 유통망을 바탕으로 확보한 신선한 식재료로 상품을 제작하고 비지팅엔젤스코리아는 관리 중인 고객에게 엔젤키트를 제공
- 또한 CJ프레시웨이와 비지팅엔젤스코리아는 CJ프레시웨이의 케어 전문 브랜드 '헬씨누리'로 노년층을 위한 연화식·저염식·고단백 식품을 개발하고 있으며 올해 안에 제품을 출시할 계획

☐ 풀무원푸드머스

- 풀무원 계열 식자재 유통기업 풀무원푸드머스는 지난 10일 시니어 케어 전문 기업인 아리아케어 코리아와 시니어 푸드케어를 활성화하기 위한 업무협약(MOU)을 체결함. 아리아케어 코리아는 3000여 명의 요양보호사를 보유한 시니어 케어 전문 기업
- 이번 협약을 통해 양사는 노인장기요양보험 수급자를 대상으로 케어푸드 꾸러미를 제공하는 시범 사업을 실시할 예정이며, 특히 아리아케어 코리아의 방문요양보호사들이 노인들의 질병 등을 고려해 맞춤형 식단을 제공할 계획

☐ 아워홈

- 2018년 6월 프리미엄 B2B 식재 브랜드 '행복한맛남 케어플러스'를 출시
- 효소활용 연화육 제품 '행복한맛남 케어플러스'는 소고기 1종 및 돼지고기 3종 총 4종으로, 제품은 모두 1kg 용량으로 출시되어 실버타운, 요양·복지시설 등에서 판매하기 시작

다. 국내 연구개발 기관 및 동향

(1) 연구개발 기관

[특수용도식품(케어푸드) 주요 연구조직 현황]

기관	소속	연구분야
국립농업과학원	유해생물팀	• 고령친화형 유가공 케어푸드
광주과학기술원	생명과학부	• 국내산 고삼을 이용한 배뇨기능 개선 기능성 제품
한국식품연구원	가공공정연구단	• 프리미엄 영유아 제품
단국대학교	약학과	• 인지기능에 도움이 되는 소재 개발 및 이를 활용한 고령친화식품

(2) 기관 기술개발 동향

☐ 국립농업과학원
- ■ 한국연구재단, 창의도전연구기반지원 프로젝트(2020~2023)
  - 노인성 소화질환을 개선하기 위한 고령친화형 프로바이오틱스를 분리한 고령맞춤형 유가공 케어푸드 적용기술 등

☐ 광주과학기술원
- ■ 농림식품기술기획평가원, 생명자원 부가가치제고기술 프로젝트(2017~2021)
  - 국내산 고삼 유래 천연 화합물인 쿠라리논의 추출 및 정제방법의 최적화를 통한 식품용 원료 개발 등

☐ 한국식품연구원
- ■ 농림식품기술기획평가원, 신시장개척 프로젝트(2019~2022)
  - 베트남 맞춤형 쌀 기반 프리미엄 영유아 제품 및 베트남 현지 환경에 적합한 포장 디자인 및 기술 개발 등

☐ 단국대학교
- ■ 농림식품기술기획평가원, 맞춤형 혁신식품 개발(2019~2021)
  - 소엽추출물을 이용한 인지기능 개선에 도움이 되는 기능성 원료 1종 개발 및 이를 활용한 고령친화식품 2종 개발

◎ 국내 특수용도식품(케어푸드) 관련 선행연구 사례

[국내 선행연구(정부/민간)]

수행기관	연구명(과제명)	연도	주요내용 및 성과
경성대학교	노화(근위축 및 인지저하)개선 케어푸드 기능성 소재 탐색- 식용곤충 동충하초 유래 아데노신 유사체, Codycepi	2021 ~ 2022	• In vitro에서 Adenosine analogues의 근세포 및 neurotoxicity 보호 효과 확인 • 기억력 손상 동물모델에서 Adenosine analogues의 근위축 및 인지저하 개선 효과의 분자생물학적 분석
(주)유스케어팜	퇴행성 혈관벽 노화 방지용 기능성 원료 발굴 및 복용 섭취가 간편한 케어푸드 2종의 개발	2021 ~ 2021	• 천연 복합 특허 소재인 단삼 및 작약 추출물을 이용한 혈관벽 세포의 기능 보호 효과가 있는 간편 섭취가 가능한 케어푸드 2종의 개발 • 연하 곤란 또는 수분 섭취 힘든 경우 등 섭취가 간편한 구강 내 붕해정 형태 • 부드럽게 씹히고 먹는 즐거움이 가미된 간식 대용의 스틱 젤리 형태
고려대학교	지역농산물 활용 3D프린터용 케어푸드 HMR 소재화 기술 개발	2020 ~ 2020	• 단백질 원료 스크리닝 및 조직화(texturization) 매커니즘 분류 • 단백질 원료 소재별 소재화 가공적성 분석 및 선정 • 소재원물 가공조건에 따른 원료 함입 임계점 분석 등 케어푸드 소재의 영양밀도 고도화
국립농업과학원	장건강 프로바이오틱스 기반의 고령친화형 유가공 케어푸드 개발	2020 ~ 2023	• 전통 발효식품 및 인체유래의 후보 고령친화형 프로바이오틱스 균주 분리 • 스마트 애니멀 모델 이용한 소화개선 및 면역증진 활성 검토 • 동물 모델 이용한 소화개선 및 면역증진 활성 검증 및 기능성 유가공품 적용
리앤씨바이오	체내 흡수율 90%이상의 500Da급 식물성 콜라겐 펩타이드 및 이를 적용한 건강기능식품 및 기능성화장품 소재 개발	2020 ~ 2022	• 체내 흡수율 90%이상의 500Da급 식물성 콜라겐 펩타이드 및 이를 적용한 건강기능식품 및 기능성화장품 소재 개발
(주)팜스빌	김치유래 유산균을 활용한 '체지방 감소'에 도움을 주는 개별인정형 건강기능식품 제품 개발	2020 ~ 2022	• 동물실험을 통해 ATDIET-WCFA19(Weissella confusa WIKIM51)의 항비만 기능성을 확인
㈜천연스토리	농산물을 이용한 저체중 및 근손실 개선 고령친화형 영양쉐이크 개발	2020 ~ 2021	• 저체중 및 근손실 개선 효과를 나타내는 복합 건강기능성 식품을 개발 • 원료 선별 및 생산(분석과정, 제품 공정개발과정, 원가분석과정, 품질관리 과정)) 제작공정 확립
한국식품연구원	베트남 맞춤형 쌀기반 프리미엄 영유아 제품 개발	2019 ~ 2022	• 베트남 현지 수요와 환경에 적합한 영유아식 쌀가공 제품 • 현지 환경에 적합한 포장 디자인 및 기술
단국대학교 산학협력단	소엽추출물을 이용한 인지기능에 도움이 되는 소재 개발 및 이를 활용한 고령친화식품 개발	2019 ~ 2021	• 소엽 추출물 소재를 활용한 다양한 고령친화 식품 및 음료 개발 및 수출 맞춤형 인지기능개선 식품 개발

4. 특허 동향

가. 특허동향 분석

(1) 연도별 출원동향

☐ 특수용도식품(케어푸드) 기술의 지난 20년(2000년~2019년)간 출원동향[21]을 살펴보면 증감을 반복하며 매년 300건 내외의 특허가 출원되고 있음

☐ 국가별 출원비중을 살펴보면 한국이 전체의 45%의 출원 비중을 차지하고 있어, 해당 분야의 최다 출원국으로 나타났으며, 미국, 일본, 유럽의 점유율은 각각 24%, 17%, 14% 순으로 나타남

- 한국의 경우 '건강 기능성 식품'의 카테고리가 존재하여 기능성 성분 및 제품화 관련 특허 출원이 활발하기 때문에 최다출원국으로 나타난 것으로 분석됨

[연도별 출원동향]

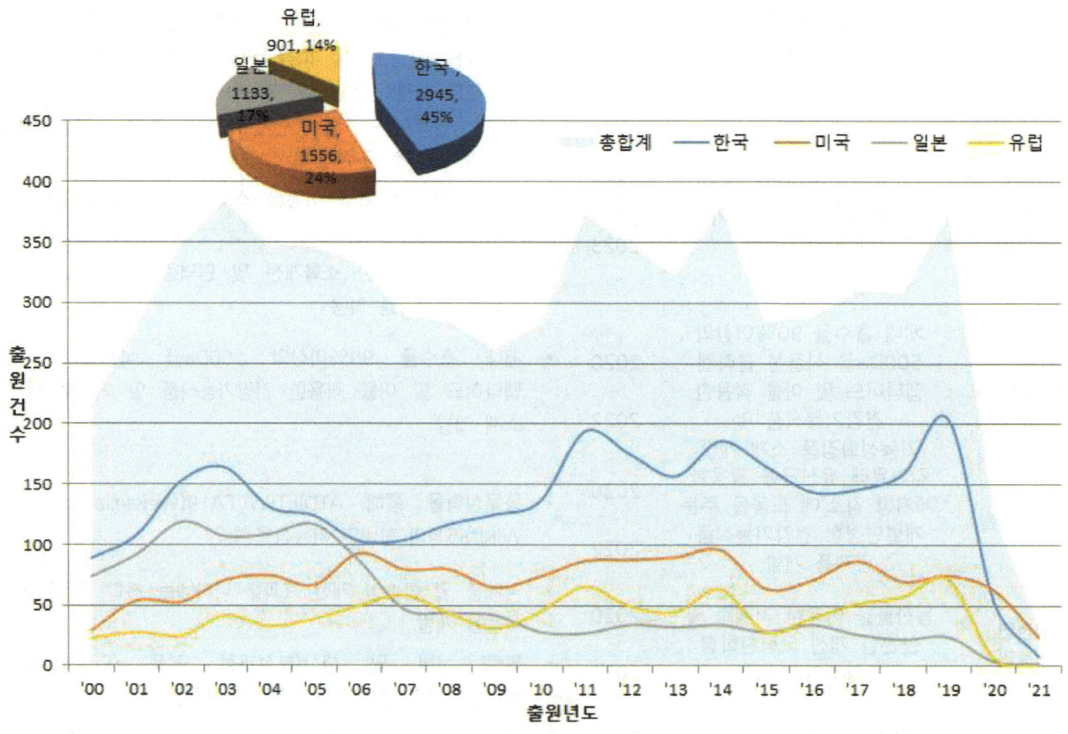

---

21) 특허출원 후 1년 6개월이 경과하여야 공개되는 특허제도의 특성상 실제 출원이 이루어졌으나 아직 공개되지 않은 미공개데이터가 존재하여 2020, 2021년 데이터가 적게 나타나는 것에 대하여 유의해야 함

(2) 국가별 내·외국인 출원현황

☐ 한국의 경우, 내국인의 출원 비중이 더 높은 것으로 나타났으며, 2000년대 중반에 내국인의 출원 건수가 일시적으로 감소함

☐ 미국의 경우, 외국인의 출원 비중이 더 높은 것으로 나타났으며, 외국인에 의한 출원건수는 대체로 일정하게 유지되고 있음

☐ 일본의 경우, 내국인의 출원 비중이 더 높은 것으로 나타났으며, 2000년대 초반에 내국인의 출원이 집중되어 있으며, 최근에는 출원이 거의 이루어지지 않음

☐ 유럽의 경우, 외국인(비유럽인)의 출원 비중이 더 높은 것으로 나타났으며, 2016년 이후 최근까지 외국인(비유럽인)의 출원이 증가 추세에 있음

[국가별 출원현황]

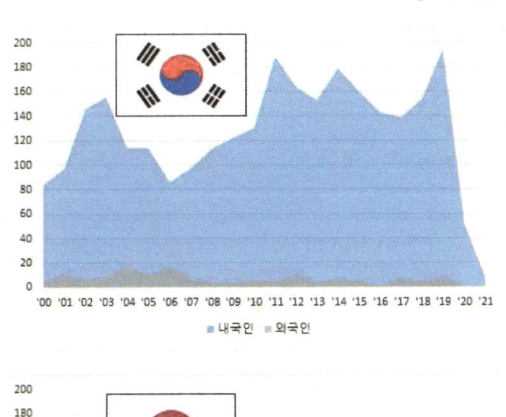
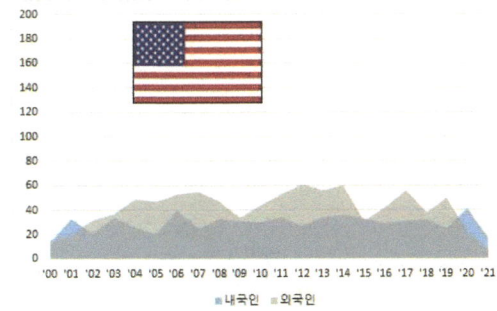
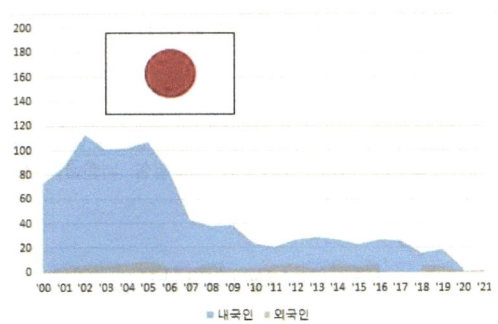
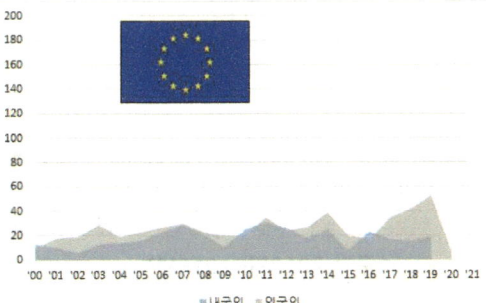

나. 주요 기술 키워드 분석

(1) 기술개발 동향 변화 분석

☐ 특수용도식품(케어푸드) 기술에 대한 구간별 기술 키워드 분석을 진행하였으며, Functional Food, Infant Formula, Pharmaceutical Composition, 당뇨병 예방, 혈전증 예방, 혈행 개선 등 약학적 조성물, 영유아용 식품, 질병 예방 관련 키워드가 다수 도출됨

- 최근 분석구간에 대한 기술 키워드 분석 결과, 최근 1구간(2013년~2016년)에서는 Pharmaceutical Composition, 건강기능식품, Infant Formula, Protein Component, 상시 복용 등의 키워드가 도출됨
- 최근 2구간(2017년~2021년)에서는 Pharmaceutical Composition, 건강기능식품 등 최근 1구간의 주요키워드와 유사한 키워드가 도출되었으며, 혈행 개선, 용혈활성, 허혈성 뇌졸중 등 혈관 질환과 관련된 키워드의 비중이 높게 나타남

[특허 키워드 변화로 본 기술개발 동향 변화]

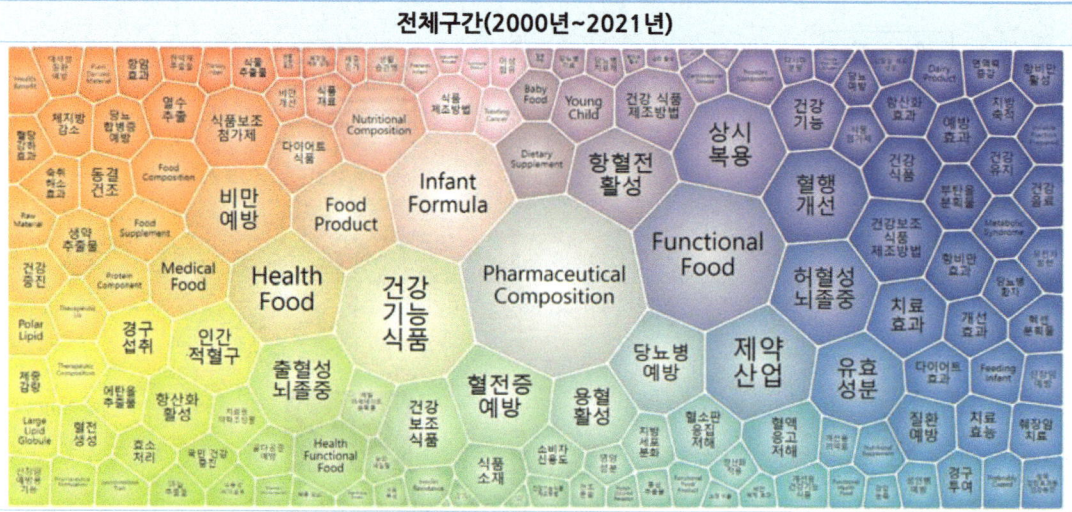

- Pharmaceutical Composition, Functional Food, 당뇨병 예방, 혈전증 예방, 혈행 개선, 출혈성 뇌졸중, 비만 예방, Infant Formula, 건강 보조 식품, 식품 소재, Young Child, Baby Food

1구간(2013년~2016년)	2구간(2017년~2021년)
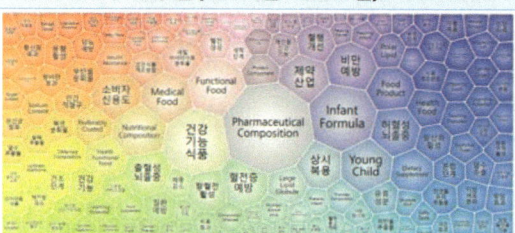	
▪ Pharmaceutical Composition, 건강기능식품, Infant Formula, Functional Food, 제약 산업, Protein Component, 상시 복용, 비만 예방, 혈전증 예방	▪ 건강기능식품, 제약산업, Pharmaceutical Composition, 혈행개선, 용혈활성, 허혈성 뇌졸중, 혈전증 예방

(2) 기술-산업 현황 분석[22]

☐ 특수용도식품(케어푸드) 기술에 대한 Subclass 기준 IPC 분류결과, 식품, 식료품 또는 비알콜성음료(A23L) 및 의약용, 치과용 또는 화장용 제제(A61K)로 다수의 특허가 분류되는 것으로 조사됨

☐ KSIC 산업분류 결과, 다수의 특허가 의약용 화합물 및 항생물질 제조업(C21101) 및 건강 기능식품 제조업(C10797)로 분류되는 것으로 조사됨

[기술-산업 분류 분석]

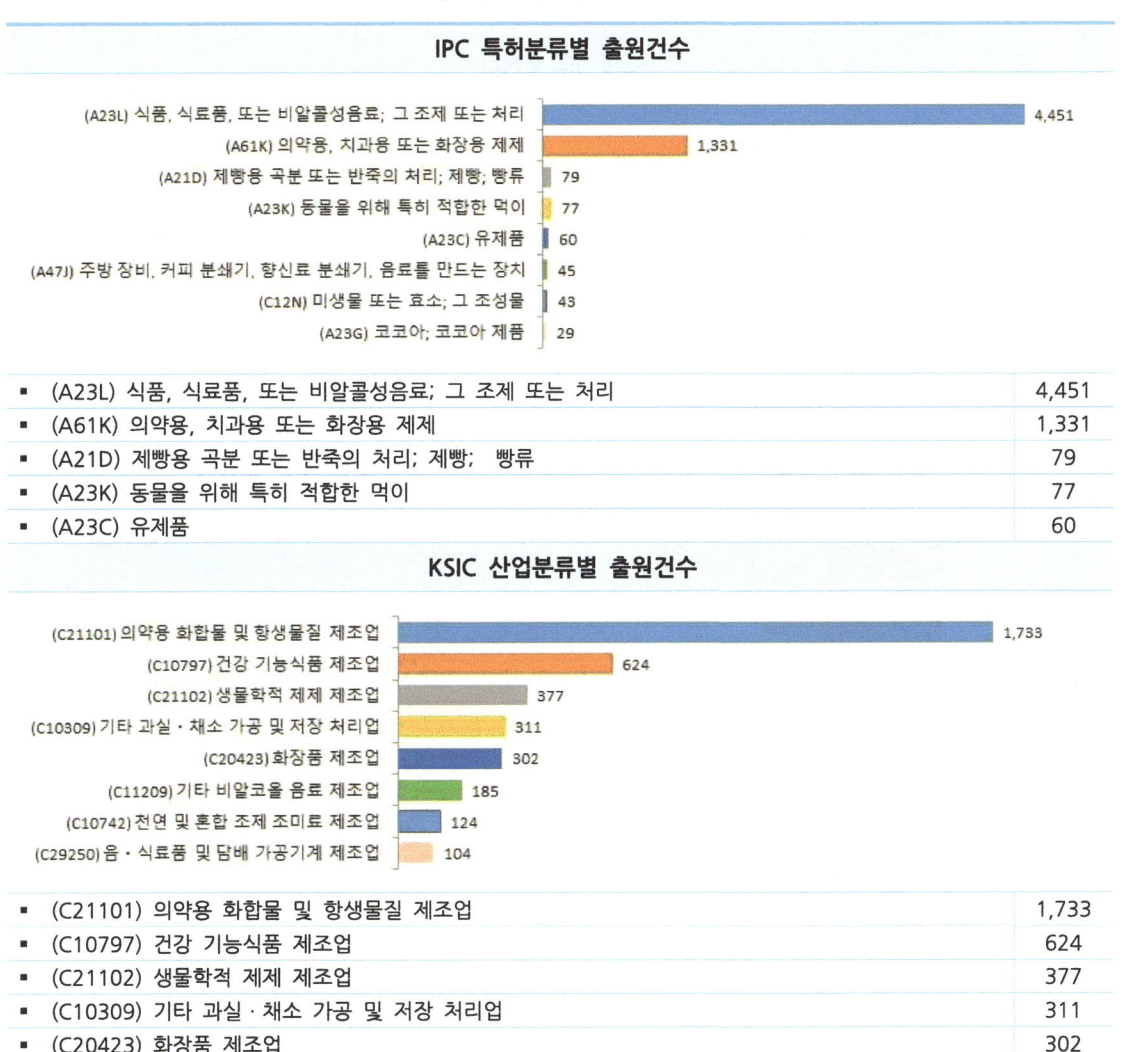

IPC 특허분류별 출원건수

- (A23L) 식품, 식료품, 또는 비알콜성음료; 그 조제 또는 처리 — 4,451
- (A61K) 의약용, 치과용 또는 화장용 제제 — 1,331
- (A21D) 제빵용 곡분 또는 반죽의 처리; 제빵; 빵류 — 79
- (A23K) 동물을 위해 특히 적합한 먹이 — 77
- (A23C) 유제품 — 60

KSIC 산업분류별 출원건수

- (C21101) 의약용 화합물 및 항생물질 제조업 — 1,733
- (C10797) 건강 기능식품 제조업 — 624
- (C21102) 생물학적 제제 제조업 — 377
- (C10309) 기타 과실·채소 가공 및 저장 처리업 — 311
- (C20423) 화장품 제조업 — 302

---

22) 해당제품 특허데이터를 대상으로 윕스 보유 기술·산업·시장 동향 분석 플랫폼 'Build' 활용

다. 주요 출원인 분석

- 특수용도식품(케어푸드) 기술의 전체 주요출원인(Top 5)을 살펴보면, 유럽, 한국, 미국 출원인들이 분포하고 있으며, 유럽의 NESTEC이 최다출원인으로 나타남
    - NESTEC은 NESTLE의 기술 지원을 담당하는 회사이며, NESTLE는 스위스에 본사를 둔 세계 최대 다국적 식품회사로 식품 전 영역에 걸쳐 식음료 및 가공식품을 판매 중임
- 특수용도식품(케어푸드) 설계기술 관련 국내 주요출원인으로 한국한의학연구원, 케미메디, 안동대학교가 도출되었으며, 한국한의학연구원의 경우 한국, 미국, 유럽에 특허를 출원했으며, 케미메디와 안동대학교는 국내에만 특허를 출원함

[주요출원인 동향]

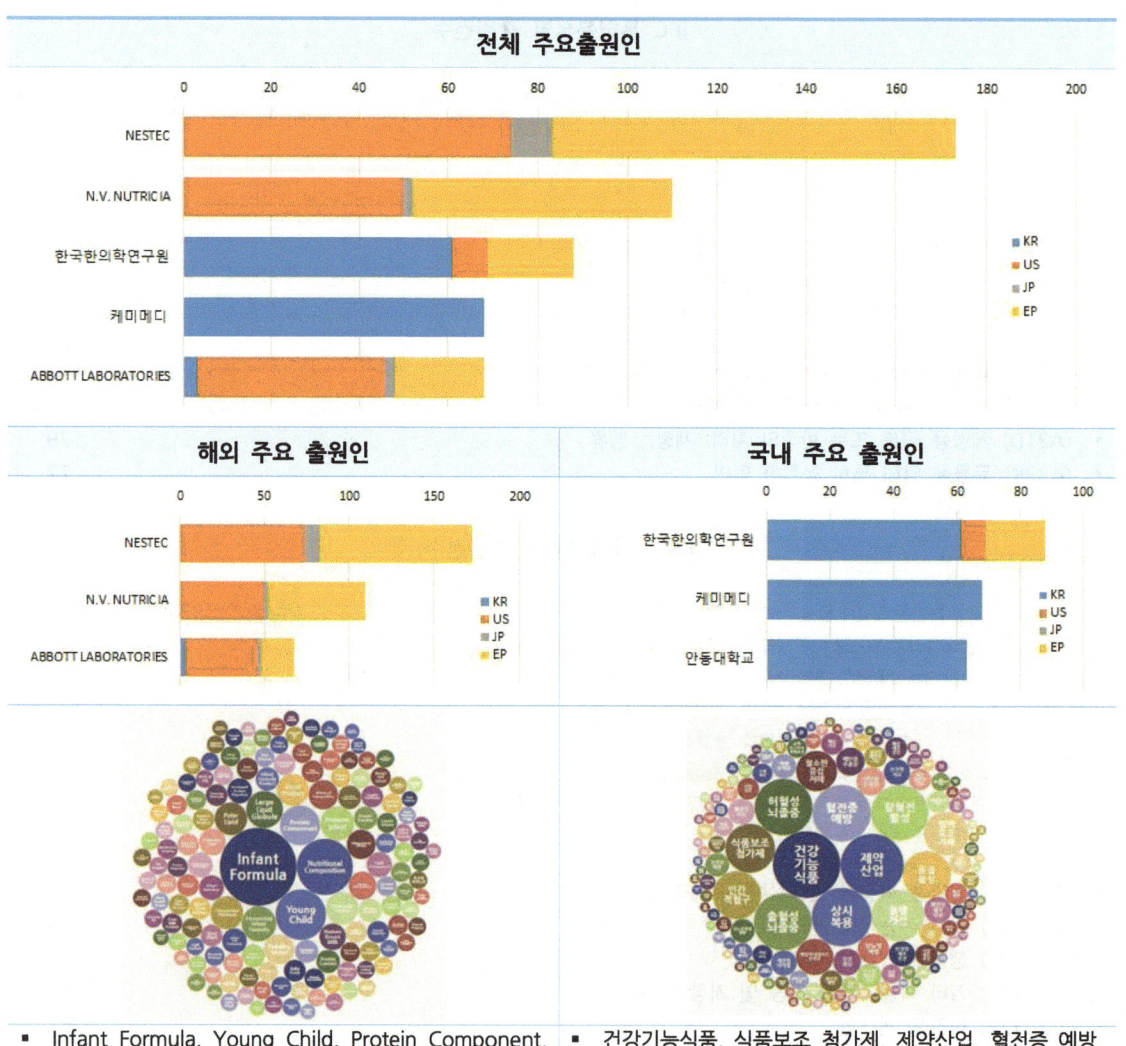

- Infant Formula, Young Child, Protein Component, Nutritional Composition, Preparing Lipid
- 건강기능식품, 식품보조 첨가제, 제약산업, 혈전증 예방, 허혈성 뇌졸중, 항혈전 활성

(1) 해외 주요출원인 주요 특허 분석[23]

☐ NESTEC

- 스위스 기업으로, 특수용도식품(케어푸드) 기술과 관련하여 173건의 특허를 출원하고 있는 것으로 조사됨

[주요특허 리스트]

등록번호 (출원일)	명칭	기술적용분야	IP 경쟁력	
			피인용 문헌수	패밀리 국가수
US 6777391 (2002.04.22)	Composition for an infant formula having a low threonine content	카제이노-글리코-마크로펩티드가 제거된 산성 유장 단백질을 포함하며, 트레오닌 함량이 낮은 유아용 조제유 조성물	17	28
JP 5432148 (2008.09.01)	유아용 식 제품을 제작하는 방법	약 130~140℃의 온도에서 살균하는 공정(UHT)을 포함하는 유아식 제조 공정	3	25
EP 2036447 (2007.09.07)	PROCESS FOR PRODUCING INFANT FOOD PRODUCTS	채소, 고기, 생선의 전처리 단계를 포함하는 다양한 유아용 식품을 생산하기 위한 약 130~140℃의 온도(UHT)에서 살균하는 무균(asceptic) 공정	8	25

☐ N.V. NUTRICIA

- 프랑스 기업으로, 특수용도식품(케어푸드) 기술과 관련하여 110건의 특허를 출원하고 있는 것으로 조사됨

[주요특허 리스트]

등록번호 (출원일)	명칭	기술적용분야	IP 경쟁력	
			피인용 문헌수	패밀리 국가수
US 8277836 (2009.09.23)	Carbohydrates mixture	조기 출산 영아 및 유아용 식이 보충 및 약제를 위한 갈락토-올리고사카라이드 단위체를 포함하는 탄수화물 혼합 조성물	17	17
US 9492498 (2015.02.04)	Low protein infant formula with increased essential amino acids	분지 사슬형 필수 아미노산(류신, 이소류신 및 발린)의 함량이 개선된 저단백 유아식	8	12
US 8497238 (2008.06.20)	Composition for improving membrane composition and functioning cells	도코사헥사엔산(DHA), 도코사펜타엔산(DPA), 에이코사펜타엔산(EPA)을 포함하는 신경세포 기능 개선 약제 조성물	7	20

---

[23] 최근 출원특허 중, 등록특허를 기준으로 피인용문헌수 및 패밀리 국가수가 큰 특허를 주요특허로 도출

ABBOTT LABORATORIES

- 미국 기업으로, 특수용도식품(케어푸드) 기술과 관련하여 68건의 특허를 출원하고 있는 것으로 조사됨

[주요특허 리스트]

등록번호 (출원일)	명칭	기술적용분야	IP 경쟁력	
			피인용 문헌수	패밀리 국가수
US 8361534 (2008.10.28)	Stable nutritional powder	전체 지질 중량에 의해 약 0.25% 내지 약 2.5% 의 레시틴 성분을 포함하는 영양 조성물	15	28
US 6916796 (2002.06.12)	USE OF PULLULAN AS A SLOWLY DIGESTED CARBOHYDRATE	당뇨병 환자의 식사 관리를 목적으로, 플루란을 원료로 사용한 천천히 소화되는 음료 및 식사 대용 제품	5	27
US 7829126 (2006.10.20)	Infant formulas containing docosahexaenoic acid and lutein	유아의 망막 건강 및 시각 개발을 촉진하기 위해 도코헥사인산과 루테인을 포함하는 유아용 영양 조성물	36	24

(2) 국내 주요출원인 주요 특허 분석[24]

☐ 한국한의학연구원

- 특수용도식품(케어푸드) 기술과 관련하여 한국, 미국, 유럽에 총 88건의 특허를 출원하고 있는 것으로 조사됨

[주요특허 리스트]

등록번호 (출원일)	명칭	기술적용분야	IP 경쟁력	
			피인용 문헌수	패밀리 국가수
US 9504725 (2009.12.29)	Compositions and functional foods for treating and preventing obesity using polygonum cuspidatum butanol fraction and ethyl acetate fraction	한약재 적하수오(polygonum cuspidatum)의 부탄올 분획물 및 적하수오 분획물의 비만 예방 효과	2	7
KR 10.0845469 (2007.03.09)	벌개미취추출물 및 그를 유효성분으로 함유하는 약학적조성물 및 건강기능식품	벌개미취의 뿌리, 꽃 추출물과 이를 유효성분으로 포함하는 당뇨합병증의 예방 또는 치료용 약학적 조성물 및 개선용 건강기능식품	17	5
US 7799802 (2004.09.27)	Method and health food for preventing and/or alleviating psychiatric disorder, and/or for effectuating sedation	정신과 장애를 방지/완화하기 위해 벤질아이소큐놀린 유도체를 포함하는 약학적 조성물 및 건강기능식품	3	5

☐ 케미메디

- 특수용도식품(케어푸드) 기술과 관련하여 한국에 총 68건의 특허를 출원하고 있는 것으로 조사됨

[주요특허 리스트]

등록번호 (출원일)	명칭	기술적용분야	IP 경쟁력	
			피인용 문헌수	패밀리 국가수
KR 10-1794135 (2011.04.29)	오배자 추출물을 포함하는 신장암 치료용 조성물 및 건강 기능성 식품	신장암 세포의 성장을 억제하고 세포사멸을 유도하는 효과가 있는 오배자 에탄올 추출물 및 이를 유효성분으로 함유하는 식품	3	1
KR 10-1865377 (2011.02.11)	익지인 추출물을 포함하는 뇌암 치료용 조성물 및 건강 기능성 식품	뇌암 세포의 성장을 억제하고 세포사멸을 유도하는 효과가 있는 익지인 에탄올 추출물 및 이를 유효성분으로 함유하는 식품	2	1
KR 10-2054437 (2012.08.27)	조각인 추출물을 포함하는 신장암 치료 조성물 및 건강 기능성 식품	조각인의 에탄올 추출물을 유효성분으로 하여 이루어진 신장암 예방 및 치료용 조성물	1	1

---

24) 최근 출원특허 중, 등록특허를 기준으로 피인용문헌수 및 패밀리 국가수가 큰 특허를 주요특허로 도출

전략제품 현황분석

☐ 안동대학교

- 특수용도식품(케어푸드) 기술과 관련하여 한국에 63건의 특허를 출원하고 있는 것으로 조사됨

[주요특허 리스트]

등록번호 (출원일)	명칭	기술적용분야	IP 경쟁력	
			피인용 문헌수	패밀리 국가수
KR 10-1602190 (2012.09.12)	우엉 추출물을 유효성분으로 함유하는 혈전증 예방 또는 치료용 약학적 조성물 및 건강 기능 식품	우엉의 에탄올 추출물을 유효성분으로 함유하는 것을 특징으로 하는 혈전증의 예방 또는 치료용 약학적 조성물로, 상시 복용이 가능한 형태로 조제할 수 있음	8	1
KR 10-1799803 (2015.07.06)	시나픽산을 유효성분으로 함유하는 혈전증의 예방 또는 치료용 약학적 조성물 및 건강 기능 식품	혈액에 대한 항응고 활성과 혈소판 응집 저해 활성을 나타내는 시나픽산(sinapic acid)을 유효성분으로 함유하는 혈전성 질환의 예방 또는 치료용 약학적 조성물	3	1
KR 10-1678301 (2015.05.13)	블랙커런트 열매 추출물을 유효성분으로 함유하는 혈전증 예방 또는 치료용 약학적 조성물 및 건강 기능 식품	블랙커런트의 열매 추출물 또는 이의 순차적 유기용매 분획물을 포함하는 조성물로, 추출액, 분말, 환, 정 등의 다양한 형태로 가공되어 상시 복용이 가능한 형태로 조제할 수 있음	3	1

라. 기술진입장벽 분석

(1) 기술 집중력 분석[25]

☐ 특수용도식품(케어푸드) 설계기술에 대한 시장관점의 기술독점 집중률 지수(CRn) 분석 결과, 상위 4개 기업의 시장점유율이 7로 독과점 정도가 매우 낮은 것으로 분석됨

☐ 국내시장에 있어서 중소기업의 특허점유율은 66.25으로, 특수용도식품(케어푸드) 기술에서 중소기업의 점유율은 높은 것으로 분석되었으며, 국내시장에서 중소기업의 진입장벽은 높지 않을 것으로 판단됨

[주요출원인 및 한국 중소기업 집중력 분석]

	주요출원인	출원건수	특허점유율	CRn	n
주요 출원인 집중력	NESTEC(스위스)	173	2.6	3	
	N.V. NUTRICIA(프랑스)	110	1.7	4	
	한국한의학연구원(한국)	88	1.3	6	
	케미메디(한국)	68	1.0	7	4
	ABBOTT LABORATORIES(미국)	68	1.0	8	
	안동대학교(한국)	63	1.0	9	
	TOYO SHINYAKU(일본)	59	0.9	10	
	한국식품연구원(한국)	56	0.9	10	
	경희대학교(한국)	47	0.7	11	
	한국생명공학연구원(한국)	42	0.6	12	
	전체	6,535	100%	CR4=7	
	출원인 구분	출원건수	특허점유율	CRn	n
국내시장 중소기업 집중력	중소기업(개인)	1951	66.2	66.25	중소기업
	대기업	37	1.3		
	연구기관/대학	807	27.4		
	기타(외국인)	150	5.1		
	전체	2,945	100%	CR중소기업=66.25	

---

25) 상위 몇 개 기업의 특허점유율을 합한 것으로, 특허동향조사에서는 통상 CR4를 사용하며, CRn값이 0에 가까울수록 시장 독과점 수준이 낮은 것을 의미하고, CR4 값이 40에서 60일 경우(CR1 지수는 50 이상일 경우, CR2 또는 CR3 지수는 75 이상일 경우) 시장의 독과점 수준이 높은 것으로 해석됨
CRn(집중률지수, Concentration Ratio n) = (1위 출원인의 특허점유율) + ... + (n위 출원인의 특허점유율)

전략제품 현황분석

(2) IP 경쟁력 분석26)

☐ 특수용도식품(케어푸드) 기술의 주요출원인들의 IP 경쟁력 분석결과, 미국 국적의 ABBOTT LABORATORIES의 시장확보력 및 기술영향력이 가장 높은 것으로 분석됨
- ABBOTT LABORATORIES : 시장확보력(PFS) 2.13, 영향력지수(PII) 2.37

☐ 종합적으로, 1사분면으로 도출된 ABBOTT LABORATORIES, NESTEC, N.V. NUTRICIA의 특허가 시장확보력 및 질적 수준이 높은 특허로 분석되었으며, 기술적 파급력과 상업적 가치가 큰 것으로 해석됨

[주요출원인 IP 경쟁력 분석]

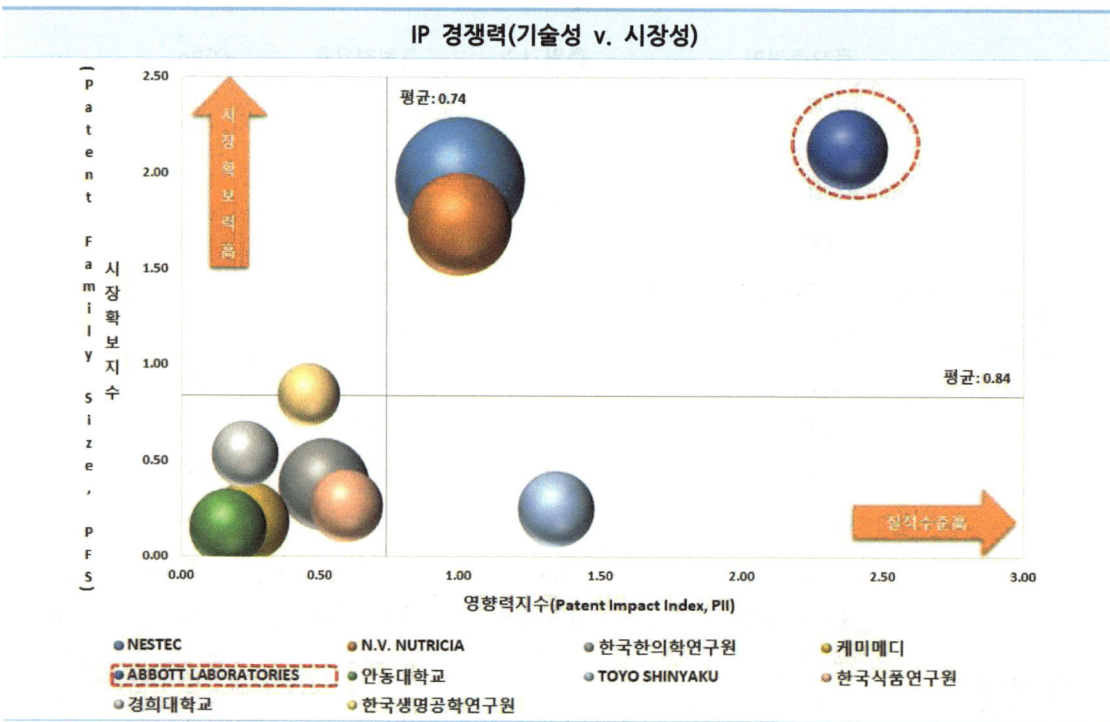

| ABBOT LABORATORIES | ▪ (US 10342244) Infant formulas containing docosahexaenoic acid and lutein
▪ (JP 6246244) 관능 특성을 개선한 영양 제품
▪ (US 9844517) Nutritional products including a novel fat system including fatty acids |

* **영향력지수(Patent Impact Indes, PII)**: 다른 경쟁주체의 기술수준이 고려된 특정한 주체의 '상대적인' 기술적 중요도 또는 혁신성과의 가치 정보가 포함된 기술수준으로, 특허의 피인용 횟수를 특정 기술분야 내에서의 상대적인 값으로 전환시킨 지수임
* **시장확보지수(Patent Family Size, PFS)**: 특정 주체가 특정 기술분야에서 소수의 특정 국가에서만 시장확보를 하고자 하는지 아니면 다수의 세계 주요 국가들에서 시장확보를 하고자 하는지에 대한 분석으로, PFS가 높은 특허는 그만큼 상업적 가치가 큰 기술에 대한 특허인 것으로 해석될 수 있으며, PFS가 높은 출원인은 세계 여러 국가에서 사업을 하고 있는 출원인인 것으로 해석될 수 있음(2020 공공 R&D 특허기술동향조사 가이드라인, 한국특허전략개발원)
* **버블크기**: 출원 특허 건 수 비례

---

26) PFS = 특정 주체의 평균 패밀리 국가 수 / 전체 평균 패밀리 국가 수
　　PII = 특정 주체 보유특허의 피인용도[CPP] / 전체 유효특허의 피인용도

5. 요소기술 도출

가. 특허 기반 토픽 도출

☐ 6,535개의 특허의 내용을 분석하여 구성 성분이 유사한 것끼리 클러스터링을 시도하여 대표성이 있는 토픽을 도출

[특수용도식품(케어푸드)에 대한 토픽 클러스터링 결과]

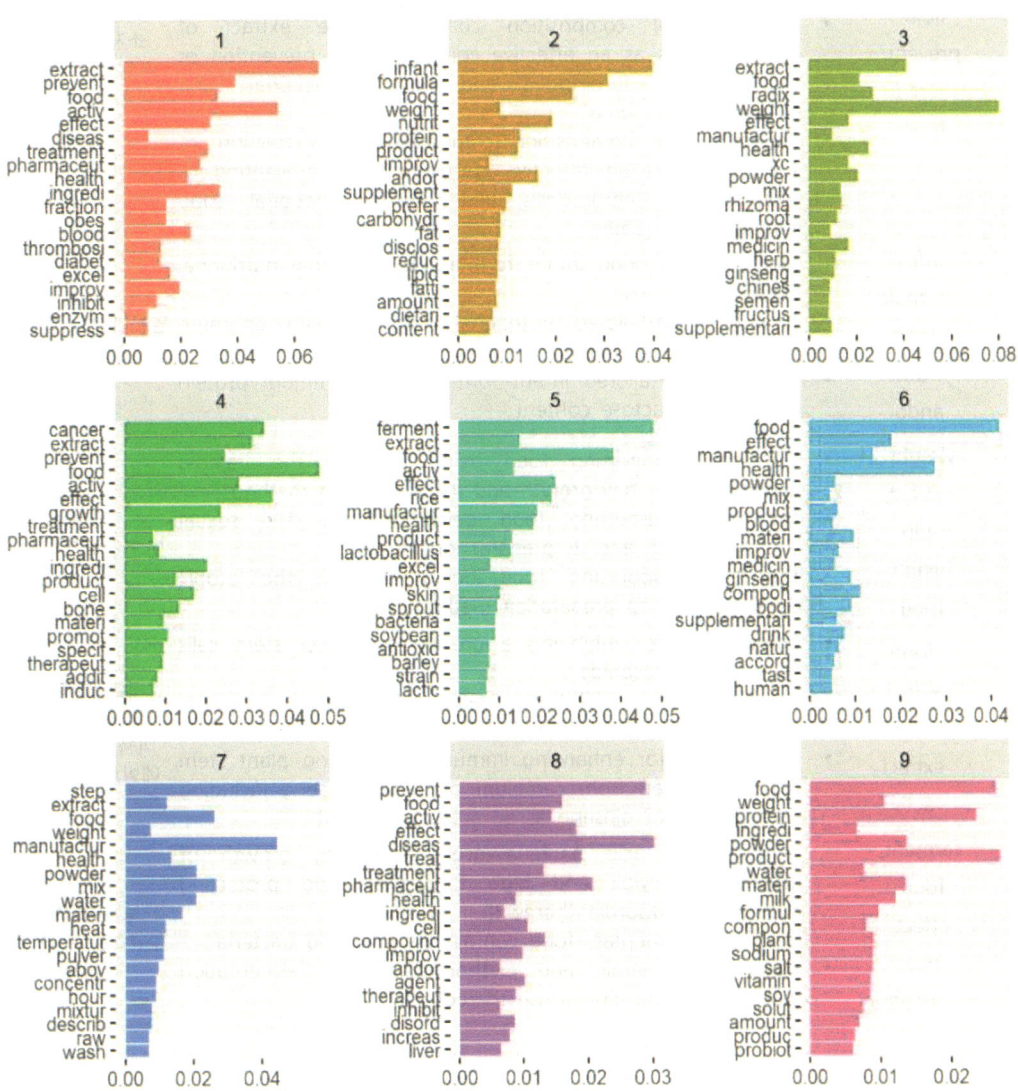

나. LDA[27] 클러스터링 기반 요소기술 도출

[LDA 클러스터링 기반 요소기술 키워드 도출]

No.	상위 키워드	대표적 관련 특허	요소기술 후보
클러스터 01	extract activ prevent ingredi food	• Pharmaceutical composition comprising the organic solvent fraction yielded from hot water extraction of laminaria japonica as an effective component for prevention or treatment of thrombosis and health functional food comprising the same • Pharmaceutical composition comprising the extract of hovenia dulcis as an effective component for prevention or treatment of thrombosis and health functional food comprising the same • Pharmaceutical composition comprising the extraction of suaeda spp as an dffective component for prevention or treatment of thrombosis and health functional food comprising the same	기능성 조성물 소재 추출물을 이용한 고지혈증 예방/개선용 식품
클러스터 02	infant formula food nutrit andor	• Method of tailoring infant formulas to individual nutritional needs prior to use • Array of age-tailored nutritional formulae with optimum mineral nutrient content • Array of age-tailored infant formula with optimum protein content and lactose content	영유아 시기별/단계별 영양관리 방법
클러스터 03	weight extract radix health food	• The health-supporting food being effective the hairloss prevention or hair-growth and its preparation method • The health-supporting food being effective the sexual energy strength and its preparat ion method • The health-supporting food being effective the atopic dermatitis and its preparation method	기능성 건강보조식품
클러스터 04	food effect cancer extract activ	• Composition for inhibiting a growth of cancer stem cells comprising ciclesonide • Composition for inhibiting a growth of lung cancer stem cells comprising ciclesonid • Composition for enhancing immunity containing plant stem cell line derived from cambium of panax ginseng including wild ginseng or ginseng as an active ingredient	기능성 조성물 소재 추출물을 이용한 복합증상 예방/개선용 식품
클러스터 05	ferment food effect rice manufactur	• Kimchi lactic acid bacteria group hindering growth of helicobactor pyloli and high functional food protecting gastroenteric disorder therewith • Health supplementary food containing lactic acid bacteria • Novel starter strain and method functional fermentation foods containing kimchi use thereof	유산균, 프로바이오틱스를 함유하는 건강관리 식품

---

27) Latent Dirichlet Allocation

클러스터 06	food health effect manufactur compon	• A beverage drinking with iron nutrient, health supplementary food • A beverage drinking with vitamins-products, health supplementary food • Development of functional foods on hypotensive effect and facilitative blood circulation in utilization of Siegesbeckia glabrescens, silk peptide	면역력 개선 건강기능식품
클러스터 07	step manufactur mix food powder	• Preparing method for functional health food using extracts of old platycodon • The Manufacturing Method of Healthy Foods, presided over by Sea cucumber • Manufacturing method of functional food made from oyster	기능성 천연물 소재를 함유하는 식품 조성물
클러스터 08	diseas prevent pharmaceut treat effect	• Prediction of lipid-metabotype-related physiological susceptibilities • Novel bis-amide derivative and use thereof • Compositions and methods for treatment of neufodegenerative diseases	질환 예방을 위한 조성물
클러스터 09	product food protein powder materi	• Novel functional food ingredient • Reduced sodium food products formed of potassium-containing emulsifying salt mixtures and methods of making and using same • Methods of making reduced sodium food products formed of potassium-containing emulsifying salt mixtures	혼합물을 통한 건강기능 식품 및 제조방법

다. 특허 분류체계 기반 요소기술 도출

□ 특수용도식품(케어푸드) 관련 유효특허의 메인 IPC 분석을 통한 요소기술 후보 도출

[IPC 분류체계에 기반 한 요소기술 도출]

IPC 기술트리		
(서브클래스) 내용	(메인그룹) 내용	요소기술 후보
(A23C) 유제품, 예. 우유, 버터, 치즈; 우유 또는 치즈 대용품; 그것들의 제조	(A23C-009/123) 유산균(Lactobacteriaceae속)만을 사용하는 것; 요구르트	유산균, 프로바이오틱스를 함유하는 건강관리 식품
	(A23C-009/127) 유산균(Lactobacteriaceae속)과 다른 미생물 또는 효소를 사용하는 것, 예, 케피르(kefir), 쿠미스(koumiss)	
(A23L) A21D 또는 A23B로부터 A23J까지; 포함 되지 않는 식품, 식료품, 또는 비알콜성음료; 그 조제 또는 처리	(A23L-029/00) 첨가제를 함유하는 식품 또는 식료품	-
	(A23L-033/00) 식품의 영양개선; 다이어트 식품; 그것의 조제 또는 처리	체중조절용 식품
	(A23L-033/20) 영양가의 감소; 영양가를 감소시킨 다이어트 제품	체중조절용 식품
	(A23L-013/70) 연화 또는 가향 처리된 육편, 예. 침지액을 주입함에 의한 것; 침지액	-
(A61K) 의약용, 치과용 또는 화장용 제제(특별한 물리적 형태로 하는 것 A61J; 공기탈취, 살균, 소독, 붕대, 드레싱, 흡수성 패드 또는 외과용품을 위한 재료의 화학적인 사항 또는 재료의 사용 A61L; 화합물 그 자체가 C01, C07, C08, C12N; 비누의 조성 C11D; 미생물 그자체	(A61K-006/15) 물리적 성질에 특징이 있는 조성물	저작기능약화를 고려한 노인용 식품조성물
	(A61K-031/00) 유기 활성 성분을 함유 하는 의약품 제재	환자 질환 예방/개선용 식품
	(A61K-036/00) 조류, 지의류, 균류 혹은 식물 또는 그 유사체로부터의 물질을 함유 하는 구조 미지의 의약품 제재	환자 질환 예방/개선용 식품

라. 최종 요소기술 도출

☐ 산업·시장 분석, 기술(특허)분석, 전문가 의견, 타부처 로드맵, 중소기업 기술수요를 바탕으로 로드맵 기획을 위하여 요소기술 도출

☐ 요소기술을 대상으로 전문가를 통해 기술의 범위, 요소기술 간 중복성 등을 조정·검토하여 최종 요소기술명 확정

[특수용도식품(케어푸드) 분야 요소기술 도출]

요소기술	출처
기능성 조성물 소재 추출물을 이용한 고지혈증 예방/개선용 식품	특허 클러스터링
기능성 건강보조식품	특허 클러스터링
기능성 조성물 소재 추출물을 이용한 복합증상 예방/개선용 식품	특허 클러스터링
유산균, 프로바이오틱스를 함유하는 건강관리 식품	특허 클러스터링
면역력 개선 건강기능식품	특허 클러스터링, 전문가 추천
기능성 천연물 소재를 함유하는 노인용 식품 조성물	특허 클러스터링, 전문가 추천
질환 예방을 위한 조성물	특허 클러스터링, 전문가 추천
혼합물을 통한 건강기능 식품 및 제조방법	특허 클러스터링
체중조절용 식품	전문가 추천
노인성 질환예방/개선식품	전문가 추천
저작기능약화를 고려한 노인용 식품조성물	전문가 추천

6. 전략제품 기술로드맵

가. 핵심기술 선정 절차

- ☐ 특허 분석을 통한 요소기술과 기술수요와 각종 문헌을 기반으로 한 요소기술, 전문가 추천 요소기술을 종합하여 요소기술을 도출한 후, 핵심기술 선정위원회의 평가과정 및 검토/보완을 거쳐 핵심기술 확정
- ☐ 핵심기술 선정 지표: 기술개발 시급성, 기술개발 파급성, 기술의 중요성 및 중소기업 적합성
  - 장기로드맵 전략제품의 경우, 기술개발 파급성 지표를 중장기 기술개발 파급성으로 대체

[핵심기술 선정 프로세스]

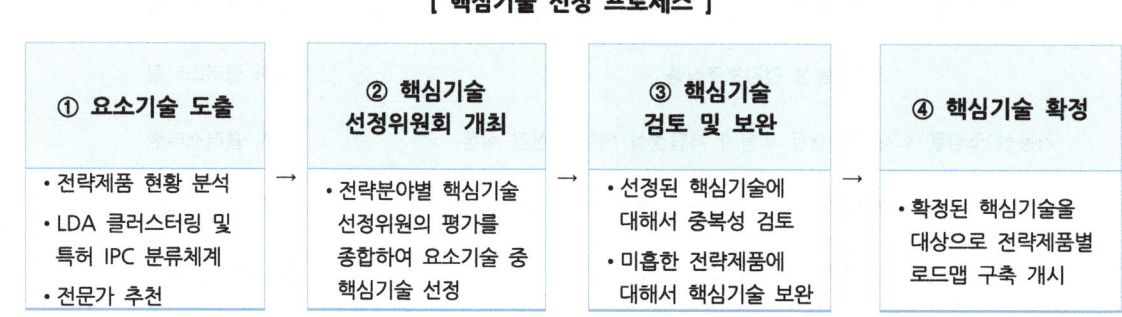

나. 핵심기술 리스트

[특수용도식품(케어푸드) 분야 핵심기술]

핵심기술	개요
고령자용 기능 성분 강화 기술	• 기능성 천연물 소재를 함유하는 노인용 식품조성물
비만 예방을 위한 소재발굴 및 식품생산 기술	• 기능성 소재를 함유하는 비만 예방 식품
고령자용 섭식능 용이성 부여 기술	• 저작/연하기능이 개선된 고령자용 물성조절 식품조성물
고령자용 만성질환 예방/개선 기술	• 기능성 소재를 함유하는 환자질환 예방 식품/개선용 식품
면역력 개선을 위한 소재발굴 및 식품생산 기술	• 기능성 소재를 함유하는 면역력 개선 건강기능식품

다. 중소기업 기술개발 전략

☐ 100세 시대를 맞이할 특수용도식품(케어푸드)는 2조 시장을 형성할 것으로 예상되고 있어 이에 대한 중소기업 기술전략 개발이 필요한 상황임

☐ 고령친화산업진흥법에는 고령친화식품 및 케어푸드에 대한 직접적인 정의가 제시되어있지 않지만, 2019년 12월 식품공전 공통기준(명칭: 고령친화식품)에 등재됨에 따라 초고령사회를 앞두고 있는 시점에서 고령친화식품에 대한 필요성이 지속적으로 대두되고 있어 이에 대한 중소기업의 대비가 필요함

☐ 특수용도식품(케어푸드)은 기능성이 인증된 건강기능식품이나 특수용도식품 등으로 개발이 가능하므로 중소기업에 적합한 기능성 선정 및 평가기술 개발이 필요함

☐ 다양한 건강기능성에 대한 평가기술은 중소기업에서 적합하지 않을 수도 있어, 학계, 연구계와의 협업을 통한 제품개발이 가능하며, 중소기업은 식품이나 조성물 생산에 주력하는 것도 기술개발 전략의 하나임

라. 기술개발 로드맵

(1) 중기 기술개발 로드맵

[특수용도식품(케어푸드) 기술개발 로드맵]

특수용도식품(케어푸드)	기능성 소재를 함유하는 노인/환자용 특수용도 식품 및 만성질환 예방/개선 식품 개발			최종 목표
	2022년	2023년	2024년	
고령자용 기능 성분 강화 기술	▬▬▬▶			노인을 위한 질환예방 식품/개선 식품 생산
비만 예방을 위한 소재발굴 및 식품생산 기술	▬▬▬▶			기능성 천연물을 함유하는 노인을 위한 기능성 식품조성물 생산
고령자용 섭식능 용이성 부여 기술	▬▬▬▶			비만 예방 기능성을 가진 식품 생산
고령자용 만성질환 예방/개선 기술	▬▬▬▶			저작기능이 약화된 노인을 위한 다양하게 물성이 조절된 식품조성물/식품 생산
면역력 개선을 위한 소재발굴 및 식품생산 기술	▬▬▬▶			환자질환 예방/개선용 식품 생산

전략제품 현황분석

(2) 기술개발 목표

☐ 최종 중소기업 기술로드맵은 기술/시장 니즈, 연차별 개발계획, 최종목표 등을 제시함으로써 중소기업의 기술개발 방향성을 제시

[특수용도식품(케어푸드) 분야 핵심기술 연구목표]

핵심기술	기술요구사항	연차별 개발목표			최종목표	연계R&D 유형
		1차년도	2차년도	3차년도		
고령자용 기능 성분 강화 기술	기능성 평가 기술, 식품제조 기술	목적 기능성 선정 및 평가	기능성 평가 완료	식품제조 기술 완료	노인을 위한 질환예방 식품/개선 식품 생산	상용화, 산학연콜라보
비만 예방을 위한 소재발굴 및 식품생산 기술	기능성 평가 기술, 식품제조 기술	목적 기능성 선정 및 평가	기능성 평가 완료	식품조성물 제조 기술 완료	기능성 천연물을 함유하는 노인을 위한 기능성 식품조성물 생산	상용화, 산학연콜라보
고령자용 섭식능 용이성 부여 기술	기능성 평가 기술, 식품제조 기술	기능성 평가	기능성 평가 완료	식품제조 기술 완료	비만 예방 기능성을 가진 식품 생산	상용화, 산학연콜라보
고령자용 만성질환 예방/개선 기술	경도 조절 기술, 식품제조 기술	물성조절 기술 개발	물성조절 기술 완료	식품제조 기술 완료	저작기능이 약화된 노인을 위한 다양하게 물성이 조절된 식품조성물/식품 생산	상용화, 산학연콜라보
면역력 개선을 위한 소재발굴 및 식품생산 기술	기능성 평가 기술, 식품제조 기술	목적 기능성 선정 및 평가	기능성 평가 완료	식품제조 기술 완료	환자질환 예방/개선용 식품 생산	상용화, 산학연콜라보

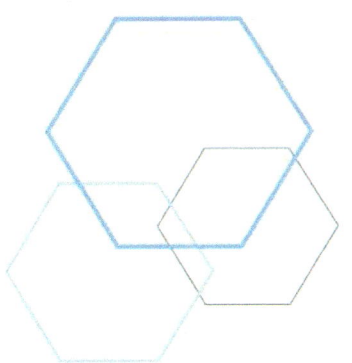

전략제품 현황분석

대체 식품

대체식품

정의 및 범위

- 전통적인 동물성 육류의 대체를 위해 모양과 식감을 실제 육류와 유사하게 구성한 유사 육류식품(meat analogue)으로 정의되며 원료와 제조 방법에 따라 식물성 대체육, 배양육, 식용곤충으로 분류될 수 있음
- 식물성 대체육(plant-based meat analogue)은 식물, 해조류, 미생물 등에서 추출한 단백질을 원료로 제조
- 배양육(cultured meat)은 줄기세포와 근세포를 체외 배양을 통해 식육 조직 제조
- 식용곤충(edible insect)은 식용으로 사용 가능한 곤충을 건조, 분말화, 가공을 통해 원료로 활용

전략 제품 관련 동향

시장 현황 및 전망	제품 산업 특징
• (세계) 식물성 대체육 시장은 2019년 136억 달러에서 연평균 14.4% 성장하여 2025년 266억 5,000만 달러에 이를 것으로 전망됨 • (국내) 식물단백질 기반 대체식품 시장은 2019년 900억 8,000만원 규모에서 연평균 15.7% 성장하여 2025년 2,160억 8,000만 원 규모에 이를 전망임	• 동물성 단백질 공급에 필요한 전통적인 환경 및 동물복지 등의 문제로 인한 축산업의 정체와 건강 지향적 소비 패턴 등의 사유로 대체육 시장 급성장 전망 • 식물성 대체육은 기술, 소비자 기호, 경제성, 법적 기준 등에 있어 산업화가 가장 빠르게 진행되고 있으나 배양육은 같은 사유에서 아직 국내 시장은 형성되지 않음
정책 동향	기술 동향
• (해외) 대체육 소재 발굴 및 가공/배양 기술 확보를 위해 R&D 투자 및 세제 혜택 지원 • (국내) 정부는 대체식품을 5대 미래 유망 식품으로 선정하여 2030년까지 집중 육성할 계획임	• 국내 대체육 기술 수준은 해외 대비 4~5년의 격차가 있는 것으로 평가되고 있으며, 주로 벤처기업을 중심으로 기술개발이 이루어지고 있음 • 식물성 대체육의 핵심이 되는 원료별 조직단백(TVP) 제조 기술과 맛, 향, 색 구현 기술이 절대적으로 부족함
핵심 플레이어	핵심기술
• (해외) Beyond Meat, Impossible Food, Nestle 등 • (국내) 롯데푸드, 동원 F&B, 신세계푸드, CJ제일제당, 지구인컴퍼니, 디보션푸드	• 식물성 단백질 조직화 방법 • 대체육 첨가용 고기 향미(flavor) 소재 및 제조방법 • 대체육 첨가용 천연 고기 향미(flavor) 소재 • 대체육 제조 장비 • 식용곤충(쉬파리속) 가공 식품 및 제조방법

중소기업 기술개발 전략

→ **식물성 단백질과 식용곤충은 원료 수급 관계를 사전에 충분히 검증하여 밸류체인을 감안한 연관기술 개발과 제품개발이 이루어져야 함**

→ **대체육 국내시장 규모가 미미하여 현재 제조에 필요한 장비를 해외기업에 의존하고 있으므로, 기술개발 시 장비제조 기업과 협력이 필수적임**

→ **대체육 산업은 원료 최적화 및 경작, 소재화, 제품개발, 장비 등 산업의 생태계 자체를 새롭게 구축해야 하는 단계이므로 정부와 산학연이 협력하는 컨소시엄의 구성과 지원이 필요함**

1. 개요

가. 정의 및 필요성

(1) 정의

- 대체육은 전통적인 동물성 육류의 대체를 위해 모양과 식감을 실제 육류와 유사하게 구성한 유사 육류식품(meat analogue)으로 정의되며 원료와 제조 방법에 따라 크게 식물성 대체육, 배양육, 식용곤충으로 분류됨
  - 식물성 대체육(plant-based meat analogue)은 식품, 해조류, 미생물 등에서 추출한 단백질을 원료로 사용하며 모양과 식감이 실제 고기와 매우 유사한 특징을 가지고 있음
  - 배양육(cultured meat)은 살아있는 가축의 줄기세포와 근세포를 체외 배양을 통해 만들어지는 대체식육으로 전통적인 축산을 거치지 않고 동물성 식육을 만들어 내는 기술임
  - 식용곤충(edible insect)은 식용이 가능한 곤충(약 1400 여종으로 추산)을 건조 및 분말화, 단백질의 추출 가공, 오일류의 가공을 통해 다양한 제품 가공하는 대체식품임

[대체육의 분류와 장·단점 비교]

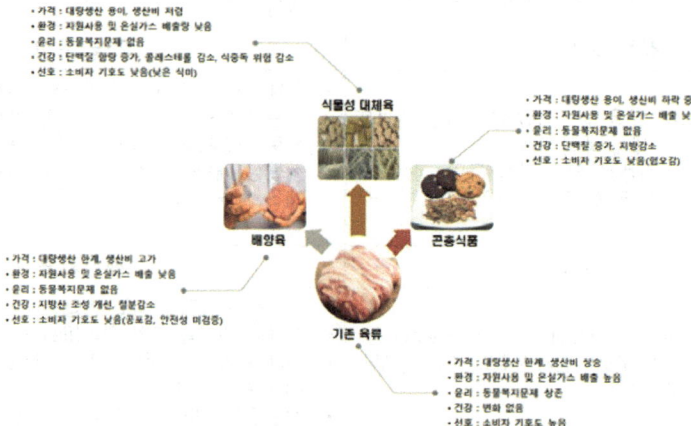

* 출처 : 박미성 외(2020), 대체식품 현황과 대응방안

[기능성 식품 전략분야 내 대체식품 위치]

* 자체구성

(2) 필요성

☐ 2050년 세계 육류 소비량은 약 5억 톤에 이를 것으로 예측되고 있으나 동물사육에 따르는 축산폐수, 악취 등 환경문제와 아프리카 돼지열병(ASF) 등 동물 전염병으로 인한 국가 간 이동제한 등 다양한 이유에서 식육공급의 문제가 발생할 것으로 예상됨

[세계 육류 소비 동향]

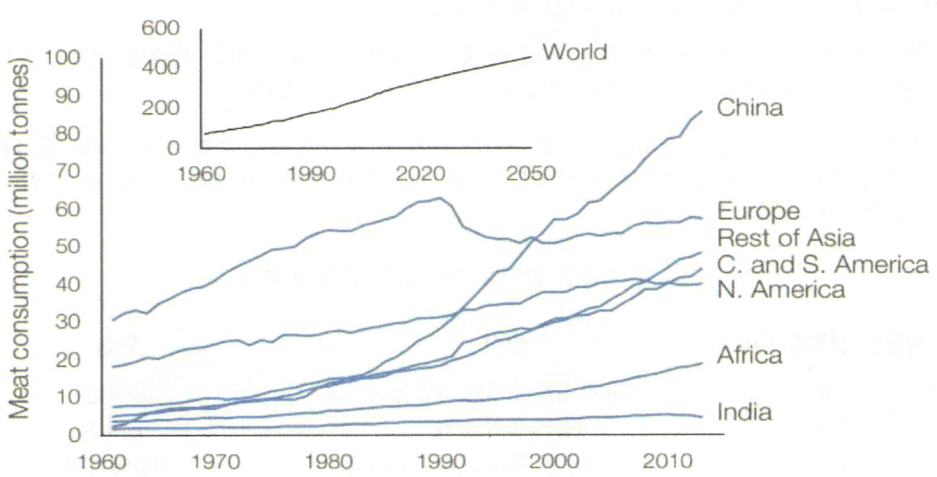

* 출처 : World Economic Forum(2019), Meat: The Future Series - Alternative Proteins

☐ 식물성 대체육은 지속가능성, 안전성, 시장성 등을 감안 할 때 기존 육류와 배양육 및 곤충식품과 비교하여 경쟁우위를 가질 것으로 판단하고 있음

- 배양육은 높은 생산원가, 대량생산의 어려움, 선호도(거부감)에 단점이 있으며, 국가별로 법적 허용 기준이 상이하고 안전성에 대한 논쟁이 존재하므로 향후 상용화까지는 많은 난관이 예상됨

- 곤충식품은 피부발진, 호흡곤란 등 알레르기성 안전 문제와 혐오감 등의 기호적인 측면의 문제가 있어 건강기능성식품 및 의약품 원료나 일부 전문카페에서 식용으로 취급하는 수준임

☐ 대체육은 종류에 따라 기존 육류와 비교하여 환경, 윤리, 건강 측면의 장점과 높은 가격과 소비자의 기호도가 떨어진다는 단점이 있어 조직감 등 기호적 품질, 조리 편의, 포장 등 연관기술의 개발이 지속적으로 필요함

☐ 우리나라는 연간 3조 원에 이르는 쇠고기를 외국에서 수입하고 있는 세계 4위의 쇠고기 수입국이며 건강, 동물복지, 종교적 신념 등의 이유로 육식을 회피하는 채식 인구의 증가로 인해 식물성 대체육을 중심으로 수요가 증가할 것으로 예상됨

☐ 식물성 단백질의 조직감 향상을 위한 TVP(Textured Vegetable Protein) 기술 확보 필요
- 국내 기업은 제품화에 필수가 되는 조직단백(TVP) 가공기술이 부족하여 전량 수입에 의존하고 있어 이에 대한 연구개발이 필요함

☐ 원료 소재 다양성 확보 및 조합 기술 확보 필요
- 현재 전 세계 식물성 대체육 사용 원료는 콩(soy)류를 기반으로 하는 제품의 비중이 57%로 가장 높으며 곡류(grain) 19.5%와 함께 원료의 77%를 차지하고 있음
- 기존 밀과 대두가 갖는 글루텐 성분과 GMO 문제 이를 극복하기 위한 완두, 녹두 등 대안 소재의 접근과 같이 식물성 원료별로 장·단점이 극명하여 이를 극복하기 위한 소재 간 조합 및 식물성 첨가물의 연구개발이 필요

[식물성 단백질 원료별 장·단점 비교]

식물성 단백질 원료	장점	단점
밀	식감이 실제 고기와 제일 유사	글루텐
대두	가장 일반화된 원료	GMO
완두	GMO, 글루텐 문제로부터 자유로움	식감의 부족
버섯(균류)	단백질 함량이 높고 저지방	생산 과정 및 조건이 까다로움
조류	영양성분 우수	냄새와 맛이 좋지 않음

* 출처 : 한국과학기술기획평가원(2021), KISTEP 기술동향브리프- 대체육(代替肉)

☐ 동물성 식육 고유의 맛과 냄새 구현 필요
- 식물성 대체육 특유의 향을 제거하기 위하여 효소처리, 콩 품종계량 등의 연구와 육류 고유의 피 맛(blood-taste), 구현을 위한 헴(heme) 대체 식물성 소재와 가공 기술의 개발이 핵심

나. 범위 및 분류

(1) 가치사슬

☐ 식물성 대체육 산업의 가치사슬은 ① 원료 재배 ② 원료가공 ③ TVP제조 ④ 완제품으로 크게 구분될 수 있음

- (원료재배) 식물성 대체육의 원료가 되는 대두, 완두, 녹두, 병아리콩 등 국내산 원료 수급을 위한 재배
- (원료가공) 원료 작물에서 원료성분의 분리, 건조, 분체화 등의 공정을 통한 식물성 대체육 소재 분리 대두 단백(isolated soy protein, ISP) 등 제조
- (TVP제조) 대체육 제품을 제조하기 위한 조직 단백(TVP; textured vegetable protein) 제조로 현재 국내 식물성 대체육 기업의 대다수는 대만 등지에서 수입을 통하여 조달하고 있음
- (완제품) 조직 단백을 활용하여 맛과 향을 가미하여 완제품을 제조하는 영역으로 국내 식물성 대체육 제조 기업의 대부분은 완제품 영역에서만 사업을 진행하고 있음

☐ 식물성 대체육의 핵심 원료가 되는 콩은 국내 재배면적의 지속적인 감소로 생산량이 지속적으로 감소하여 현재 국내 콩 자급률은 28% 수준으로 대부분 수입에 의존하고 있으며 향후 식물성 대체육 시장의 성장에 따라 콩 수급은 매우 어려움이 있을 것으로 예상됨

- 2030년까지 정부는 논콩 재배 확대 및 전량 수매하는 방식으로 콩 자급률을 45%까지 상향하는 목표를 세우는 정책을 발표하였음

☐ 콩에서 단백질을 분리하여 순도 90% 이상으로 제조된 분리대두단백(ISP)은 대부분 미국과 중국에서 수입하여 사용하고 있으며 미국산은 생산량과 품질에 있어 안정적이나 대부분 GMO 콩으로 제조하고 있음

- 원료 안전성과 품질 그리고 원료 수급의 안정성을 높이고 향후 원료의 해외 종속에 따른 수급 불안정을 방지하기 위해서는 국산콩 기반의 소재 개발이 필요함

☐ 원료와 함께 기술적으로 식물성 대체육의 기반이 되는 조직단백(TVP) 제조 기술이 선행 국가와 격차가 큼. 따라서 향후 기술개발이 절실히 필요한 부분이며 완제품 제조 기업에 TVP를 공급하는 영역은 전체 가치사슬에서 중요한 사업 분야가 될 것으로 예상됨

[대체식품 분야 산업구조]

후방산업	대체식품	전방산업
배양육 세포배양 장비, 식물성 원료 재배, 식물성 원료 가공, TVP 제조, 고기 향미(flavor) 등 대체육 첨가제	대체식품 제조/판매 식물성 대체육, 배양육 제품화	패스트푸드 등 외식산업, 가정간편식(HMR)

(2) 용도별 분류

☐ 식물성 대체육의 원료와 관련하여 대두, 완두, 녹두, 쌀가루 등 다양한 소재와 가공기술을 활용하여 조직감을 향상시킬 수 있으며, 압출성형, 전단 셀 기술, Wet spinning, 3D 푸드 프린팅 등의 기술을 활용하여 가공한 미트볼, 패티류, 너겟류, 소시지 등의 제품의 주를 이루고 있음

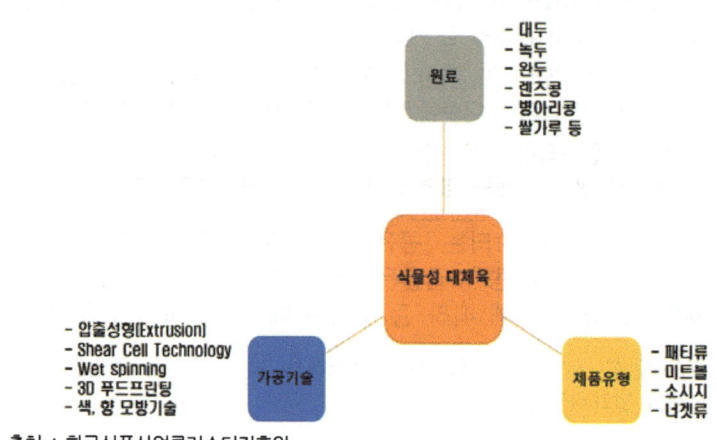

[식물성 대체육 분류체계]

* 출처 : 한국식품산업클러스터진흥원

☐ 대체육은 기존 육류 생산 방법에 비해서 지속가능하고 환경오염 등의 문제가 적다는 점에서 점점 더 주목받을 것이나, 아직까지 맛과 조직감 등 관능적 품질 수준이 기존 식육보다 크게 부족

- 이러한 수요에 따라 식물성 대체육 및 곤충과 관련한 연구는 ① 식물성 단백질의 맛 개선 및 조직화와 ② 식용곤충자원의 탐색 및 가공기술 개발 등을 중심으로 이뤄질 것으로 보임

[일반 육류와 비교한 대체육의 특징]

		일반 육류	식물성 대체육	식용 곤충	배양육
생산 방법		전통적인 가축의 사육을 통한 식육 생산	식물성 단백질 또는 곰팡이를 이용하여 제조	식용이 가능한 모든 곤충	조직의 배양을 이용한 식육 생산
안전성		검증	검증	검증 진행 중	검증 필요
시장 적용 가능성	대량 생산	가능	가능	가능	제한적 (기술 개발 중)
	가격	상승 중	낮음	보통	매우 높음
한계점		미래 육류 수요 충족 불가	맛과 조직감 부족	소비자 혐오감	대량생산에 대한 기술적 한계

* 출처 : Bonny et al.(2015), 정종연 등(2018), 세계 농업(2019), ㈜윕스 재가공

2. 산업 및 시장 분석

가. 산업 분석

◎ 동물성 식육의 한계와 대안 필요

☐ 생활수준의 향상으로 육류 소비량은 지속적으로 증가할 것으로 예측되며, 국제 연합 식량 농업 기구(FAO)는 2050년 전 세계 육류 소비량은 약 4억 5,500만 톤에 이를 것이라 전망함

- 개발도상국 중심으로 증가하는 인구와 생활수준의 향상으로 양질의 육류 수요의 증가 예상
- 최근 코로나19 팬더믹 상황에서 전통적인 육가공 공장이 폐쇄되고 글로벌 공급망이 무너지면서 지속적이고 경제성을 갖춘 단백질 공급원에 대한 관심과 필요성이 높아지고 있음

☐ 동물성 식육은 사육에 따르는 축산분뇨로 인한 악취 및 환경오염(수질, 토양, 대기) 등의 환경문제와 아프리카 돼지열병, 광우병, 조류독감, 구제역 등 동물성 전염병 이로 인한 국가 간 이동제한 등 다양한 이유에서 전통적인 축산업의 쇠퇴와 이로 인한 육류의 생산성 저하 공급의 문제가 발생할 것으로 예상됨

- 육류의 수요에 맞춰 가축 사육을 증가시키는 방법은 사료용 곡물 수요 증가와 이로 인한 사육비용이 높아지고 결과적으로 육류 가격의 상승으로 이어질 수 있으며 이러한 악순환은 미래 육류 수요 대응에 한계를 드러낼 것으로 예상됨

☐ 지속가능하고 경제성을 갖춘 양질의 육류 단백질의 공급원의 다변화를 위해 대체육은 가장 현실적이고 즉시 활용 가능한 대안으로 제시되고 있음

- 대체육은 식물성 대체육, 배양육, 곤충 식품으로 크게 구분되며 식물성 원료와 사육 혹은 제조에 따르는 자원의 투입이 기존 전통적인 축산과는 극명히 차별화되는 점은 앞서 언급한 동물성 식육의 문제점을 충분히 상쇄시킬 수 있을 것으로 예측하고 있음

☐ 실례로 전통적인 육가공품과 육류의 소비가 많은 독일에서는 대체육은 틈새시장을 탈피하여 주요 품목으로 변화하고 있으며, 이는 육류의 소비감소와 대체육 시장의 성장으로 확인됨

- 2000년 이전 독일의 육류 소비량은 약 770만 톤 수준에서 2000년대 들어 700만 톤 수준으로 급감하였으며 1978년 가구당 육류 소비량 6.7kg에서 2018년 2.3Kg으로 66% 가량 감소함[28]
- 독일의 대체육 생산량은 2020년 기준 2019년 대비 39%의 높은 성장률을 보이고 있음[29]

☐ 국내 정부는 대체육을 비롯한 대체식품을 그린 바이오 5대 유망산업 중 하나로 선정하여 육성방안을 마련하였으며 이에 따른 대체육 산업의 체계적 육성을 계획하고 있음

- 식물성 대체육은 축산업에서 발생하는 탄소를 87% 감소시키는 저탄소·친환경 녹색산업으로 미래형 식품 산업으로 주목하고 있음

---

28) 한국과학기술기획평가원(2021), KISTEP 기술동향브리프- 대체육(代替肉)
29) 식품음료신문(2021), 독일, 유기능 식품 및 대체육 소비 급증

◎ 식물성 대체육 시장의 높은 성장 잠재력

☐ 대체육 유형 가운데 식물성 단백질 기반 제품 시장이 세계 시장규모의 87.2%로 대부분을 차지하고 있어[30], 배양육이나 식용 곤충에 비해 높은 성장 잠재력을 가지고 있는 것으로 파악됨

☐ 식물성 대체육은 채식 인구의 증가에 따라 소비자 선호도가 높고 거부감이 없는 식품으로 주목받고 있으며 특히 원료 측면에서 밀, 대두뿐만 아니라 다양한 콩류, 쌀, 버섯, 해조류 등 연구개발에 따라 선택의 폭이 넓어 대량생산을 통한 규모의 경제가 가능한 장점이 있음

☐ 국내 식물성 대체식품은 중소기업을 중심으로 패티, 너겟, 돈까스, 피자토핑 등의 형태로 시장에 선보이고 있으며 대기업의 시장에 관한 관심은 불과 4~5년 전 시작되어 대대적인 투자보다는 일부 제품을 출시하거나 수입 완제품 형태로 시장의 반응을 관찰하고 있는 단계임

☐ 국내 식품제조기업 가운데 대체식품 추진 의향을 가진 기업 16개를 대상 조사결과 식물성 대체육, 배양육, 곤충식품 순으로 사업추진 계획을 가지고 있음

- 배양육과 곤충 식품은 아직 관련 관리 기준규격의 미비와 소비자 거부감이 높은 이유로 국내식품 시장은 본격적으로 형성되지 않고 있음. 특히 배양육의 경우 아직 연구개발 단계로 기술과 경제성이 충분히 확보되지 않아 미래유망식품 수준에 머물러 있음

☐ 국내 식물성 대체육 시장은 중소기업과 스타트업 기업들을 중심으로 기술 및 제품의 개발이 이루어져 왔으나, 기술, 자금, 인력, 소비자 인식 등의 부족으로 제품의 완성도와 시장의 성장에 한계가 있음

◎ 대체육 시장의 성장 잠재력과 한계

☐ 배양육의 경우 국가별로 법적 허용 기준이 상이하고, 안전성에 대한 논쟁과 소비자 기호도 측면의 거부감, 높은 생산원가 등의 문제점이 있어 안정적인 사업화까지는 상당 시간이 소요될 것으로 예상됨

- 배양육 관련 국가 및 권역별 현황은 국내의 경우 법적인 명시나 규제가 없는 상황이며, EU는 영양학적으로 고기(meat)라 부를 수 있는가에 대한 논쟁이 존재하며 미국의 경우 주별로 차이가 있으나 일부 주에서는 도축된 동물 유래가 아니면 고기가 아닌 것으로 정의하고 있음

☐ 배양육 시장의 선점을 위해 전 세계적으로 매년 신규 배양육 기업이 생겨나고 있으며 투자를 위한 다양한 투자도 이어지고 있음. 2019년 기준 총 54개의 기업이 미국, 영국, 이스라엘, 독일 등에 설립되고 있음

☐ 국내에서는 일부 대학을 중심으로 배양육에 대한 기반 기술 연구가 진행되고 있으나 아직 대량생산을 위한 세포배양 등 다양한 원천 기술이 완성되지 않아 기술 인프라 마련이 필요한 상황임

---

30) 농촌경제연구원(2020), 대체식품 현황과 대응과제

☐ 식용 가능한 곤충은 1,400 여종으로 알려져 있으며 곤충을 건조 및 분말화하여 활용하거나 곤충의 오일을 추출하여 제품제조에 사용하는 방식으로 사용되고 있음

☐ 식용곤충의 장점은 품종에 따른 차이는 있으나 단백질 함량이 통상 소고기의 3배이고, 추출 오일의 불포화지방산 함량이 75% 수준으로 건강에 매우 유익한 식품임

- 또한, 곤충에 따라 건강기능성 성분이 포함되어 있어 활용 가치와 범위가 매우 넓은 장점이 있음

☐ 하지만 외형에서 오는 혐오감, 알레르기 유발, 원료 수급, 가공기술 등 다양한 현안 문제점으로 인해 확대에 제한적임

- 국내 식용 가능한 곤충은 갈색거저리 애벌레 등 약 8종으로 제한적이고 식용곤충 공급 농가의 영세성과 표준화된 사육 방법이 정립되지 않아 향후 시장의 확대에 따른 대량생산 체계에 대응에 어려움이 있음

[동물성 식육과 대체육 특성 비교]

구분		일반육류	식물성 대체육	식용 곤충	배양육
생산방법		사육, 도축, 가공	재배, 가공	사육, 가공	세포배양
가격	대량생산	높음, 한계	높음	높음	한계
	생산비	상승 중	저렴	저렴	높음
환경	자원사용	높음	적음	적음	적음
	온실가스	높음	감소	감소	감소
윤리	동물복지	상존	없음	없음	없음
건강	효과	변화 없음	단백질 증가, 콜레스테롤 감소	단백질 증가, 지방 감소	지방산 조성개선, 철분 감소
	안정성	변화 없음	식중독 감소	알레르기 등	검증 안됨
선호	소비자 기호	수요 증가	낮은 식감, 풍미	혐오감	거부감

* 출처 : 농촌경제연구원(2020), 대체식품 현황과 대응과제

◎ **정책적 지원 현황 및 요구**

☐ 국내 정부는 2019년 관계부처 합동으로 개최한 '혁신성장전략회의'에서 '5대 유망식품 육성을 통한 식품산업 활력 제고 대책'에서 5대 유망식품에 대체육 산업을 선정하고 육성하기로 함

- 정부는 2030년까지 산업규모 24조 8,500억 원으로 100% 향상, 일자리 115,800개 창출 목표로 맞춤형·특수식품, 기능성식품, 간편식품, 친환경식품, 수출식품을 포함하는 5대 유망식품 육성을 위한 대책을 발표함
- 맞춤형/특수식품에 메디푸드, 고령친화식품, 펫푸드와 함께 대체식품을 선정했으며, 연구개발 지원 중/장기 로드맵 마련, 대체단백질 연구개발비 세액공제, 대체식품 기준설정 및 안전관리 방안 마련을 골자로 하고 있음

□ 핵심 육성방안으로 식물성 대체육 중심의 ① 원천기술개발지원 ② 제도개선 ③ 신규소재 개발 및 상용화를 제시하였음

- 제품 개발을 위한 중장기 연구개발 지원 로드맵 수립에 농진청을 통하여 대체식품 제조 및 가공에 적합한 콩 등 원료 농산물 품종개발

- 원천기술확보(식물성 단백질 분리·정제, 구조화 등) 및 기술개발 비용에 대한 세액공재 대상 추가

- 전문가 협의체 구성 및 대체식품을 위한 기준설정 및 안전관리 절차 등 관리방안 마련

□ 현재 국내 대체육 산업은 해외 소재를 도입하여 단순 배합하여 완제품을 생산하거나 완제품 형태로 수입하여 시장에 공급하고 있고 배양육은 아직 연구 초기 단계로 중장기 국내 시장 예측이 어려운 단계임

- 국내 기업의 대체육 사업 추진 시 어려움은 기술개발과 시장정보, 소비자 인식, 전문 인력, 법적기준 등에 어려움이 큰 것으로 조사되어 이에 대한 해결방안을 정책적으로 제시할 필요가 있음

- 따라서 정부는 적극적인 연구개발 지원과 전문가 및 해외 네트워크를 통한 관련 정보의 제공 인력의 양성과 관련 제도의 확립을 조속히 지원해야함

[대체육 사업추진에 따르는 애로사항]

(단위: 명, %)

구분	기술 개발·확보	시장정보	소비자 인식	전문인력	법적기준	마케팅	자금	합계
사례 수	9	7	5	4	4	3	2	34
비중	26.5	20.6	14.7	11.8	11.8	8.8	5.9	100.0

* 출처 : 농촌경제연구원(2020), 대체식품 현황과 대응과제
** 주: 1,2 순위 응답 중복처리, 식품제조업체(연구소) 및 전문가 (30명) 대상 설문

나. 시장 분석

(1) 세계시장

☐ 세계 식물성 대체육 시장 규모는 2019년 118억 9,000만 달러에서 연평균 14.4% 성장하여 2025년 266억 5,000만 달러에 이를 것으로 전망됨

- 미국이 40억 달러로 가장 큰 시장으로 확인되었으며 중국은 2027년 약 61억 달러 규모의 시장으로 성장 할 것으로 예측하고 있음. 또한 일본, 캐나다, 독일 등이 주목할 만한 시장으로 성장할 것으로 예측되고 있음
- 식물성 대체육 시장은 미국과 유럽을 중심으로 성장하고 있으며 이러한 성장 추세는 한·중·일 등 동아시아 권역으로 확대되고 있음

[세계 식물성 대체육 시장규모 및 전망]

(단위 : 백만 달러, %)

구분	'19	'20	'21	'22	'23	'24	'25	CAGR
세계시장	11,890	13,600	15,560	17,800	20,360	23,290	26,650	14.4

* 출처 : Research and Markets(2021), Plant-based Meat - Global Market Trajectory & Analytics

☐ 세계 배양육 시장 규모는 2019년 8,900만 달러에서 연평균 15.7% 성장하여 2025년 2억 1,360만 달러에 이를 것으로 전망됨

- 글로벌 컨설팅 기업 AT Kearney에 따르면 대체육 소비 비율이 2025년까지 10% 수준으로 성장하고 2040년에 이르면 세계육류 시장에서 60%를 차지할 것으로 예측하고 있음

[세계 배양육 시장규모 및 전망]

(단위 : 백만 달러, %)

구분	'19	'20	'21	'22	'23	'24	'25	CAGR
세계시장	89.0	103.0	119.2	137.9	159.5	184.6	213.6	15.7

* 출처 : Facts and Factors(2021), Cultured Meat Market Forecasts 2021 - 2026

☐ 2026년 세계 비건 시장 규모는 약 243억 달러(30조원)로 전망하고 있으며 이 가운데 대체육류 시장은 약 65억 달러(8조원)로 예상됨. 또한 이슬람 율법에 따라 도축된 육류와 채식을 주로 하는 무슬림은 2050년 28억 명으로 크게 증가할 것으로 예측하고 있음[31]

---

31) KOTRA 해외시장뉴스(2021.10.18.)

(2) 국내시장

☐ 국내 식물단백질 기반 대체식품 시장은 2019년 900억 8,000만원 규모에서 연평균 15.7% 성장하여 2025년 2,160억 8,000만 원 규모에 이를 전망임

[국내 식물단백질 기반 대체식품 시장 규모 및 전망]

(단위 : 억 원, %)

구분	'19	'20	'21	'22	'23	'24	'25	CAGR
국내시장	900.8	1042.2	1205.8	1395.1	1614.1	1867.6	2160.8	15.7

* 출처 : Stratistics Market Research Consulting(2019), Plant-Based Meat- Global Market Outlook 2017-2026

☐ 국내 식물성 단백질 기반 제품의 주된 유형은 미트볼, 버거패티, 너겟, 떡갈비, 피자토핑 등 조직감이 제품의 품질에 크게 영향을 주지 않는 범위에서 시장이 형성되어 있음

☐ 식물성 단백질 대체육의 유통은 온라인 소매 중심으로 이루어지고 있으며, 수입 직구매 비율도 9.9% 수준임

- 식물성 대체육의 유통 경로는 주로 B2C 소비 비율이 49.3%이고, B2B가 33.7%를 차지하고 있으며 B2C는 온라인 소비가 가장 높으며 주요 소비처는 호텔, 식당, 카페는 외식업 비중이 54.2%로 가장 높음
- 국내 채식인구의 비중은 약 150만 명 수준으로 인구대비 비중이 미미하여 제품의 다양성이 부족하여 상당수 제품은 해외에서 직수입을 통해 소비하고 있음

☐ 2021년 기준 국내에서 유통되는 식용곤충을 원료로 사용한 제품은 원형 그대로 건조 후 섭취하거나 쿠키나 에너지바 형태로 가공하여 판매되고 있으며, 추출액이나 환, 젤리스틱 등 제형의 형태를 다양화하여 제품이 출시되고 있음

☐ 국내 배양육 산업은 아직 법적 기준이 없고 대부분의 기업들은 연구개발 단계에 있어 시장이 형성되지 않았음

- 아직까지 배양육이 인체에 어떠한 영향을 주는가에 대한 안전성이 입증되지 않았으며 세포추출에서 배양 등 공정에 따르는 기술적, 윤리적 논란이 지속 될 것으로 예상됨

3. 기술 개발 동향

☐ 기술경쟁력
- 대체식품은 미국이 최고기술국으로 평가되었으며, 우리나라는 최고기술국 대비 83.5%의 기술 수준을 보유하고 있으며, 최고기술국과의 기술격차는 1.5년으로 분석
- 중소기업의 기술경쟁력은 최고기술국 대비 67.6%, 기술격차는 2.8년으로 평가
- 미국(100.0%)＞EU(86.0%)＞한국(83.5%)＞일본(74.3%)＞중국(56.5%)의 순으로 평가

☐ 기술수명주기(TCT)[32]
- 대체식품은 9.99의 기술수명주기를 지닌 것으로 파악

가. 기술개발 이슈

◎ **조직감 확보 기술 _ TVP(textured vegetable protein)**

☐ 식물성 대체육의 동물성 식육과 같은 조직감 확보에 핵심적인 기술
- 식물성 대체육의 원육과 같은 조직감을 확보하기 위해 이용되는 조직단백(TVP) 기술로 저수분(Low Moisture Meat Analogue, LMMA)과 고수분(High Moisture Meat Analogue, HMMA)로 구분되는 핵심적인 기술임

☐ 압출성형(Extrusion) 기술을 통한 용도별 TVP 제조
- 압출기의 가열 압착을 통해 단백질 구조 재배열(섬유상)을 시켜 얻어지는 조직단백(TVP)은 일정부분 건조된 상태로 유통보관이 용이하여 다양한 형태의 완제품 제조에 기본 원료로 사용 가능함
- 최근에는 기존의 저수분 방식에서 제품의 조직감의 향상을 위해 압출시 냉각과정에서 수분이 60% 함유된 고수분 함유 섬유상 조직 형성기술로 변형 발전되고 있으며 원료에 따른 가공 특성에 대한 지속적인 연구가 필요함

☐ 전단 셀 기술(Shear cell technology)을 통한 TVP 제조
- 기존 압출성형 방식의 기술을 대체 할 수 있는 기술로 향후 원료별 가공 특성에 대한 연구를 통해 장비와 원료와의 적합성을 확인하고 운영의 효율성을 높일 필요가 있음

---

[32] 기술수명주기(TCT, Technical Cycle Time): 특허 출원연도와 인용한 특허들의 출원연도 차이의 중앙값을 통해 기술 변화속도 및 기술의 경제적 수명을 예측

◎ 맛·향·색 기호적 품질 구현

☐ 식물성 대체육 특유의 향 제거 기술

- 식물성 대체육의 원료로 사용되는 대두 등은 원물과 가공에 따르는 콩 특유의 향을 포함하고 있어 이를 제거하는 효소처리, 품종개량, 캡슐화 압출 등의 방법으로 개선이 필요함

☐ 동물성 식육의 맛과 색 구현 기술

- 식물성 대체육의 보급 확대를 위해 가장 중요한 요소로 피 맛의 구현, 적색육의 헴(heme) 성분을 대체할 수 있는 식물성 소재 탐색(레그헤모글로빈), 갈변반응 구현 등이 가장 중요한 요소임

◎ 배양육

☐ 배양육 제조를 위해서는 세포, 배양 등과 관련 요소 기술 필요

- 줄기세포의 분리와 분화를 통해 세포증식을 이루는 것이 핵심이며 요소기술로는 활용 세포와 이를 배양하기 위한 배지 및 생물반응기 그리고 배양육의 형태와 질감 및 풍미에 영향을 주는 지지체 기술로 구분됨

[배양육 생산 과정]

* 출처 : Choi et al(2021), Comprehensive Reviews in Food Science and Food Safety

◎ 곤충식품

☐ 식용으로 사용 가능한 원료의 발굴과 가공기술, 영양성분의 유지와 독성평가 기술

- 식용곤충의 발굴과 식품 원료로의 등록을 위해 영양성과 독성(안전성)검증 연구 필요
- 일반적인 가공 방법 건조 및 분체 형태의 제품으로는 혐오감이 커 섭식에 유리한 형태 혹은 제품의 개발이 필요하며 이를 위해 곤충에 유익한 단백질, 유지 등을 분리·추출하여 첨가하는 형태가 유리함

나. 생태계 기술 동향

(1) 해외 플레이어 동향

☐ Beyond Meat

- 미국 로스엔젤레스에 본사를 둔 식물성 대체육 선두 기업으로, 세계 65개국 이상의 국가에 제품을 판매 중이며, 대표 제품 '비욘드버거'는 100% 식물성 단백질을 사용하고 GMO가 사용되지 않음
- 코코넛 오일을 통해 지방의 식감과 맛을 구현했으며, 육류의 선홍빛 색상을 구현하기 위하여 비트 추출물을 사용함
- 맥도날드, 서브웨이, 데이스, 던킨도너츠, KFC 등 대형 패스트푸드 체인과 제휴 공급 확대 중
- 완두단백, 쌀단백, 녹두단백 등 다양한 식물성 단백질 소재 평가 및 제품화 관련 연구를 수행 중임

☐ Nestle

- 스위스에 본사를 둔 다국적 식품 기업으로, 식물 기반 식품 브랜드 Sweet Earth를 확대하고 있으며, 맥도날드 유럽매장에 식물 기반 패티 공급 확대
- 롯데와의 합작법인 롯데네슬레코리아는 글로벌 대체육 전용 브랜드인 '하베스트 고메(Harvest Gourmet)'를 국내에 론칭 하였음

☐ Impossible Food

- 미국의 식물성 대체육 생산 업체로, 대두단백, 감자단백질을 혼합하여 제품을 생산하고 있으며, 코코넛과 해바라기 오일을 통해 지방의 식감과 맛을 구현함
- 콩 뿌리혹에서 발견되는 레그헤모글로빈(leghemoglobin)의 효모를 배양하여 식물성 유기철분 헴(heme)을 추출하여 동물성 식육의 향, 맛, 육즙까지 구현함
- 2021년 4월 기준 미국 대체육 시장의 9.0%를 점유하고 있으며, GMO 대두를 사용하여 가격 경쟁력을 갖추고 있음

☐ Ingredion

- 미국 일리노이에 본사를 둔 식품소재 기업으로, 식물성 단백질 기반 '비건-친화' 제품군을 판매 중임
- 2021년 11월 식물성 기반의 대체육 솔루션을 소개하는 웨비나를 개최했으며, 2020년 하반기 중국에 콩 단백질 추출 공장 설립 계획을 밝히며 시장 확대에 나설 전망임

☐ Good Catch

- 미국에 본사를 둔 식물성 대체육 제조 기업으로, 6개 콩(완두콩, 병아리콩, 렌틸콩 등)과 식물 단백질을 혼합하여 참치의 맛과 식감을 구현한 제품과, 해조류 오일을 통해 해산물 풍미를 구현 및 오메가-3를 함유한 제품을 판매 중임

☐ Odontella
- 프랑스 식품기업으로, 미세조류와 해조류 추출물을 활용하여 대체 해산물 식품인 식물성 연어를 개발하여 판매 중이며, 해당 제품은 gluten-free 특징이 있음

☐ Marlow Foods
- 영국의 식품 유통 업체로, Fusarium venenatum 곰팡이에서 추출한 mycoprotein(Quorn)을 주성분으로 생산하며 고정을 위한 지지체로 난백이나 감자 단백질을 이용하고 있음
- 주요 제품으로 슬라이스 햄, 너겟, 롤 소시지 등 다양한 제품을 생산하고 있음

☐ CONAGRA
- 미국의 메이저 식품 기업으로, 2018년부터 식물성 재료를 기반으로 한 대체육 제품을 판매 중임
- 대표 브랜드 가드인(Gardein)은 동물성 육류가 포함되지 않은 버거, 핫도그, 소세지 등의 냉동식품 제품 라인을 보유하고 있음

(2) 국내 플레이어 동향

- 시장의 규모가 크지 않아 지금까지 기업들의 본격적인 연구 및 제품개발이 이루어지지 않았으며, 대부분 수입 완제품으로 유통시키거나 식물성 조직단백(TVP)을 전량 해외에서 수입하여 완제품을 제조하여 판매하고 있음

- 중소 및 벤처 기업중심에서 최근 시장의 성장 가능성과 ESG 경영을 위한 핵심 아이템 등에 주목하고 롯데, 농심, 신세계, CJ제일제당, 동원F&B 등 대규모 식품 기업들의 투자와 기술개발이 진행되고 있음

- 롯데푸드
  - '제로미트' 라인 제품(베지함박, 베지가스, 베지너겟 등)와 식물성 원료로 만든 소스와 함께 공급
  - 롯데푸드는 국내에서 가장 먼저 대체육을 제조·판매 하였으며 지난 2019년 식물성 대체육 브랜드 '엔네이트 제로미트'를 자체 개발해 출시하였음
  - 식물성 대체육 시장의 선점을 위해 롯데중앙연구소는 버섯 균사체(Mycelium)를 이용하여 대체육 등에 활용 가능한 소재를 생산하는 스타트업 마이셀과 비밀유지협약을 체결하고 연구개발을 진행하고 있음

- CJ제일제당
  - 동물성 식육 본연의 향을 구현 할 수 있는 차세대 기능성 아미노산 소재 브랜드 '플레이버엔리치'가 북미 최고 권위의 'Vegan Action' 단체로부터 비건 인증을 받음
  - 2021년 3월 세계 최초로 기능성 아미노산인 시스테인을 비전기분해 방식으로 대량생산하는 기술을 확보해 상용화함
  - 시스테인은 고기 본연의 향을 구현할 수 있어 대체육을 비롯한 비건 식품과 일반 가공식품에 활용될 수 있으며, 할랄 음식에도 활용할 수 있어 수요가 확대되고 있음

- 신세계푸드
  - 자체 독자 기술로 개발한 제품을 기반으로 하는 대체육 브랜드 'Better Meat'를 론칭함

- 동원 F&B
  - 2020년부터 미국의 대체육 전문기업 Beyond Meat와 수입 독점 계약을 맺고 2021년 11월 현재까지 약 10만개 판매고를 올리고 있음
  - 카페 브랜드 '투썸플레이스'와 협력하여 식물성 대체육 샌드위치 '비욘드미트파니니' 출시

- 농심
  - 2021년부터 농심 연구소와 농심 계열사인 태경농산㈜이 개발한 식물성 대체육 제조기술을 간편식품에 접목한 브랜드 '베지가든(Veggie Garden)' 사업을 본격화
  - 베지가든은 식물성 대체육을 비롯해 조리냉동식품과 즉석 편의식, 소스, 양념, 식물성 치즈 등을 생산하고 있으며, 대형마트와 온라인쇼핑몰에 입점함
  - 2021년 6월 HMMA(High Moisture Meat Analogue, 고수분 대체육 제조기술) 공법으로 제조한 100% 식물성 재료 사용 만두 제품을 출시

- 지구인컴퍼니
  - 비트와 쌀가루, 완두, 병아리콩, 퀴노아 등으로 만드는 100% 식물성 제품 기술 보유
  - 고수분 대체육 제조 기술(High Moisture Meat Analogue, HMMA) 및 저수분 대체육 제조 기술(Low Moisture Meat Analogue, LMMA)의 식물성 조직단백(TVP) 기술력 향상을 도모하고 있으며 유화와 경화 안정성을 확보한 식물성 지방을 자체 개발하여 사용
  - 언리미티드 버거패티, 슬라이스 구이, 풀드바비큐, 다짐육 등 제품의 구성이 매우 다양함
  - 산업은행 등에서 신규 공장 건설 등의 명목으로 80억 원을 유치하는 등 다양한 투자펀드로부터 최근 280억 원의 신규투자를 유치함

- 디보션푸드
  - 압출성형공정법, 응고점 유지 기술 등 자체 기술을 이용한 제품 개발
  - GMO와 식품 첨가물을 사용하지 않고 콜레스테롤 0%인 지방을 자체 개발하여 대체육 제조에 활용
  - 식감이 부족한 대두 기반의 식물성 대체육과는 차별화하여 동물성 식육과 맛, 향, 영양 그리고 조리시 갈변 현상까지 그대로 재현한 대체육 제품 생산

- Daily Vegan
  - 완두콩 기반으로 기존 보편화된 원료인 대두의 부작용(원료수급, GMO, 글루텐) 해결한 '비미트' 출시

다. 국내 연구개발 기관 및 동향

(1) 연구개발 기관

☐ 2021년 한국과학기술기획평가원의 조사에 따르면 대체육 분야 연구개발은 대학과 중소기업 중심으로 수행되고 있으며 출연 연구소의 참여는 전무한 상황임

[대체식품 주요 연구조직 현황]

기관	소속	연구분야
공주대학교	식품공학과	• 소재 및 가공기술, 압출가공기술
고려대학교	식품공학과	• TVP 조직 단백 가공기술
경기대학교	식품생물공학과	• 소재 및 가공기술, 압출기술
서울대학교	식품생명공학과	• 원료에 따른 압출성형가공기술
삼육대학교	식품영양학과	• 소재 및 가공기술

(2) 기관 기술개발 동향

☐ 공주대학교
- 원료별 고수분 압출성형 기반 대체육 제조(High Moisture Meat Analogue, HMMA) 방식의 가공기술 개발

☐ 고려대학교
- 압출성형 기반의 식물성 조직단백(TVP) 제조 및 맛, 향, 색 구현

☐ 경기대학교
- 압출성형 기반의 식물성 조직단백(TVP) 가공

☐ 서울대학교
- 국내산 농산물을 활용한 한식용 대체육 질감 및 풍미 개발
- 식물성 원료 유래 단백질의 가공공정에 따른 물리화학적 특성 규명 및 가공적성 최적화 기술 개발

☐ 삼육대학교
- 대체육 생산을 위한 국내산 농산물의 소재화 기술 개발
- 고단백 함유 대체육 소재의 가공 적성 및 제품화 공정 개발

◎ 국내 대체식품 관련 선행연구 사례

[국내 선행연구(정부/민간)]

수행기관	연구명(과제명)	연도	주요내용 및 성과
네오크레마	식물성 조직단백(Textured Vegetable Protein, TVP) 가공기술 구축 및 조직감 구현을 통한 식물성 대체육 제품 개발	2021 ~ 2021	• 동물성 식육의 물성 지표를 기준으로 하여 식물성 조직단백(TVP)를 이용한 대체육 패티의 물성 구현
위드바이오	국내산 농산물 유래 고함량 단백질 소재 활용 대체육 개발	2019 ~ 2021	• 국내산 농산물에서 유래하는 단백질 함량이 높은 소재를 활용하여 식물성 대체육 개발
대상	식물성 대체고기 제조 기술 및 이를 활용한 수출 전략형 한식기반 제품 개발	2017 ~ 2021	• 대두 기반의 식물성 단백질을 활용하여 식물성 만두 개발하여 호주 등 7개국에 수출(약 41만 톤 수출)
신세계푸드	소고기 유사 분쇄형 및 비분쇄형 식물 기반 식품 생산을 위한 단백질 소재화 및 적용 기술 개발	2021 ~ 2023	• 국내산 소고기와 질감이 유사한 식물성 분쇄육용 식물 단백소재 및 제품개발, 사용화 • 조직형성, 소화율 향상, 필수아미노산 강화, 한식 적용 등을 위한 최적 식물단백 소재 탐색 및 소재화 기술 개발
태경농산	소고기 유사 식물 기반 식품용 첨가물 소재화 및 적용 기술 개발	2021 ~ 2023	• 육류 성분 분석 기반의 신규 첨가물 소재 발굴 및 바이오 기술 등을 활용한 비용절감 대량생산 기술 개발 • 식물성 대체육 품질(지방, 색, 향미 등)개선을 위한 비단백질 소재 개발 및 적용 기술 개발
쿠엔즈버킷	식물성 원료 유래 단백질 등 소재 생산을 위한 물질 분리 및 바이오매스 활용 기술 개발	2021 ~ 2025	• 식품 부산물 활용을 통한 단백질 신소재 및 식물성 원료 다양성 확보와 소재화 기술 개발 • 발굴된 단백질 신소재의 식품소재 활용 가능성 검증 및 상용화

4. 특허 동향

가. 특허동향 분석

(1) 연도별 출원동향

☐ 대체식품 기술의 지난 20년(2000년~2019년)간 출원동향[33]을 살펴보면 2000년부터 최근까지 증가하는 경향을 보이고 있으며, 특히 2015년부터 2019년까지 급격한 증가 추세가 나타나고 있음

☐ 국가별 출원비중을 살펴보면 한국이 전체의 35%의 출원 비중을 차지하고 있어, 최대 출원국으로 나타났으며, 미국, 일본, 유럽의 점유율은 각각 27%, 20%, 18% 순으로 나타남
  ■ 한국의 경우 대체육 첨가용 고기 향미 소재와 관련된 특허 출원이 활발한 것으로 나타남

[연도별 출원동향]

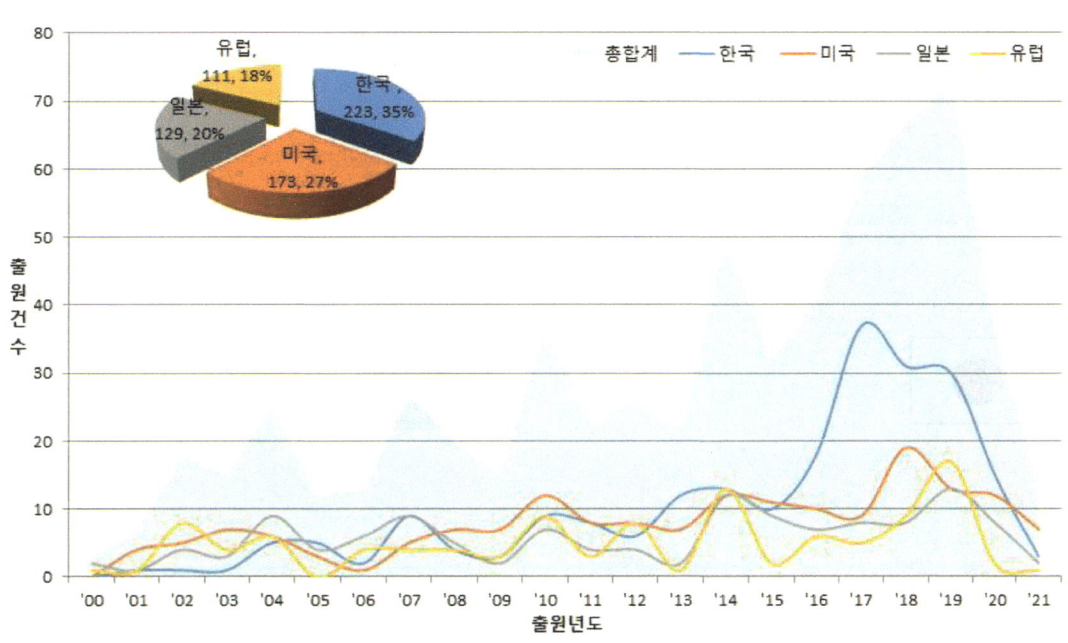

---

[33] 특허출원 후 1년 6개월이 경과하여야 공개되는 특허제도의 특성상 실제 출원이 이루어졌으나 아직 공개되지 않은 미공개데이터가 존재하여 2020, 2021년 데이터가 적게 나타나는 것에 대하여 유의해야 함

(2) 국가별 내·외국인 출원현황

☐ 한국의 경우, 내국인의 출원 비중이 더 높은 것으로 나타났으며, 2015년부터 2017년 사이에 내국 출원인의 출원 건수가 급격히 증가함

☐ 미국의 경우, 내국인과 외국인의 출원 비중이 유사하게 나타났으며, 2000년대에는 외국인에 의해 출원이 주도되었으나 2010년대에는 내국인의 출원이 더 우세함

☐ 일본의 경우, 내국인과 외국인의 출원 비중이 유사하게 나타났으며, 내국인과 외국인의 출원 건수 모두 증감을 반복하고 있음

☐ 유럽의 경우, 내국인(유럽인)과 외국인(비유럽인)의 출원 비중이 유사하게 나타났으며, 내국인(유럽인)과 외국인(비유럽인)의 출원 건수 모두 증감을 반복하고 있음

[국가별 출원현황]

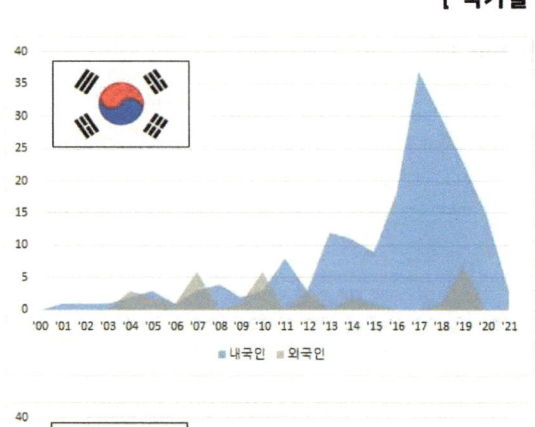
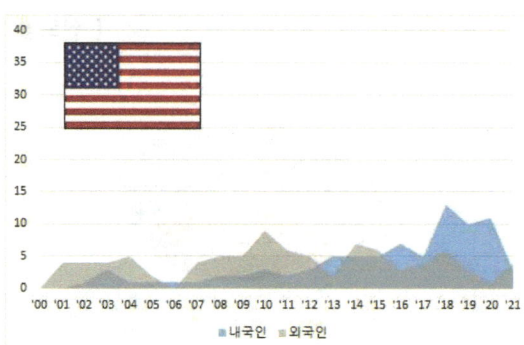
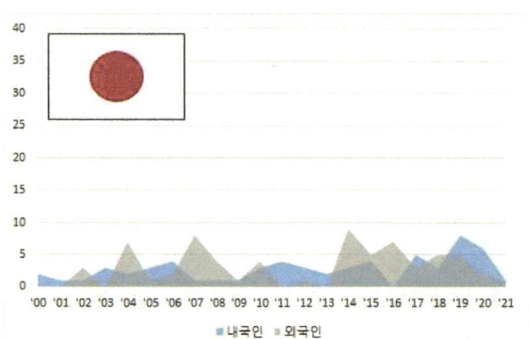
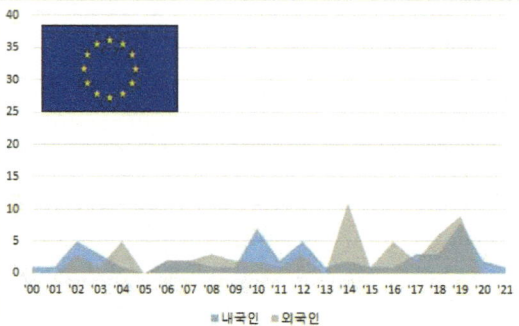

나. 주요 기술 키워드 분석

(1) 기술개발 동향 변화 분석

☐ 대체식품 기술에 대한 구간별 기술 키워드 분석을 진행하였으며, 전체 분석구간에서 충전전류, Secondary Battery, 직렬접속, 전지 온도, 전지 전압, 복수 이차전지, 이차전지 열화 등 이차전치 충/방전 상태 및 온도와 관련된 키워드가 다수 도출됨

- 최근 분석구간에 대한 기술 키워드 분석 결과, 최근 1구간(2013년~2016년)에서는 곰팡이 발효, 세균 발효, 식용곤충, 발효 공정, 글루타민산 발효액 등의 대체육 첨가용 고기 향미용 소재 키워드가 도출됨
- 최근 2구간(2017년~2021년)에서는 Meat Substitute, Egg Protein, Meat Consumable Product, Vegetable Protein, Plant Protein 등 대체육 관련된 키워드가 추가로 도출됨

[특허 키워드 변화로 본 기술개발 동향 변화]

- Food Product, Meat Substitute, Vegetable Protein, Plant Protein, 식용곤충, 단백질 함량, 갈색거저리 유충, Egg Substitute, Protein Source, 글루타민산 발효액, 발효 공정, 곤충 분말, 식물 단백질

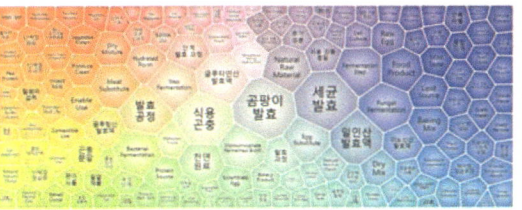

- 곰팡이발효, 세균 발효, 식용곤충, 발효 공정, Natural Raw Material, 글루타민산 발효액, Egg Substitute
- Meat Substitute, Egg Protein, Meat Consumable Product, Vegetable Protein, Plant Protein

(2) 기술-산업 현황 분석[34]

☐ 대체식품 기술에 대한 Subclass 기준 IPC 분류결과, 식품, 식료품, 또는 비알콜성음료(A23L) 및 식품용 단백질 조성물(A23J)로 다수의 특허가 분류되는 것으로 조사됨

☐ KSIC 산업분류 결과, 다수의 특허가 육류 기타 가공 및 저장 처리업(C10129) 및 기타 과실·채소 가공 및 저장 처리업(C10309)로 분류되는 것으로 조사됨

[기술-산업 분류 분석]

IPC 특허분류별 출원건수

분류	건수
(A23L) 식품, 식료품, 또는 비알콜성음료; 그 조제 또는 처리	494
(A23J) 식품용 단백질 조성물	26
(C12N) 미생물 또는 효소; 그 조성물	23
(A23K) 동물을 위해 특히 적합한 먹이	17
(A23C) 유제품	16

KSIC 산업분류별 출원건수

분류	건수
(C10129) 육류 기타 가공 및 저장 처리업(가금류 제외)	60
(C10309) 기타 과실·채소 가공 및 저장 처리업	44
(C10749) 기타 식품 첨가물 제조업	42
(C11209) 기타 비알코올 음료 제조업	23
(C10501) 액상 시유 및 기타 낙농제품 제조업	20

---

34) 해당제품 특허데이터를 대상으로 윕스 보유 기술·산업·시장 동향 분석 플랫폼 'Build' 활용

다. 주요 출원인 분석

☐ 대체식품 기술의 전체 주요출원인(Top 5)을 살펴보면, 미국, 일본, 한국 국적의 출원인들이 분포하고 있으며, 미국국적의 SOLAE가 최다출원인으로 나타남

- SOLAE는 대두를 중심으로 식품, 사료, 산업 재료를 개발하는 기업으로, 콩단백질 관련 연구에 주력하고 있음

☐ 대체식품 설계기술 관련 국내 주요출원인으로 CJ제일제당, 농촌진흥청, 경남과학기술대학교가 도출되었으며, CJ제일제당의 경우 한국, 미국, 일본, 유럽에 모두 특허를 출원함

[주요출원인 동향]

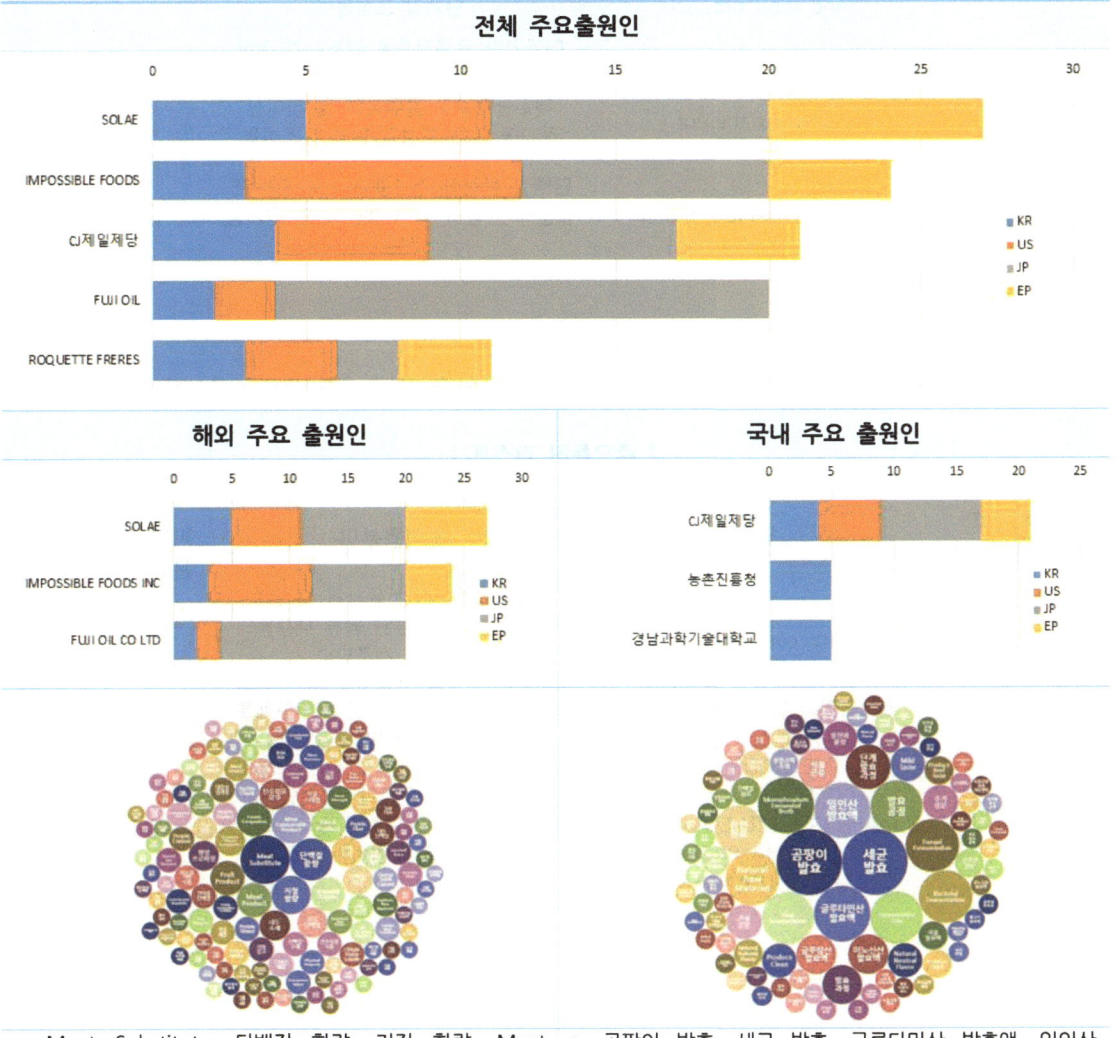

- Meat Substitute, 단백질 함량, 지질 함량, Meat Product, 대두 소재, 단백 소재, 단백질 섬유, Vegetable Protein Composition
- 곰팡이 발효, 세균 발효, 글루타민산 발효액, 일인산 발효액, 발효 공정, Fermentation Step, 천연 원료, 식용 곤충

(1) 해외 주요출원인 주요 특허 분석[35]

☐ SOLAE

- 미국 기업으로, 대체식품 기술과 관련하여 27건의 특허를 출원하고 있는 것으로 조사됨

[주요특허 리스트]

등록번호 (출원일)	명칭	기술적용분야	IP 경쟁력	
			피인용 문헌수	패밀리 국가수
US 8685485 (2006.05.19)	Protein composition and its use in restructured meat and food products	옥수수 단백질, 대두 단백질 등을 원료로 하는 대체육 제조를 위한 단백질 조성물	40	17
US 6908634 (2003.03.20)	Transglutaminase soy fish and meat products and analogs thereof	대두기반 육류제품을 제조하기 위한 트랜스글루타미나제의 가교제와 대두단백질의 글루타민 및 라이신 잔기에 의해 형성된 단백질 조성물	19	6
US 6797288 (2002.01.15)	Gelling vegetable protein	단백질 함량이 건조중량 기준 60~85 질량%인 콩 단백질 조성물 및 육가공 제품	10	11

☐ IMPOSSIBLE FOODS

- 미국 기업으로, 대체식품 기술과 관련하여 21건의 특허를 출원하고 있는 것으로 조사됨

[주요특허 리스트]

등록번호 (출원일)	명칭	기술적용분야	IP 경쟁력	
			피인용 문헌수	패밀리 국가수
US 10993462 (2019.01.03)	Methods and compositions for consumables	근육 유사체, 지방 유사체 및 결합조직 유사체로 구성된 육류 대용품의 조성물 및 제조방법	10	24
JP 6553516 (2014.01.13)	소비재의 풍미 및 방향 프로파일에 영향을 미치기 위한 방법 및 조성물	철이온과 착물을 형성하고 있는 고도 불포화 헤테로 고리와 풍미 전구체를 함유하는 식품 풍미 조절 방법	2	24
EP 2943072 (2014.01.13)	METHODS AND COMPOSITIONS FOR AFFECTING THE FLAVOR AND AROMA PROFILE OF CONSUMABLES	육류 대용품에 육류의 맛과 냄새가 부여되는 헴-함유 단백질 및 포도당, 리보오스 등을 포함하는 조성물	12	24

---

35) 최근 출원특허 중, 등록특허를 기준으로 피인용문헌수 및 패밀리 국가수가 큰 특허를 주요특허로 도출

☐ FUJI OIL

- 일본 기업으로, 대체식품 기술과 관련하여 20건의 특허를 출원하고 있는 것으로 조사됨

[주요특허 리스트]

등록번호 (출원일)	명칭	기술적용분야	IP 경쟁력	
			피인용 문헌수	패밀리 국가수
JP 5879997 (2011.12.12)	우유 대체 조성물 및 이것을 사용한 우유 대체 식음료품	대두 특유의 악취가 적고 양호한 대두 풍미를 가지며, 우유 대체 원료로서 넓게 사용할 수 있는 콩 유래의 우유 대체 조성물	13	5
JP 6070035 (2012.10.05)	수중유형 유화 조성물	두유와 같은 대두로부터의 추출물을 생크림 등의 유제품의 대체로서 사용한 수중유형 유화 조성물	3	1
US 9101158 (2012.05.23)	Application of soybean emulsion composition to soybean-derived raw material-containing food or beverage	대두 원료를 사용한 콩 유래 원재료 함유 식품/음료에서, 제품 품질을 현저하게 개선시킨 우유 대체 조성물	2	5

(2) 국내 주요출원인 주요 특허 분석[36]

☐ CJ제일제당

- 대체식품 기술과 관련하여 한국, 미국, 일본, 유럽에 총 494건의 특허를 출원하고 있는 것으로 조사됨

[주요특허 리스트]

등록번호 (출원일)	명칭	기술적용분야	IP 경쟁력	
			피인용 문헌수	패밀리 국가수
KR 10-1500847 (2013.07.23)	천연 코쿠미 조미소재의 제조 방법	아스퍼질로스 속 곰팡이로 식물성 단백질을 발효하는 단계를 포함하는 천연 코쿠미(kokumi) 향미 제조 방법	1	14
KR 10-1500846 (2013.07.23)	천연 소고기 풍미 조미소재의 제조 방법	곰팡이 발효와 세균 발효의 2단계 발효 과정을 거쳐 제조된 이노신산(IMP) 발효액 및 글루탐산(glutamic acid) 발효액을 이용하여 천연 고기 향미소재를 제조하는 방법	2	14
JP 6228227 (2014.02.25)	천연조미 소재 제조를 위해 원료가 되는 IMP 발효액 또는 글루타민산 발효액을 제조하는 방법	천연조미 소재를 제조하기 위한 원료로서 이노신-5'-일인산(IMP) 발효액 또는 글루타민산(glutamic acid) 발효액 제조 방법	1	14

☐ 농촌진흥청

- 대체식품 기술과 관련하여 한국에 5건의 특허를 출원하고 있는 것으로 조사됨

[주요특허 리스트]

등록번호 (출원일)	명칭	기술적용분야	IP 경쟁력	
			피인용 문헌수	패밀리 국가수
KR 10-1746111 (2015.11.10)	갈색거저리를 이용한 연하식품 및 이의 제조방법	갈색거저리의 키틴질을 제거하여 누룽지 향 등과 혼합하는 단계를 포함하는 젤리형태의 연하식품의 제조방법	8	1
KR 10-1734067 (2015.11.10)	갈색거저리를 이용한 곤충고기 조성물 및 이의 제조방법	갈색거저리 분말이 조성물 전체 중량대비 18~30 중량%로 포함되는 동물성 육류와 유사한 식감을 낼 수 있는 갈색거저리를 이용한 곤충고기 조성물	9	1
KR 10-1514534 (2013.07.31)	콩고기 가공식품 및 이의 제조 방법	콩고기 가공식품의 결착제로 사용되는 글루텐의 함량을 감소시켜 부작용을 최소화하고, 항산화 효과를 강화시킨 콩고기 가공식품 및 이의 제조방법	5	1

---

[36] 최근 출원특허 중, 등록특허를 기준으로 피인용문헌수 및 패밀리 국가수가 큰 특허를 주요특허로 도출

☐ 경남과학기술대학교

■ 대체식품 기술과 관련하여 한국에 5건의 특허를 출원하고 있는 것으로 조사됨

[주요특허 리스트]

등록번호 (출원일)	명칭	기술적용분야	IP 경쟁력	
			피인용 문헌수	패밀리 국가수
KR 10-1725057 (2015.04.07)	곤충 스프	굼벵이, 메뚜기, 거저리 등의 식용 곤충이 분쇄된 분말 및 소금, 향신료 등이 포함되는 보관/운송이 용이한 스프	9	1
KR 10-1775377 (2016.02.11)	분말 혼합물 및 환 제조 방법	식용 곤충이 분쇄된 곤충 분말과 발아 씨눈이 분쇄된 씨눈 분말이 혼합된 분말 혼합물 및 환 제조방법	7	1
KR 10-1917534 (2017.08.31)	증진된 기호성과 항산화 활성을 갖는 식물성 브라운 소스 및 그 제조방법	현대의 건강 지향적 트렌드에 부합되는 육고기 소스를 대체할 수 있는 바실러스 아밀로리퀘페시언스 균주 유래 식물성 브라운 소스	2	1

라. 기술진입장벽 분석

(1) 기술 집중력 분석37)

☐ 대체식품 설계기술에 대한 시장관점의 기술독점 집중률 지수(CRn) 분석 결과, 상위 4개 기업의 시장점유율이 14로 독과점 정도가 높지 않은 것으로 분석됨

☐ 국내시장에 있어서 중소기업의 특허점유율은 59.19로, 대체식품 기술에서 중소기업의 점유율은 높은 것으로 분석되었으나, 5건 이상 출원한 중소기업은 없음
- 시장 형성 초기단계로 전체 출원건수가 많지 않다는 점을 고려할 때, 중소기업의 국내 시장 진입 장벽이 높지 않을 것으로 판단됨

[주요출원인 및 한국 중소기업 집중력 분석]

	주요출원인	출원건수	특허점유율	CRn	n
주요 출원인 집중력	SOLAE(미국)	27	4.2	4	
	IMPOSSIBLE FOODS(미국)	24	3.8	8	
	CJ제일제당(한국)	21	3.3	11	
	FUJI OIL(일본)	20	3.1	14	4
	ROQUETTE FRERES(프랑스)	11	1.7	16	
	UNIVERSITY OF MISSOURI(미국)	9	1.4	18	
	UNILEVER(영국)	7	1.1	19	
	NESTEC(스위스)	7	1.1	20	
	GIVAUDAN(스위스)	6	0.9	21	
	ALEPH FARMS(이스라엘)	6	0.9	22	
	전체	636	100%	CR4=14	
	출원인 구분	출원건수	특허점유율	CRn	n
국내시장 중소기업 집중력	중소기업(개인)	132	59.2	59.19	중소기업
	대기업	8	3.6		
	연구기관/대학	50	22.4		
	기타(외국인)	33	14.8		
	전체	223	100%	CR중소기업=59.19	

---

37) 상위 몇 개 기업의 특허점유율을 합한 것으로, 특허동향조사에서는 통상 CR4를 사용하며, CRn값이 0에 가까울수록 시장 독과점 수준이 낮은 것을 의미하고, CR4 값이 40에서 60일 경우(CR1 지수는 50 이상일 경우, CR2 또는 CR3 지수는 75 이상일 경우) 시장의 독과점 수준이 높은 것으로 해석됨
CRn(집중률지수, Concentration Ratio n) = (1위 출원인의 특허점유율) + ... + (n위 출원인의 특허점유율)

(2) IP 경쟁력 분석[38]

☐ 대체식품 기술의 주요출원인들의 IP 경쟁력 분석결과, IMPOSSIBLE FOODS의 시장확보력이 가장 높고, UNIVERSITY OF MISSOURI의 기술영향력이 가장 높은 것으로 분석됨
- IMPOSSIBLE FOODS : 시장확보력(PFS) 2.12
- UNIVERSITY OF MISSOURI : 영향력지수(PII) 2.04

☐ 종합적으로, 1사분면으로 도출된 IMPOSSIBLE FOODS 및 ROQUETTE FRERES의 특허가 시장확보력 및 질적 수준이 높은 특허, 특 기술적 파급력과 상업적 가치가 큰 것으로 해석됨

[주요출원인 IP 경쟁력 분석]

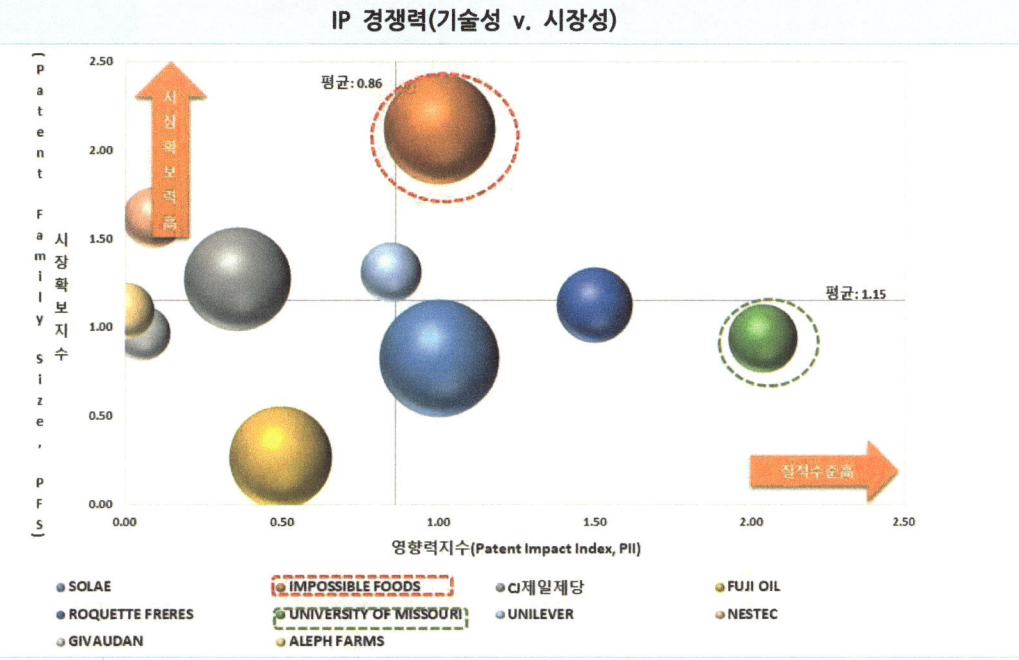

| IMPOSSIBLE FOODS | ▪ (JP 6907271) 소비재의 맛 및 방향 프로파일에 영향을 미치기 위한 방법 및 조성물
▪ (US 11013250) Methods and compositions for consumables
▪ (US 10172380) Ground meat replicas |

* **영향력지수(Patent Impact Index, PII)**: 다른 경쟁주체의 기술수준이 고려된 특정한 주체의 '상대적인' 기술적 중요도 또는 혁신성과의 가치 정보가 포함된 기술수준으로, 특허의 피인용 횟수를 특정 기술분야 내에서의 상대적인 값으로 전환시킨 지수임
* **시장확보지수(Patent Family Size, PFS)**: 특정 주체가 특정 기술분야에서 소수의 특정 국가에서만 시장확보를 하고자 하는지 아니면 다수의 세계 주요 국가들에서 시장확보를 하고자 하는지에 대한 분석으로, PFS가 높은 특허는 그만큼 상업적 가치가 큰 기술에 대한 특허인 것으로 해석될 수 있으며, PFS가 높은 출원인은 세계 여러 국가에서 사업을 하고 있는 출원인 것으로 해석될 수 있음(2020 공공 R&D 특허기술동향조사 가이드라인, 한국특허전략개발원)
* **버블크기** : 출원 특허 건 수 비례

---
[38] PFS = 특정 주체의 평균 패밀리 국가 수 / 전체 평균 패밀리 국가 수
PII = 특정 주체 보유특허의 피인용도[CPP] / 전체 유효특허의 피인용도

전략제품 현황분석

5. 요소기술 도출

가. 특허 기반 토픽 도출

☐ 636개의 특허의 내용을 분석하여 구성 성분이 유사한 것끼리 클러스터링을 시도하여 대표성이 있는 토픽을 도출

[대체식품에 대한 토픽 클러스터링 결과]

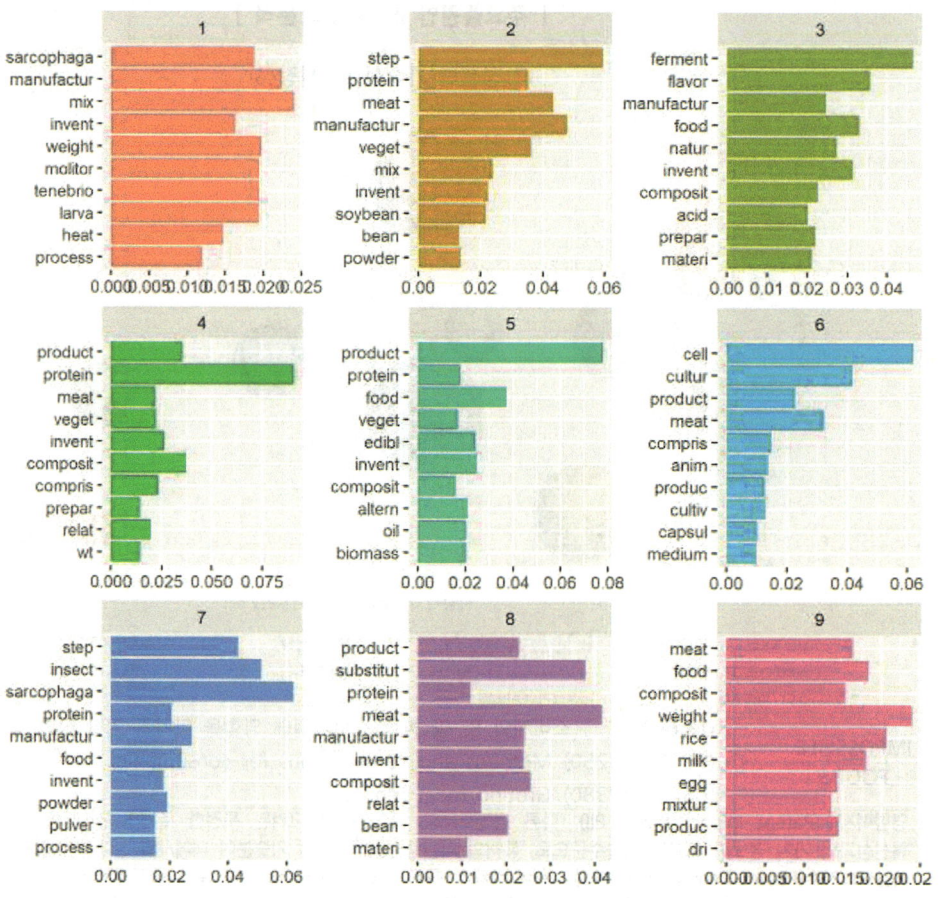

나. LDA[39] 클러스터링 기반 요소기술 도출

[LDA 클러스터링 기반 요소기술 키워드 도출]

No.	상위 키워드	대표적 관련 특허	요소기술 후보
클러스터 01	mix manufacturing weight molitor tenebrio *tenebrio molitor : 갈색거저리	• MANUFACTURING METHOD FOR ROASTED MEAT USING EDIBLE INSECT AND ROASTED MEAT USING EDIBLE INSECT MANUFACTURED BY THE SAME • Sausage containing Tenebrio molitor larvae and the preparation method thereof • EDIBLE INSECT DERIVED PRODUCTS AND PROCESSES FOR THE MANUFACTURE AND USE THEREOF • Swallowing food using Tenebrio molitor and method for manufacturing thereo • A processing apparatus of tenebrio molitor larva and processing method thereof	식용곤충(갈색거저리) 가공 식품 및 제조방법
클러스터 02	step manufacturing meat vegetable protein	• Texturized vegetable protein extruded with biji • A vegetable patty using lentil and hamp seed and a method manufacturing the same • MYCELIATED VEGETABLE PROTEIN AND FOOD COMPOSITIONS COMPRISING SAME • VEGETABLE PROTEIN MEAT ANALOGUES AND METHODS OF MAKING THE SAME • GRANULATED POWDER CONTAINING VEGETABLE PROTEINS AND FIBRES, METHOD FOR PRODUCING SAME, AND USE THEREOF	식물성 단백질 조직화 방법
클러스터 03	fermentation flavor food invent nature	• Processing Method of Soy Sauce Having Meat-like Flavor from Acid-Hydrolyzed Vegetable Protein with Alkaline Treatment • METHOD OF PREPARING SAVOURY-FLAVOURED PRODUCTS BY FERMENTATION OF PROTEINS • METHOD FOR PREPARING NATURAL KOKUMI FLAVOR • Processing Method of Soy Sauce Having Meat-like Flavor from Acid-Hydrolyzed Vegetable Protein with Alkaline Treatment • Process for Preparing Chicken-flavor	대체육 첨가용 고기 향미(flavor) 소재 및 제조방법
클러스터 04	protein composition product comprise vegetable	• Method for preparing IMP fermented liquor or glutamic acid fermented liquor for preparation of natural flavor • Method for Preparing IMP Fermented Broth or Glutamic Acid Fermented Broth as Raw Material for Preparation of Natural Flavor • Method for Preparing Natural Beef Flavor • Method for Preparing Natural Fermented Flavor with Increased Glutamic Acid • METHOD FOR PREPARING NATURAL NEUTRAL FLAVOR	대체육 첨가용 천연 고기 향미(flavor) 소재

---

39) Latent Dirichlet Allocation

클러스터 05	product food invent edible alternative	• MANUFACTURING APPARATUS FOR SOYBEAN MEAT USING TWIN SCREW EXTRUDER • APPARATUS FOR MANUFACTURING FIBERS • A three-dimensional food printer having a plurality of capsules storing food ingredients • Sensor 3D Printer Base, Black Soya Burger Factory • THREE-DIMENSIONAL FORMING APPARATUS AND METHOD FOR MANUFACTURING MEAT SUBSTITUTE	대체육 제조 장비
클러스터 06	cell culture meat product animal	• Fetal Bovine Serum substitutes for cell culture • SCAFFOLD FOR CELL CULTURE AND MANUFACTURING METHOD THEREOF • Manufacturing method of patty using mushroom concentrates and bovine satellite cell culture media • ELECTROSPUN POLYMER FIBERS FOR CULTURED MEAT PRODUCTION • Hydrogel scaffolds for tissue engineering	배양육 제조용 세포배양
클러스터 07	sarcophaga insect step manufacturing food *sarcophaga : 쉬파리속	• MANUFACTURING METHOD FOR ROASTED MEAT USING EDIBLE INSECT AND ROASTED MEAT USING EDIBLE INSECT MANUFACTURED BY THE SAME • Energy bars and a method of manufacturing the same diet that utilizes the edivle insect • Rice Cake Containing Edible Insect Powder and Preparing Method Thereof • Method of producing a food containing protein of edible insect • Snacks using edible insects and methods for producing them	식용곤충(쉬파리속) 가공 식품 및 제조방법
클러스터 08	meat substitute composition manufacturing bean	• Method for producing soybean meat doogaejang and soybean meat doogaejang produced by same method • Manufacturing method of vegetable meat removed smell of soybean, vegetable meat manufactured by the same • The made way of soybean burger • A synthetic meat using soybean and A manufacturing method thereof • Producing method of pork cultet type soybean processed foods	대두 기반 대체육
클러스터 09	weight rice food milk egg	• Milk-based alternative product and method for producing the same • MILK SUBSTITUTE • VEGETABLE MILK GRANULATED POWDER, METHOD FOR PRODUCING VEGETABLE MILK, AND USES THEREOF • EGG REPLACEMENT COMPOSITION • EGG SUBSTITUTE MIXTURE	우유, 달걀 대체 식품

다. 특허 분류체계 기반 요소기술 도출

□ 대체식품 관련 유효특허의 메인 IPC 분석을 통한 요소기술 후보 도출

[IPC 분류체계에 기반한 요소기술 도출]

IPC 기술트리		요소기술 후보
(서브클래스) 내용	(메인그룹) 내용	
(A23C) 유제품, 예. 우유, 버터, 치즈; 우유 또는 치즈 대용품; 그것들의 제조	(A23C-011/10) 포말건조	우유 대체식품 제조를 위한 포말건조 공정
(A23J) 식품용 단백질 조성물; 식품용 혼합(working-up) 단백질; 식품용 인지질 조성물	(A23J-003/22) 식품용 혼합 단백질 중 조직화하여서 된 것	식물성 단백질 조직화 방법
	(A23J-003/00) 식품용 혼합(working-up) 단백질	-
	(A23J-003/14) 식물성 단백질	-
	(A23J-003/16) 대두로부터 얻어진 식물성 단백질	대두 기반 대체육
(A23L) A21D 또는 A23B로부터 A23J까지; 포함 되지 않는 식품, 식료품, 또는 비알콜성음료; 그 조제 또는 처리	(A23L-035/00)그룹 A23L-005/00-A23L-033/00에 제공되지 않는 식품 또는 식료품; 그것의 조제 또는 처리	-
	(A23L-011/00) 사료 또는 식품의 생산을 위한 두류, 즉. 콩과 식물의 열매; 콩과 식물의 생산물; 그것의 조제 또는 처리	대두 기반 대체육
	(A23L-015/00) 난 제품; 그것의 조제 또는 처리	달걀 대체 식품
	(A23L-027/00) 향신료; 풍미제 또는 감미료; 인공 감미제; 식탁염; 식이용법용 대용염; 그것의 조제 또는 처리 [2016.01]	대체육 첨가용 고기 향미(flavor) 소재 및 제조방법
(C12N) 미생물 또는 효소; 그 조성물; 미생물의 증식, 보존 또는 유지; 돌연변이 또는 유전 공학; 배양 배지	(C12N-005/07) 동물 세포 및 조직	-
	(C12N-005/00) 인체, 동물 또는 식물의 미분화세포	배양육 제조용 세포배양

라. 최종 요소기술 도출

☐ 산업·시장 분석, 기술(특허)분석, 전문가 의견, 타부처 로드맵, 중소기업 기술수요를 바탕으로 로드맵 기획을 위하여 요소기술 도출

☐ 요소기술을 대상으로 전문가를 통해 기술의 범위, 요소기술 간 중복성 등을 조정·검토하여 최종 요소기술명 확정

[대체식품 분야 요소기술 도출]

요소기술	출처
식물성 단백질 조직화 방법	특허 클러스터링, 전문가추천
대체육 첨가용 고기 향미(flavor) 소재 및 제조방법	특허 클러스터링, 전문가추천
대체육 첨가용 천연 고기 향미(flavor) 소재	특허 클러스터링, 전문가추천
대체육 제조 장비	특허 클러스터링, 전문가추천
식용곤충(쉬파리속) 가공 식품 및 제조방법	특허 클러스터링, 전문가추천

6. 전략제품 기술로드맵

가. 핵심기술 선정 절차

☐ 특허 분석을 통한 요소기술과 기술수요와 각종 문헌을 기반으로 한 요소기술, 전문가 추천 요소기술을 종합하여 요소기술을 도출한 후, 핵심기술 선정위원회의 평가과정 및 검토/보완을 거쳐 핵심기술 확정

☐ 핵심기술 선정 지표: 기술개발 시급성, 기술개발 파급성, 기술의 중요성 및 중소기업 적합성
- 장기로드맵 전략제품의 경우, 기술개발 파급성 지표를 중장기 기술개발 파급성으로 대체

[핵심기술 선정 프로세스]

① 요소기술 도출	→	② 핵심기술 선정위원회 개최	→	③ 핵심기술 검토 및 보완	→	④ 핵심기술 확정
• 전략제품 현황 분석 • LDA 클러스터링 및 특허 IPC 분류체계 • 전문가 추천		• 전략분야별 핵심기술 선정위원의 평가를 종합하여 요소기술 중 핵심기술 선정		• 선정된 핵심기술에 대해서 중복성 검토 • 미흡한 전략제품에 대해서 핵심기술 보완		• 확정된 핵심기술을 대상으로 전략제품별 로드맵 구축 개시

나. 핵심기술 리스트

[대체식품 분야 핵심기술]

핵심기술	개요
식물성 단백질 조직화 방법	식물성 단백질의 원료가 되는 대두, 녹두, 완두, 쌀 등에서 분리된 단백질을 열과 압력 등 가공을 통해 식육과 같은 조직감을 만들어내는 기술 _ TVP(조직단백) 제조기술
대체육 첨가용 고기 향미(flavor) 소재 및 제조방법	식물성 단백질이 갖는 고유의 이취(콩비린내)를 최소화하고 동물성 식육의 혈액에서 가열 시 생성되는 풍미를 재현하는 소재 및 식물성 단백질의 이취를 극복하고 제품기획 의도에 부합하는 본연의 풍미를 구현하기 위한 소재
대체육 첨가용 천연 고기 향미(flavor) 소재	식물성 단백질이 갖는 고유의 이취를 최소화하고 동물성 식육의 혈액에서 가열시 생성되는 풍미를 재현하고 완벽한 비건(Vegan) 조건을 충족하기 위한 식물성 천연 향미 소재
대체육 제조 장비	식물성 대체육 가공에 필요한 압출성형기(Extruder) 등 장비와 가공성과 조직품질 향상을 위한 요소 부품 제조 기술
식용곤충(쉬파리속) 가공 식품 및 제조방법	허가된 식용곤충을 활용한 원재료의 소재화(추출, 건조, 기능성, 오일화 등) 기술과 이를 활용한 상용화 제품개발 기술

다. 중소기업 기술개발 전략

☐ 식물성 단백질과 식용곤충은 원료 수급 관계를 사전에 충분히 검증하여 밸류체인을 감안한 연관기술 개발과 제품개발이 이루어져야 함

☐ 대체육 국내시장 규모가 미미하여 현재 제조에 필요한 장비를 해외기업에 의존하고 있음 따라서 기술개발 시 장비제조 기업과 협력이 필수적임

- 현재 외산 장비의 성능은 국산 장비와 비교가 불가한 수준의 앞선 기술력을 가지고 있으나 외산 장비 도입 시 유지보수와 제품 성상에 따른 장비의 유연한 개선이 매우 어려움. 또한 소요되는 예측불가한 장기간의 시간과 막대한 비용은 중소기업이 감당하기 어려울 수 있어 장비의 국산화가 절실함

☐ 따라서 대체육 산업은 원료 최적화 및 경작, 소재화, 제품개발, 장비 등 산업의 생태계 자체를 새롭게 구축해야 하는 단계이므로 정부와 산학연이 협력하는 컨소시엄의 구성과 지원이 필요함

라. 기술개발 로드맵

(1) 중기 기술개발 로드맵

[대체식품 플랫폼 기술개발 로드맵]

대체식품	동물성 식육 수준의 조직감 구현에 필요한 조직단백(TVP) 제조 및 장비 기술 확보, 다양한 식물성 단백질 소재원을 활용하여 기존 식육의 조직감과 풍미 구현 기술 확보, 식용곤충 소재화, 기호도 개선 제품 개발, 안전성 검증 기술 확보			
	2022년	2023년	2024년	최종 목표
식물성 단백질 조직화 방법			→	고수분 TVP 제조기술 확보
대체육 첨가용 고기 향미(flavor) 소재 및 제조방법			→	식물성 단백질 특유의 이취 제거기술 확보
대체육 첨가용 천연 고기 향미(flavor) 소재			→	식물성 원료 기반 피, 지방 맛 재현 기술 확보
대체육 제조 장비			→	고수분 TVP 제조 장비 개발
식용곤충(쉬파리속) 가공 식품 및 제조방법			→	식용곤충 소재화 기술 확보 및 안전성이 확보된 제품개발

(2) 기술개발 목표

☐ 최종 중소기업 기술로드맵은 기술/시장 니즈, 연차별 개발계획, 최종목표 등을 제시함으로써 중소기업의 기술개발 방향성을 제시

[대체식품 핵심기술 연구목표]

핵심기술	기술요구사항	연차별 개발목표 1차년도	연차별 개발목표 2차년도	연차별 개발목표 3차년도	최종목표	연계R&D 유형
식물성 단백질 조직화 방법	고수분 압출성형 기술 (조직감 향상) 식감과 보수력 확보 첨가물 기술	적정 원료 및 부원료 조사 및 특성 파악 비알레르기성 원료 (완두, 녹두 등)	최적 배합 (원료 및 부원료)	최적 압출조건 및 TVP 제조 물성기준 제시	고수분 TVP 제조기술 확보	산학연
대체육 첨가용 고기 향미(flavor) 소재 및 제조방법, 대체육 첨가용 천연 고기 향미(flavor) 소재	이취(콩비린내) 제거 기술	선행기반 기술 탐색 및 평가 (이화학적 처리)	추출 혹은 TVP 제조 공정 중 이취제거 기술	효과 검증 및 공정 최적화	식물성 단백질 특유의 이취 제거기술 확보	산학연
	피 맛 (Blood-taste) 구현 기술 헴(heme) 대체 식물성 소재 기술 동물성 지방 맛 구현 기술	동물성 식육의 맛 구현을 위한 식물성 대체 소재 검토 ex.) 뿌리혹 헤모글로빈(Leghemoglobin)	대체 소재 공정 및 효과 검증	대체소재 및 공정적용 제품 개발 및 평가	식물성 원료 기반 피, 지방 맛 재현 기술 확보	산학연
대체육 제조 장비 (압출성형)	스크류 설계기술 (회전속도, 스크류 배열 등) 배럴 온도 제어기술 (스팀, 전기 등)	원부재료 별 스크류 형상과 배열 특성 파악 및 최적 배럴 온도 조사	최적 형상 및 온도 범위 도출, 프로토 타입 장비 제작 및 성능 평가	고수분 TVP 제조 장비 제작 및 평가	고수분 TVP 제조 장비 개발	상용화 (장비 & TVP 기업)
식용곤충(쉬파리 속) 가공 식품 및 제조방법	소재화 기술, 제품화 기술, 소비자 기호도 향상 및 안전확보 기술	최적 소재화 기술 개발 (추출, 건조 등 가공기술)	제품개발 및 평가 (분말, 오일 등을 활용한 제품개발)	소비자 기호도 평가 및 안전성 검증	식용곤충 소재화 기술 확보 및 안전성(알레르기, 중금속, 미생물 등)이 확보된 제품개발	산학연

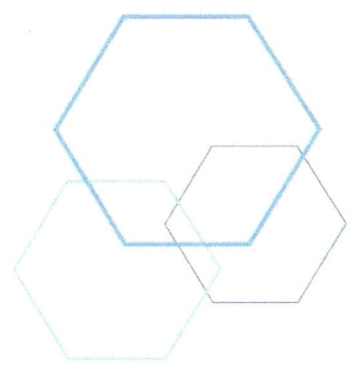

전략제품 현황분석

반려동물 식품 /기능성 사료

반려동물 식품/기능성 사료

정의 및 범위

- 반려동물 식품은 주식과 간식으로 나누어지며, 주식은 사료에 속하는 것으로 반려동물의 연령별 및 특징별(크기, 체질 및 보유질병 등)에 따라 그 종류가 다양하며, 간식은 사료식품을 제외한 반려동물의 식품을 칭하며, 원재료의 종류와 가공특성에 따라 제품 및 종류가 다양하게 나누어짐
- 주식(사료)은 전 연령 사료, 자견용 사료, 성견용 사료, 노령견 사료, 비만견 사료, 대형견사료, 소형견 사료, 민감 체질 사료, 피부개선사료, 분유 등이 있으며, 간식(사료식품을 제외한 반려동물 식품)은 사사미/육포, 저키류, 껌, 습식간식/소시지, 캔/파우치, 비스켓/쿠키, 건조식품 등이 있음

전략 제품 관련 동향

시장 현황 및 전망	제품 산업 특징
• (해외) 2019년 글로벌 펫푸드 시장 규모는 884억 8,400만 달러 규모에서 연평균 4.96% 성장하여 2025년 1183억 3,000만 달러에 이를 전망임 • (국내) 반려동물 사료의 국내 시장 규모는 2019년 1조 2,128억 원 규모이며, 연평균 11.3% 성장하여 2025년에 2조 2,597억원 규모에 이를 전망임	• 반려동물의 인간화(humanization) 현상에 따라 반려동물이 섭취하는 음식은 인간이 섭취하는 식품 수준까지 발전하고 있을 뿐만 아니라 신선식품, 동결건조, 수제간식 등 다양한 제품이 개발되고 있음 • 현재는 글로벌 기업이 시장을 주도하나 국내기업들이 고급화로 기존 제품과의 차별화 모색
정책 동향	기술 동향
• (해외) 미국, 유럽, 일본의 경우 펫푸드의 안전 및 품질 확보를 위해 관련 법적 규제가 이루어지고 있으며, 펫푸드의 제조 및 영양에 관한 기준을 설립하고 있음 • (국내) 동물보호법을 근간으로 각 부처별로 다양한 지원 사업 추진 중이며, 생애주기별 관리를 위한 정책 도출	• 사람의 음식에서 영감을 받은 제품들이 출시되고 있으며, 프리미엄, 차별화, 수제화 및 간식 시장 확대 • 오프라인보다 온라인에서 구매를 하려는 성향에 따라 온라인 판매점의 전문성과 특수성 확보를 바탕으로 다양한 기술을 연구 중
핵심 플레이어	핵심기술
• (해외) Hill's Pet Nutrition, Royal Canin, ANF, NESTLE, MARS • (국내) CJ제일제당, KGC인삼공사, 에이티바이오	• 파보바이러스 예방 자견용 사료 • 애견용 습식사료 안정성을 위한 포장용기 개발 • 잉여 수산물을 이용한 펫푸드 개발 • 한방재료를 이용한 사료 첨가제 개발 • 프로바이오틱스 기능성 사료 조성물

중소기업 기술개발 전략

→ 강력한 R&D 체제 하의 상품개발과 품질인증을 무기로 하고 있는 다국적 반려동물 식품회사에 대응할 수 있는 국내 식재료를 이용한 펫푸드 시장으로의 진출도모

→ 중소기업벤처부, 해양수산부, 농림축산부, KFDA 등의 적극적 지원을 받을 수 있는 반려동물 식품가공 기술 개발 및 기능성 식품개발

→ 국내 수산물, 한방, 건강식품 재료 산업과도 밀접한 관계가 있으므로 적극적인 정부와 업계 간 협업지원

1. 개요

가. 정의 및 필요성

(1) 정의

- 반려동물 사료(feeds, feedstuffs)는 반려동물이 생명을 유지하고, 활동하는데 필요한 유기 또는 무기 영양소를 함유하고 있는 물질을 말하며, 이들 사료의 배합물, 가공방법, 가공공정, 가공효과 저장 및 품질관리 등을 포함
  - 사료는 영양가, 주성분, 유통여부, 수분함양, 배합상태, 가공형태, INFIC(International Network of Feeds Information Center) SYSTEM에 의해서 분류
  - 수분함량에 의한 분류로서 수분함량이 10~15%의 풍건상태 또는 완전 건조 상태를 유지하는 건조사료, 수분함양이 70%이상 함유된 다즙사료와 액체상태의 액상사료 등으로 분류하며 배합상태에 의한 분류로서 단미사료, 혼합사료, 배합사료, 기능성 사료로 분류
  - 단미사료는 배합사료의 원료가 되는 개개의 사료를 뜻하는 것으로 때로는 원료사료라고 하며 혼합사료는 2~4종의 단미사료를 혼합한 것으로 단백질 함량이 25~40%가 되도록 섞은 것을 말함
  - 배합사료란 사양표준에 의해서 가축이 필요로 하는 영양소는 물론 성장촉진제, 질병예방제 등이 고루 들어있는 거의 완전한 상태의 사료를 말하며 기능성 사료란 특정 효과를 나타내기 위해 기능성을 첨가한 사료를 말함
  - 좋은 사료의 조건은 반려동물에 영양소 공급능력이 높고 무해, 무독하여야 하며 생산량이 많고 손쉽게 이용할 수 있어야 하고 영양소가 쉽게 변질되지 않고 신선해야 하며 영양소의 소화율이 높아야 함

[기능성 식품 전략분야 내 반려동물 식품/기능성 사료 위치]

* 자체구성

☐ 산업동물 사료와 반려동물 사료는 그 목적 및 유통과정에서 차이를 보임. 반려동물 사료는 반려동물의 건강과 행복을 목적으로 영양과 기호성을 고려하여 공급되며 산업동물 사료는 높은 생산성을 목적으로 경제성을 높이기 위해 고기의 질, 성장률, 산란율 등을 고려하여 공급됨

- 유통과정 또한 반려동물 사료의 경우 마트, 슈퍼마켓, 펫샵, 동물병원 등 일반 소비자들이 접하기 용이한 유통경로를 통해 반려동물 소유주들에게 유통되는 반면 산업동물사료는 산업동물 생산농장, 도매상 등 한정된 유통경로로 축산 농가들을 주 대상으로 유통

[반려동물 연관 산업 구성]

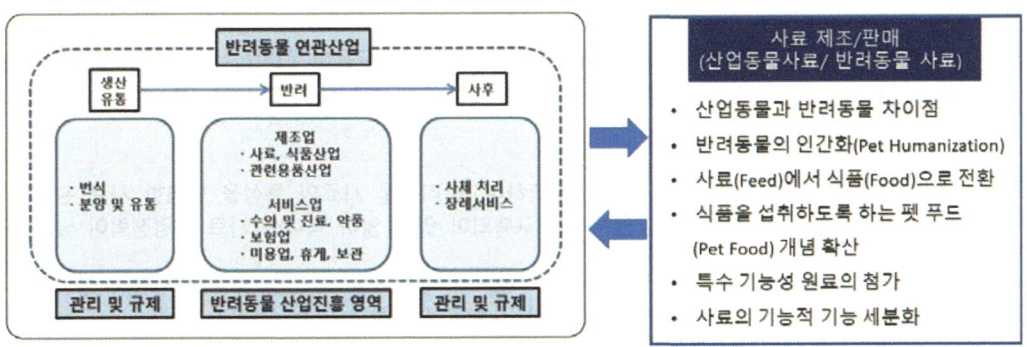

* 출처 : 한국농촌연구원 반려동물 연관 산업 발전방안(2017) 재가공

☐ 기능성 사료는 가축의 건강증진, 면역력 향상, 축산물 생산성과 품질 향상 등을 위해 주공급원인 배합사료에 추가적으로 혼합하거나 가축에 직접 급여하는 보조 사료를 의미함

- 기능성 사료에 대한 연구개발이 확대되어 다양한 기능을 가진 건강기능사료가 제조·판매되고 있음에도 불구하고, 주요 효능을 가지고 있는 성분에 대한 명확한 기준이나 안전성·효과 등을 평가하고 검증할 수 있는 규격과 인증기관이 없는 것도 큰 문제임

- 현재 다양하게 제조·판매되고 있는 기능성 사료는 명확한 개념과 안전성 및 효과 등을 평가할 수 있는 공인된 기준이 마련되어있지 않아 정부가 기능성 사료의 안전성과 효과를 평가·인증하여 소비·유통의 안전성을 확보할 필요가 있음

- 국내 반려동물 관련 연구는 산업별 혹은 분야별로 세부적으로 진행되지 않았고 총괄적인 현황과 전망수준에서 이루어지고 있는 연구가 대부분

(2) 필요성

☐ 세계의 반려동물 산업 관련시장 규모는 해당 국가들의 GDP 평균 성장률보다 높은 추세로 성장 중이며, 한국의 반려동물 관련시장 규모 역시 같은 동향을 보이고 있음

- 단순히 키우는 애완동물에서 삶의 동반자로 반려동물에 대한 인식이 전환되면서 관련 서비스와 제품은 더욱 다방면으로 확대될 것으로 보임
- 반려동물 인구 1,500만 명 시대를 맞이하여 국내 Petconomy(pet + economy)시장은 급격히 성장하고 있으며 반려동물 관련 산업에서 펫푸드 시장의 비중은 약 40% 정도로 세부 분야 중 가장 큰 비중을 차지
- 최근 반려동물의 인간화(humanization) 현상에 따라 반려동물이 섭취하는 음식은 인간이 섭취하는 식품 수준까지 발전하고 있을 뿐만 아니라 건사료, 습식사료 외에도 신선식품, 동결건조, 수제간식 등 다양한 제품이 개발되고 있음
- 국내 반려동물 사료 산업은 기초통계가 부족하며, 반려동물 사료의 특성을 반영한 사료 관리법이 부재하며, 국내산 고급 육류 원료 공급체계가 구축되어 있지 않아 국내산 사료의 경쟁력이 낮은 상황임
- 우리나라의 반려동물 시장의 70%를 수입 브랜드가 장악하고 있으며, 펫푸드 시장의 성장에 따라서 국내 식품, 축산, 수산 관련 대기업들이 시장 진출을 시도하고 있는 상황임
- 반려동물산업은 단기간 급속도로 압축 성장을 하면서 외형적으로 급성장을 하였고 미래의 반려동물 산업은 내실을 다지며 고급화 수요에 대한 대응이 필수

[반려동물 사료 산업의 필요성]

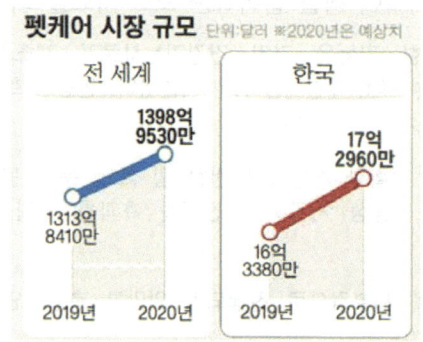
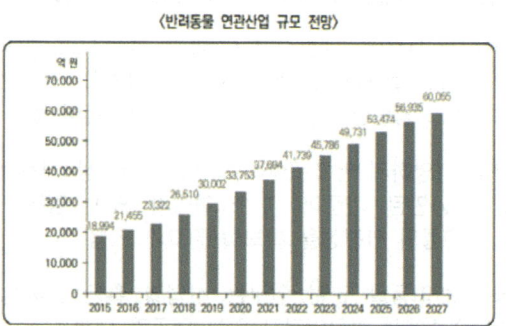

* 출처 : 중앙일보, 유로모니터, 한국농촌경제연구원(2020.04)

나. 범위 및 분류

(1) 가치사슬

☐ 전 산업 분야에서 원활한 후방 및 전방 연동을 촉진할 수 있는 기반이 구축될 경우 반려동물 산업 융합이 가속화되어 전 산업 분야에서 추가적 부가가치 창출이 가능

☐ 사료 원료를 생산하는 산업 활동과 배합사료용 혼합제조품 및 조제보조사료 등을 제조하는 후방산업에는 반려동물용 기호식품을 제조하는 산업 활동과 동물사료용의 재료와 줄기, 뿌리 등을 절단/분쇄하는 활동도 포함

☐ 전방산업은 반려동물용 제품을 활용하는 반려동물 연관 산업 및 판매 활동도 포함

- 반려동물 산업별 다양한 요구사항에 따라 최적의 자원 및 기술을 배치하여 에너지 및 운영비용 절감을 통한 반려산업 발전 예상
- 단순 동물용 사료 원료를 사용하여 처리하던 기존 방식과 달리 안전성, 신뢰성, 기능성 기술을 활용하여 범용 및 기능성 기능을 동시에 제공하게 됨으로써 반려동물 사료 및 기능성 산업시스템 구축

[반려동물 사료/기능성 식품 분야 산업구조]

후방산업	반려동물 사료/ 기능성 식품 분야	전방산업
기능성첨가제 및 사료 제조업 동물섭취용 영양물질 제조/판매 건강증진 및 보조용 원료 제조 유제품제조	단미사료 및 기타 사료제조업(C10802) 반려동물 기능성 제품제조/판매	애완동물 연관 산업 등 식품 및 관련 용품 제조/판매 반려동물기호식품제조/판매 전문 유통업(펫샵, 동물병원) 온라인 유통업

(2) 용도별 분류

☐ 반려동물 식품은 사용 용도에 따라 주식과 간식으로 나누어짐

- 주식은 사료에 속하는 것으로 반려동물의 연령별 및 특징별(크기, 체질 및 보유질병 등)에 따라 그 종류가 다양함

[반려동물 식품 - 주식의 종류]

용도	구분	내용
전연령견 사료	주식	퍼피(생후 6개월 ~1년), 어덜트(생후 1년 이상) 구분 않고 모두 먹일 수 있는 사료
자견용 사료	주식	생후 12개월까지 어린 반려동물들에게 먹이는 사료로서 성장기 강아지들이 먹는 사료이기 때문에 영양가가 풍부함
노령견 사료	주식	최상의 신체 조건을 위한 조절된 에너지와 보통 수준의 단백질을 갖춘 사료, 지방과 칼로리가 낮음
민간체질 사료	주식	야채와 유기농 재료 등을 써서 재료선택에서부터 온순하고 좋은 재료로 만든 사료
피부개선 사료	주식	피부건강을 위하여 독특한 단백질과 오메가-3 같은 피부에 도움이 되는 영양분으로 만든 사료
분유 및 이유식	주식	분유 및 이유식은 생후 40일까지 적용가능하나, 분유의 경우 수의사의 상담 하에 진행하는 것이 안전하며, 이유식은 분유와 부드러운 사료가 반반씩 섞여 있음
성견용 사료	주식	생후 1년 이상의 반려동물들에게 먹이는 사료로서 하루에 필요한 에너지만 보충하면 되는 사료
비만견 사료	주식	운동부족의 반려동물이나 불임수술 후 체중이 증가하는 반려동물들의 체중 감량을 위한 저칼로리, 저지방 다이어트 사료

* 출처: 농협중앙회(2016) 반려동물 관련 산업 시장동향과 전망 보고서 간식 카테고리 참조

- 간식은 사료식품을 제외한 반려동물의 식품을 칭하며, 원재료의 종류와 가공특성에 따라 제품 및 종류가 다양하게 나눠짐

[반려동물 식품 - 간식의 종류]

용도	구분	세부 내용
저키류	간식	비교적 부드러운 형태의 재질의 간식으로, 다양한 식품을 원료로 하여 제조
껌	간식	반려동물의 치아 발달에 도움이 되는 매우 딱딱하고 질긴 형태의 간식. 치아에 낀 플러그나 치석을 제거해 주며, 재료는 소가죽의 부드러운 저부를 이용하며 저지방 고단백질임
캔/파우치	간식	통조림 형태로 가공된 간식. 100% 순살로 만든 고단백 영양 간식으로 건식사료를 먹일 때보다 기호성이 뛰어나며, 반려동물의 피부 및 모질개선에도 큰 효과적임.
비스켓/쿠키	간식	반려 동물용으로 가공된 제품. 적당한 단단함으로 반려동물의 씹는 욕구를 충족시켜 주며, 치아와 턱 근육 발달에 좋고, 고구마 등을 함유하여 기호성을 높임
건조식품	간식	고기의 부산물 및 어류, 과채류를 건조한 제품
기타	간식	반려동물 전용 유제품, 이온음료 등

* 출처: 농협중앙회(2016) 반려동물 관련 산업 시장동향과 전망 보고서 간식 카테고리 참조

☐ 반려동물 사료의 제조공정 구성요소를 기준으로 4가지로 분류됨

[반려동물 사료/기능성 식품 공정도]

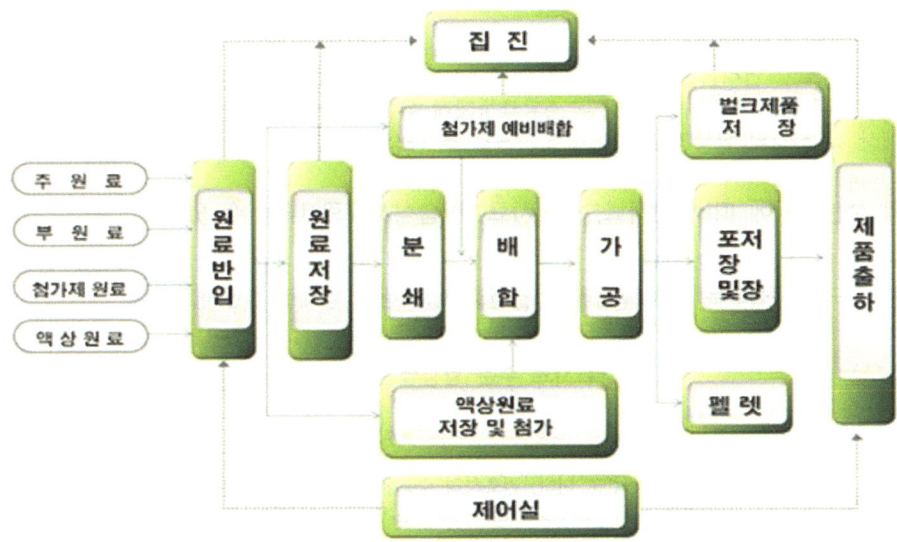

* 출처 : 사료 가공학, 서울우유협동조합(2015)

- 원료의 반입 및 저장 : 주원료로 사용하는 곡류 원료 등은 벌크상태로 반입되어 사일로(빈, 저장고)에 보관되며 부원료로 사용되는 소맥피, 단백피 및 각종 박류(채종박, 야자박, 팜박, 옥배아박 등)은 소형 벌크빈에 보관. 미량으로 사용되는 첨가제는 톤백 또는 지대로 입고되며 공장에 따라 예비배합(프리믹스)을 통해 배합 시 투여 되거나 직접 배합기에 투여되기도 함

- 분쇄 : 사료의 배합은 제조공정의 중심이라 할 수 있으며 분쇄된 원료들을 사료의 특징에 따라 배합하여 그 자체로 제품으로 공급하기도 하지만, 펠렛, 그래뉼, 크럼블 사료를 만들기 위한 기초적인 작업. 배합기 내부에는 목장에서 사용하는 TMR 배합기 내부에 있는 여러 가지 형태의 스크류 특히 더블리본 스크류가 설치. 매년 생산성 향상 및 품질 향상을 위하여 새로운 기계를 설치하거나 정비하는 작업이 반복

- 배합 : 배합 형태에 따라 배치(batch)식, 연속식, 종합식으로 나뉘며 분쇄공정 순서에 따라 배합 전 분쇄 형식, 배합 후 분쇄형식으로 구분됨. 국내 사료공장은 배치식 공장으로 형성되어 있으며 단미사료, 사료첨가제, 보조사료 등을 반려동물의 특성 및 사용목적에 따라 적절한 비율로 한번에 배합이 이루어지는 방식이며 제품은 제형화하여 상용화

- 가공 : 분말사료의 경우 배합과정만 거친 후 지대포장 또는 사일로에 저장 되는 것이 일반적이지만 펠렛, 그래뉼, 크럼블 등의 경우 추가적인 가공과정을 거치게 되며 가공은 배합된 원료에 수분, 열, 압력을 가하는 공정

  - 사료 효율 증진 ; 원료가 수분, 열, 압력을 받게 되면 전분의 경우 밥과 같이 호화되고, 다른 원료도 일부 분해되어 사료 이용률을 향상
  - 사료의 섭취가 용이하고 취급성이 향상. 일정한 형태를 갖게 되는 펠렛은 가축들이 섭취가 용이할 뿐만 아니라, 기호성이 향상

□ 산업동물 사료와 반려동물 사료는 그 목적 및 유통과정에서 차이를 보임

- 반려동물 사료는 반려동물의 건강과 행복을 목적으로 영양과 기호성을 고려하여 공급되며 산업동물 사료는 높은 생산성을 목적으로 경제성을 높이기 위해 고기의 질, 성장률, 산란율 등을 고려하여 공급됨
- 유통과정 또한 반려동물 사료의 경우 마트, 슈퍼마켓, 펫샵, 동물병원 등 일반 소비자들이 접하기 용이한 유통경로를 통해 반려동물 소유주들에게 유통되는 반면 산업동물사료는 산업동물 생산농장, 도매상 등 한정된 유통경로로 축산 농가들을 주 대상으로 유통

□ 사료의 수분함량에 따라 건사료, 습식사료, 반습식사료로 나눌 수 있음

- 습식사료는 일반적으로 캔에 포장되어 제공되며 최근 펫푸드 산업의 발전에 영향을 받아 생고기 뼈, 야채 등으로 구성되는 생식 포뮬라, 동결건조 사료 등의 형태로 발전하고 있음

[사료 수분 함량별 분류]

분류	상세 내용
건사료 (Dry Type)	• 수분함량 10% 이하, 건조하여 수분을 흡수하면 부패/변질 가능성 • 저렴한 가격, 보관의 편리성, 치석을 덜 생기게 하며 턱뼈 성장에 우수 • 낮은 기호성
습식사료 (Wet Type)	• 수분함량 75% 전후, 대부분 캔이나 팩 형태 • 사료 섭취만으로 반려동물의 수분 섭취량을 증가시키는 이점 • 높은 기호성, 요로 질환 및 당뇨 환자에 급이 용이, 높은 가격
반습식 사료 (Semi moist Type)	• 수분함량 25~35% 전후, 수분함량이 높아 개봉 후 1개월 이내 소진 필요 • 노령, 회복기, 치아가 좋지 않은 반려동물용 • 다른 사료보다 당의 함량 높음

□ 사료에 사용되는 원재료를 기준으로 오가닉, 홀리스틱, 슈퍼프리미엄, 프리미엄, 일반의 5개 등급 및 기타로 구분됨

[사료 등급별 분류]

분류	상세 내용
오가닉	• 유전자변형생물체 유래 물질, 합성화합물, 호르몬제 등 금지물질을 사용하지 않고 유기농 재료를 사용한 최상등급의 품질 • 95%, 75% 유기사료 : 제품에 인위적으로 첨가하는 소금과 물을 제외한 제품 중량의 95%, 75% 이상 유기 원료를 사용하는 제품
홀리스틱(Holistic)	• 방부제와 항생제 성분이 검출되지 않고 USDA(미국농무성)에서 승인한 재료만을 사용
슈퍼프리미엄	• 곡물함량이 많은 상등급 품질
프리미엄	• 합성 방부제를 사용했고, 기호성을 높이기 위해 육류 단백질을 화학성분으로 처리
일반(Grocery)	• 내장이나 육골분 함유량이 많고 주로 슈퍼와 대형마트 등을 통하여 유통
기타	• 등급 보류 및 재료 표시가 없는 제품

2. 산업 및 시장 분석

가. 산업 분석

◎ **비싸고 질 좋은 프리미엄 사료 각광**

☐ 반려인들의 사료 구매패턴 변화

- 사료를 사람들이 먹는 식품으로 인식하면서 과거 저가의 일반사료 구매중심에서 반려동물의 영양과 기호를 고려한 고가사료 구매로 바뀌고 있음
- 반려견의 영양과 건강을 고려해 단백질, 비타민, 광물질 등의 성분으로 만들어진 고급사료(Premium, 건·습사료 1만원 이상)의 국내 사료시장 점유율은 지난 2015년 56%에서 2018년 62%로 증가한데 이어 2020년 65%를 점유할 것으로 전망
- 반려동물을 가족으로 여기는 '펫팸(Pet+Family)족'이 증가하고 있는 점도 반려동물 사료시장의 확대에 주된 원인
- 반려동물을 인간처럼 대하면서 보살피는 트렌드인 펫 휴머니제이션(Pet Humanization)의 고착화와 향후 1인 가구 및 딩크족이 늘어나게 되면 더 뚜렷해질 것으로 보임
- 기존 반려동물에 대한 오랜 연구와 조사로 축적된 노하우를 바탕으로 만들어진 글로벌 펫푸드 브랜드뿐만 아니라, 한국 소비자들의 취향을 저격한 다양한 기능, 흥미로운 간식 형태, 폭넓은 가격대 등을 내세운 국내 펫푸드 브랜드들의 다채로운 조합 등이 국내 펫푸드 시장의 고급화와 다양화

◎ **국내 사료시장의 성장세가 뚜렷해지면서 국내 식품업계의 펫푸드 산업 진출**

☐ 국내 유통되는 전체 사료 중 70% 가량을 수입품이 점유하고 있는 실정이나, 수년 전부터 펫 시장의 성장세를 간파한 국내 기업 다수가 펫 비즈니스에 진출하면서 펫 비즈니스 트렌드가 변화 중

- 외국계 브랜드가 장악하고 있는 국내 반려동물 사료시장에서 국내 브랜드의 약진
  - 국내 대표 육계 기업인 하림은 2017년 4월 '하림펫푸드'를 계열사로 분사하고 반려동물식품 시장에 본격적으로 도전
  - 동원F&B의 펫푸드 브랜드 뉴트리플랜은 최근 '뉴트리플랜 모이스트루 주식'을 출시하고 반려견 습식 시장에 진출
  - 풀무원은 2013년부터 펫푸드 전문 브랜드 '아미오'를 운영하고 있으며 펫산업의 성장 가능성을 보고 사업 영역을 확대할 방침
  - KGC인삼공사도 홍삼 성분을 함유한 반려동물 건강식 브랜드 '지니펫'을 2015년 출시
- 반려동물 사료시장의 고급화 추세가 사료시장의 성장을 견인하면서, 시장이 점차 세분화되고 다양화 될 것으로 전망

전략제품 현황분석

- 유로모니터가 조사한 2018년 반려견 사료 브랜드 순위(판매액 기준, 2018년은 추정치)를 보면 외국계 브랜드인 로얄캐닌과 시저가 4년 연속 각각 1위와 4위를 기록한 가운데 국내브랜드인 ANF, 네츄럴코어, 도그랑 등이 각각 2위, 3위, 5위를 지키고 있음. 국내 브랜드 중 프루너스는 2015년 8위에서 2018년 6위로, 이즈칸 14위에서 10위로 성장

- 그러나 사료시장에 출사표를 냈다가 철수하는 기업도 나오고 있음
  - CJ제일제당은 2013년 펫푸드 브랜드 '오 프레시'와 '오 네이처'를 론칭 했었으나 수입 브랜드가 워낙 강세인 데다 매출 비중도 미미해 철수를 결정, 최근 펫 사업 정리
  - 빙그레 역시 2018년 유제품 생산 노하우를 활용해 반려동물 전용 우유인 '펫-밀크'를 출시했으나 2019년 말 펫푸드 시장 철수를 선언

[반려동물 브랜드 순위 변화]

* 출처 : 유로모니터(2018년)

◎ 글로벌 업체에 주도되는 시장

☐ 반려동물 산업은 대표적인 선진국형 산업으로서 미국과 유럽 등에서 고부가가치 비즈니스로 입지를 굳혔으며 한국 펫코노미도 소득 수준 향상에 따라 가파르게 성장하고 있음

- 반려동물에게 보다 좋은 간식과 사료를 먹이려는 풍조가 확산되면서 펫 시장 내 해외에서 들여온 수입 제품의 비중이 점점 확대되고 있음
- 국내 반려동물 관련 시장에서 로얄캐닌(Royal Canin), 시저(Cesar), ANF 등 외국계 사료 전문 브랜드가 국내 소비자의 인지도를 얻고 있는 상황에서, 국내 기업이 신뢰와 인지도 확장이 중요 관건

◎ 온라인 시장의 활성화

☐ 반려동물 시장도 온라인에서 상당한 수익을 창출하고 있으며 온라인이 대세

- 반려동물 시장 역시 온라인화가 빠르게 진행되고 있으며 2020년 유로모니터 보고서에 따르면, 미국 반려동물 시장의 이커머스 비중은 2005년 1.2%에 불과했으나 2019년 20.5%로 상승
- 특히 최근 몇 년간 온라인 침투율이 가파르게 상승하고 있으며 2024년에는 온라인 비중이 32.7%에 달할 것으로 예상하였고 물론 성장 속도도 오프라인 대비 가파르게 상중 중.
- 반려동물 시장의 이커머스 매출성장률은 지난 2005-2019년 연평균 27.9%의 고성장을 기록했으며, 향후 5년 간 연평균 14.3%의 성장이 예상되며 반면 펫샵과 대형마트의 경우 지난 15년 간 연평균 4.2%씩 성장했으나, 향후 5년간은 성장률이 미미할 것으로 전망됨
- 특히 국내 반려동물 시장은 다른 국가에 비해 이커머스 채널의 점유율이 높은 편임. 2018년부터 50%를 넘어서 2020년에는 58.7%, 2021년에는 60.6%으로 전망되는 반면, 국내 반려동물 시장의 32배에 달하는 미국의 2021년 이커머스 점유율은 29.5%로 추정됨

☐ 반려동물 시장이 온라인화가 진행되는 상황에서, 코로나19가 언택트 소비 바람을 일으키고 있어 성장속도가 더욱 가팔라지는 점에 주목할 필요

- 코로나19가 장기화되면서 반려동물을 입양하려는 사람도 증가하는 추세이며, 미국에서는 강아지의 인기가 높아져 'Pandemic Puppy'라는 신조어까지 등장
- 지금과 같은 상황에서는 온라인으로 필요한 것들을 구매할 가능성이 높다는 것이며, 코로나19가 종식되어도 소비 패턴은 바뀌지 않을 것이며, 코로나19는 반려동물 시장의 온라인화를 가속화시키는 트리거로 작용하고 있음

☐ 전자상거래(E-Commerce) 확대에 따른 반려동물 식품/용품 산업의 변화

- 온라인 반려동물 식품/용품 판매 업체 간 경쟁이 치열해지며 상품 배송의 효율성을 증진시키기 위한 다각적인 노력이 나타남
- 온라인 반려동물 식품/용품 판매 업체는 유통 비용을 축소 시켜 오프라인 매장에 비해 제품의 가격 경쟁력을 제고시킬 수 있는 장점을 갖추었으므로, 업체들은 효율적인 가격 관리를 위한 대응책을 마련하고 있음

◎ 정책적 지원 강화

□ (농림축산식품부) 2020~2024년 동물복지 5개년 종합계획을 추진할 예정임

- 이를 위해 6대 분야 21대 과제를 선정하였고 관계부처, 동물보호단체, 지자체 등으로 구성된 TF에서 논의를 거쳐 연말에 세부 계획을 확정할 예정임

- 동물 복지의 전반적인 향상을 통해 반려동물 식품 시장의 성장은 가속화 될 것으로 전망됨

[동물복지 5개년 종합계획 추진 과제(2020~2024)]

6대 분야	21대 과제
① 동물 소유자 인식 개선	① 반려견 및 소유자 교육 강화 ② 반려견 소유자 안전관리 의무 강화 ③ 동물학대 행위 범위 확대 ④ 동물학대 처벌 강화 및 재발방지 ⑤ 동물등록제 개선 및 등록 활성화
② 반려동물 관련 산업 개선	① 동물생산업 사육환경 개선 ② 동물판매행위 관리 강화 ③ 동물관련 서비스업 규제 합리화
③ 유기·피학대 동물 보호	① 유기·피학대 동물 구조 체계 개선 ② 지자체 동물보호센터 개선 ③ 반려동물 인수제 도입 ④ 사설보호소 시설·운영기준 마련
④ 농장동물의 복지 개선	① 농장 사육단계 동물복지 수준 개선 ② 운송·도축단계 동물복지 강화 ③ 동물복지축산 인증 고도화
⑤ 동물실험의 3R 원칙 구현	① 실험동물 공급·관리 체계 강화 ② 동물실험윤리위원회 기능 강화 ③ 동물대체시험법 개발·보급 체계 마련
⑥ 동물복지 거버넌스 강화	① 동물복지위원회 컨트롤 타워 역할 정립 ② 지자체 동물보호·복지 정책 추진 체계 개선 ③ 중앙정부·지자체 인력 및 조직 확충

* 출처 : 농림축산식품부 보도자료(2019.07.04.)

□ (국립농산물품질관리원) 공인받은 인증기관이 보증하는 제품만 유기농 인증 로고와 '유기' 명칭을 사용할 수 있도록 하는 '애완동물용 유기사료 인증제도'를 시행

□ 개, 고양이 사료 유기농 인증제도는 크게 2개로 나뉘며, 유기원료 함량이 95%인 경우와 70% 이상(70~94%)인 경우에 각각 인증을 받을 수 있음

[반려동물 유기농 인증사료 제도 및 표시]

* 출처 : 국립농산물품질관리원 (2019)

☐ (미국) 사료에 관해서 연방정부와 주정부의 2단계의 법규제가 행해지고 있으며 연방정부의 법적 규제는 연방식품·의약품·화장품법에 근거해서 행해지는데, 동법에서는 펫푸드를 포함하는 사료에 관하여 유해하거나 표시가 불비한 제품의 유통 금지 등을 규제함

- 대부분의 주에서 AAFCO(미국사료검사관협회)가 각 주검사관, 연방정부기관 및 업계 단체의 참여 하에 책정한 모델법령에 준거한 주법을 제정하고, 시장에서의 유통을 위한 펫푸드의 안전 및 품질을 확보하기 위한 규제를 하고 있음
- 미국 FDA는 펫푸드, 동물용 사료에 관한 경계정보공유시스템을 발표했다. FDA는 동물용 사료에 관련 질병이나 결함제품에 관한 정보를 성청 및 자치주 사이에서 공유하기 위한 신 시스템, 동물용 사료 네트워크를 개설하여 운영 중

☐ (유럽) 가맹국 공통으로 적용되는 규칙(Regulation), 역내의 가맹국이 자국의 법령에 반영해야 하는 사항을 제시하는 지령(Directive)에 근거해서 통일적인 법 규제를 하고 있음

- EFSA(유럽식품안전청)의 설치에 관해서 정하는 규칙 178/2002에서는 사료 정의 시 펫푸드를 명시적으로 제외하지 않고 있으며, 제5조제1항에서 '식품법은 적절한 경우에서 동물의 건강과 복지, 식물의 건강 및 환경을 고려하면서 사람의 생명과 건강을 높은 수준에서 보호 및 공정한 식품의 거래를 포함하는 소비자의 이익 보호라는 일반 목적을 추구해야 한다'고 되어 있음
- 유해물질, 첨가물, 표시에 관해서 규정하고 있으며, 펫푸드가 사료로서 법적으로 규제 받고 있으며 업계의 노력으로서는 유럽에서의 펫푸드 산업의 업계단체인 FEDIAF(유럽 펫푸드 공업회연합)이 제조, 영양에 관한 자주기준의 설정을 하고 있음

☐ (호주) 연방정부에서 펫푸드의 안전 확보에 관한 법 규제는 하고 있지 않으며, 주에 따라 개별적으로 규제 기준을 마련함

- 식육의 위생에 관한 규제는 주별로 상이하며, 펫용 고기 관련 시설에 관해서도 주정부에 의한 사찰수용이 의무화되어 있음
- 업계에서의 노력으로는 PFIAA(호주 펫푸드협회)가 펫푸드의 제조, 영양에 관한 기준을 자체적으로 정하고 있음

☐ (일본) 2008년 '반려동물용 사료의 안전성 확보에 관한 법률'로서 반려동물용 사료의 안전성 확보를 도모함

- 반려동물의 건강을 보호하며 동물 애호에 기여하기 위해서, 반려동물용 사료의 가준 또는 규격을 설정하는 동시에, 해당 기준 또는 규격에 맞지 않는 반려동물용 사료의 제조를 금지하는 조치를 강구

나. 시장 분석

(1) 세계시장

☐ 2019년 글로벌 펫푸드 시장 규모는 884억 8,400만 달러 규모에서 연평균 4.96% 성장하여 2025년 1183억 3,000만 달러에 이를 전망임

- 2020년 펫푸드 시장의 58.34%는 반려견을 위한 사료였으며, 밀레니얼 세대의 온라인 채널 구매 성향이 높아짐에 따라 전 세계적으로 더욱 강화될 것으로 예상됨. 이커머셜 업체와 다양한 기업 간 협력 증가와 대문앞 배달(Doorstep Delicery)과 같은 편의성은 온라인 채널 성장을 더욱 촉진할 것임

- 북미지역의 2020년 시장규모는 362억 2,000만 달러로 전체 시장의 38.5%를 차지했으며, 예측 기간인 2028년까지 이 시장을 주도할 것으로 보임. 유럽과 아시아태평양이 그 뒤를 따르고 있으며, 아시아태평양 지역은 예측 기간동안 가장 빠르게 성장하는 지역으로 예상됨

[반려동물 식품 세계 시장규모 및 전망]

(단위 : 십억 달러, %)

구분	'19	'20	'21	'22	'23	'24	'25	CAGR
세계시장	88.48	92.86	97.47	102.33	107.41	112.73	118.33	4.96

* 출처 : Fortune Business Insights(2021), Pet Food Market Size, Share & COVID-19 Impact Analysis

(2) 국내시장

☐ 국내 반려동물 식품 시장 규모는 2019년 1조 2,128억 원에서 연평균 11.3% 성장하여 2025년 2조 2,597억 원에 이를 전망임

- 반려견 건사료 시장이 5884억 원으로 가장 컸으며, 반려묘 건사료 시장(3349억), 반려견 간식 시장(1532억), 반려묘 간식 시장(973억)이 그 뒤를 따름. 작년대비 성장률은 반려묘 펫푸드 시장이 15.9~29.2%로 반려견(2.3~9.8%)보다 월등히 높았음

- 국내 펫케어 시장은 세계 시장 점유율 1.24%에 해당하여 아직 규모가 작지만 정부 주도의 펫 산업 활성화, 국내 소비자 인식 개선 등으로 인해 시장 잠재력이 매우 큰 것으로 평가되고 있음

- 한국의 온라인 판매 비중은 2020년 58.8%에서 2021년 60%로 예상되며, 타 채널 대비 가장 높은 비중을 차지하였고 코로나19 사태와 함께 온라인 의존도는 더욱 빠르게 증가할 것으로 예측됨

[반려동물 식품 국내 시장규모 및 전망]

(단위 : 억 원, %)

구분	'19	'20	'21	'22	'23	'24	'25	CAGR
국내시장	12,128	13,329	14,745	16,404	18,250	20,303	22,597	11.3

* 출처 : Euromonitor, 한국애견신문, 데일리벳, (2020.05) 재가공

☐ Euromonitor에 따르면, 꾸준히 시장성장을 이어오고 완전한 성숙기에 접어든 한국 펫케어 시장 규모는 2020년 18억 2900만 달러(2조 1100억 원), 2021년에는 19억 4700만 달러(2조 2510억 원) 으로 예상, 2020년에는 첫 2조원 규모를 보였음

3. 기술 개발 동향

□ 기술경쟁력
- 반려동물 식품/기능성 사료는 미국이 최고기술국으로 평가되었으며, 우리나라는 최고기술국 대비 79.1%의 기술 수준을 보유하고 있으며, 최고기술국과의 기술격차는 1.9년으로 분석
- 중소기업의 기술경쟁력은 최고기술국 대비 73.0%, 기술격차는 2.3년으로 평가
- 미국(100.0%)>EU(90.5%)>일본(80.2%)>한국(79.1%)>중국(59.2%)의 순으로 평가

□ 기술수명주기(TCT)[40]
- 반려동물 식품/기능성 사료는 9.15의 기술수명주기를 지닌 것으로 파악

가. 기술개발 이슈

◎ 반려동물의 생물학적 특성에 맞는 식품 개발 증가

□ 곡물과 같은 식품을 소화하기 힘들고 육류 섭취를 충분히 해야 하는 반려동물의 특성을 고려하여 인간의 식품과 같이 고품질로 제작한 식품이 인기를 끌고 있음

- 개의 품종, 나이, 활동 수준과 같은 다양한 요인에 따라 다르게 요구되는 영양 성분을 고려한 제품들이 출시되고 있으며, Hill's Pet Nutrition은 바이오액티브 레시피를 통한 개의 생물학적 특성과 조화를 이루는 영양소 함유제품, Royal Canin 또한 과학적 접근을 통한 제품을 홍보
- 인간의 식품에서 영감을 받은 제품들이 출시되는 경향을 바탕으로 개의 '인간화'를 넘어서 개가 하나의 다른 생명체임을 인식하고 그에 따른 생물학적 특성을 분석, 적합한 영양 성분을 반영한 식품을 찾는 소비자가 늘어나고 있음
- 소형견은 중/대형견에 비해 필요로 하는 열량이 적어 사료 및 기타 식품의 절대량이 줄어들면서 소량 구매로 절약된 비용이 프리미엄 라인 제품을 구매로 대체됨

◎ 온라인 매장 인기

□ 온라인 판매점의 전문성과 특수성 확보에 따른 동물병원, 펫 샵(pet shop) 판매 고전

- 치료목적의 프리미엄 사료의 전체 판매량이 증가함에도 불구하고 동물병원을 통한 반려견 식품 판매량은 지속적으로 감소하고 있으며, 온라인을 통한 판매량은 지속적으로 증가하고 있음
- 다양한 상품을 배치, 온라인 몰을 방문하면서 실제 매장을 방문하는 것과 같은 경험을 재현하고자 노력하고 있으며 웹사이트 내 영상을 통해 사료 관리에 대한 안내를 제공하고 고객 서비스 팀이 온라인 및 전화를 통하여 고객 관리를 해 브랜드 충성도를 키우기 위한 전략을 펼침

---

[40] 기술수명주기(TCT, Technical Cycle Time): 특허 출원연도와 인용한 특허들의 출원연도 차이의 중앙값을 통해 기술 변화속도 및 기술의 경제적 수명을 예측

- 고급화 전략으로 오프라인에서 성공을 거둔 제품들은 새로운 판매 전략을 도입함
  - 프롬 패밀리 푸드(Fromm Family Foods)와 챔피언 펫푸드(Champion Petfoods)는 온라인 몰에서 그들의 상품을 판매하지 않기로 결정하고 고급화 전략을 펼치고 있음
  - 일부 기업들은 권장소비자가격을 적용해 온라인 판매점에서 가격을 내리지 못하도록 조치를 취함

☐ 온라인 몰의 고객 유지를 위한 서비스도 지속적으로 확대되고 있음
  - 온라인 몰들은 사료의 큰 부피 및 주기적인 구매 필요성에 착안하여 온라인 매장의 구독 할인 서비스(Subscribe & Save) 및 오토십(Autoship, 자동배송시스템) 프로그램을 제공하고 있으며, 이를 이용하는 고객도 점차 증가하고 있음
  - 온라인 몰의 성장으로 인해 대량 판매가 가능해짐으로써 가격 경쟁력을 확보할 기회가 많아졌으며, 가격 관리 전략을 효율적으로 수행하기 위해 기업들은 온라인상의 판매가격을 모니터링하는 소프트웨어 개발에도 힘쓰고 있음

◎ 프리미엄 신선식품의 인기 상승

☐ 반려동물 식품이 프리미엄화 되면서 반려동물을 대상으로 한 신선 및 냉장 식품에 대한 인기도 상승하고 있으며, 높은 영양가와 신선한 이미지는 구매력을 갖춘 고객의 구매를 유인하고 있음
  - Freshpet 사는 2019년 홈 스타일 크리에이션(Home style Creations) 레시피를 런칭하여 반려견용 냉장식품 라인을 꾸준히 확대하고 있음
    - 사용되는 고기는 모두 미국 농무부(U.S. Department of Agriculture, USDA) 인증 상품이며 과일, 야채, 곡류는 모두 인간도 먹을 수 있는 등급임
    - Freshpet 사는 자사 제품을 통해 개들이 더욱 신선하고 완전한 식사를 하게 될 것이며 건강한 삶을 유지하는 데 도움이 될 것이라고 홍보함
  - 냉장식품 인기에 힘입어 유통사들도 자체 브랜드를 내놓기 시작함. 유통사들도 지속적으로 품질을 높이고 제품 범위를 확대하여 소비자들의 신뢰도를 확보하게 됨
  - 2018년 아마존은 자체 브랜드인 웨그(Wag)를 출시해 초기에는 건식 사료만 제공하다가 2019년 습식 제품으로 확대했으며, 애완동물 사료 및 관련 용품 업체인 츄이의 자체 브랜드도 좋은 성과를 내고 있음

◎ 다양화와 고급화를 원하는 소비자의 성향 반영

☐ 다양하고 고급화된 맞춤형 제품과 수제 간식이 개발되고 있음
  - 가공식 천연 소고기를 갈아서 만든 수제 간식이 인기를 끌고 있으며, 유기농 제품 및 영양제 등의 고급 원재료를 넣은 제품들도 판매되고 있음
  - 반려동물만을 위한 전용 식수뿐 아니라 여러 가지 기능성, 고급 성분을 넣은 맞춤형 제품 등이 늘어나고 있음
  - 펫샵 매출 기준 2014년 반려동물 사료와 간식의 매출 비중은 1:1이였으나, 2019년에는 1:4로 간식의 비중이 크게 증가함. 사람이 주식인 쌀을 구매하는 비용보다 디저트나 커피에 쓰는 비용이 더 커지는 현상이 반려동물에게도 적용되는 '펫 휴머나이제이션' 현상이 반영된 것

- 오프라인 매장 기준으로는 건사료보다 간식 제품이 훨씬 많이 팔리고 있는 추세이며 특히 국내 소비 수준이 올라가면서 반려동물의 건강을 챙기는 반려인들 역시 많아져 치아건강, 관절건강, 눈 건강 등 다양한 건강 관련 간식들의 공급과 소비가 동시에 늘고 있음

◎ 반려동물의 노령화로 '실버 케어' 관심 증가

☐ 반려동물의 '노령화 사회'에 따라 노령동물 전용 사료와 영양제의 수요가 늘고 있음

- 농림축산식품부 통계에 따르면 2008년부터 2017년까지 국내 누적 등록된 7~12세 반려견은 45.56%에 달함
- KB금융지주 경영연구소 보고서의 노령견 양육가구 응답에 따르면, 노령견이 된 후 더 나은 양육을 위한 조취로 '노령견 전용 사료로 교체'가 50.4%로 가장 높았으며, 가장 필요한 용품은 '영양제(49.6%)', '처방 사료(37.4%)'순으로 높았음
- 증가하는 수요에 따라 제약사의 영양제 및 펫푸드 시장 진입이 늘고 있음

◎ 반려동물 사료의 국산화를 위한 활발한 연구개발

☐ 반려동물 식품 수입 의존도는 70%로 여전히 높으며, 다양한 연구개발이 이루어지고 있음

- 국립축산과학원이 국내 농산물인 흑삼과 홍삼, 동애등에 유충 등을 소재로 반려견 비만 예방에 도움이 되는 기능성 반려동물 식품 개발에 성공함. 식용곤충, 기능성 쌀 등 국내 농산물을 활용해 반려견 간 건강 증진, 식이 알러지 저감, 면역 증진 등의 효과가 있는 기능성 반려동물 식품 9종을 개발했으며, 5건의 특허출원과 7건의 기술이전을 했고, 현재 2종이 판매 중
- 에스밀은 외래어종을 활용한 반려동물 다이어트 간식 제품을 개발하였으며, 환경부 협력단체 한국생태계교란어종 퇴치관리협회에서 외래어종 무상공급 계약 체결함
- 조선대학교 링크플러스사업단과 해양생물연구교육센터는 완도산 해조류를 활용해 반려동물 사료 시제품 생산에 성공했으며, 완도산 해조류와 곤충단백 등 유효성분을 사용해 반려동물의 알레르기를 최소화함. 또한, 소화 흡수 촉진과 장 면역력 증진, 노령견과 대형견의 다이어트에 효과적인 제품을 제작하는 등 제품 고도화에 성공함

나. 생태계 기술 동향

(1) 해외 플레이어 동향

- ☐ 전 세계적으로 반려동물 관련 시장이 성장하면서 펫 관련 비즈니스의 성장 가능성을 간파한 기업 간의 인수합병(M&A)이 활발하며 펫 비즈니스로의 자금 유입이 지속적으로 이어지고 있는 상황임
  - 톰슨로이터 집계에 따르면, 지난 16년간 반려동물산업과 관련한 M&A 건수는 2017년에 최고치를 기록했으며, 2018년 1월부터 3월까지는 예년 동기간과 비교 시 가장 많은 건수를 기록한 것으로 나타남
  - 대형 식품회사인 제너럴 밀스(General Mills)는 2018년 4월 블루 버팔로(Blue Buffalo)사를 80억 달러에 인수함
    - 아침용 시리얼 및 요거트 분야의 수요 감소로 인한 매출 하락을 상승세를 타는 반려견 식품 라인을 통해 보충하고자 하는 전략으로 풀이됨
  - 2018년 JM 스머커(J.M. Smucker)는 17억 달러에 애인스워스 펫 뉴트리션(Ainsworth Pet Nutrition)을 인수함
    - 애인스워스는 프리미엄 트렌드에 힘입어 빠른 성장을 보이는 회사로 프리미엄 제품의 대중화를 이끌었음
  - 네슬레, 마즈(Mars Inc.), JM 스머커, 제너럴 밀즈와 같은 대형 다국적 식품 기업들이 인수 합병 등을 통해 반려동물 식품 라인을 추가함에 따라 시장 점유율에 지각 변동이 일어남

- ☐ 네슬레(스위스)
  - Purina Pet Care 브랜드는 반려동물의 건강과 원료를 중요시 여기는 소비자를 대상으로 해 비교적 고가의 제품으로, 보유 브랜드 중 가장 빠르게 성장 중
  - 연간 매출액의 최소 5%를 R&D에 재투자하는 적극적인 연구개발을 수행하고 있음
  - 펫푸드 관련 식품업체 중 유일하게 국제식품 규격인 FSSC22000을 받았으며, 현재 반려동물의 뇌 건강, 비만, 면역 문제를 중점적으로 연구하고 있음

- ☐ 마즈(Mars, 미국)
  - 반려동물 식품 외에도 Banfield Pet Hospitals, VCA, AniCura의 수준 높은 반려동물 의료 서비스를 제공하고 있으며, 2017년부터 NGO, 정부기관, 시 단체 등과 협업해 반려동물 친화적인 도시를 만들기 위한 프로젝트인 Better Cities for Pets를 진행하고 있음
  - 최근에 전북 김제에 약 650억 원을 투자하여 로얄캐닌 라인의 펫푸드 공장을 설립할 계획을 밝히고 생산량의 80% 이상이 일본, 대만, 베트남, 싱가포르, 호주, 뉴질랜드 등에 수출될 예정으로 김제 공장은 향후 아시아·태평양 시장의 거점 생산기지 역할을 할 수 있을 것으로 보임
  - 월텀센터라는 R&D 센터를 운영하여 반려동물의 영양학에 대한 연구·개발 사업을 통해 독자적인 경쟁력을 갖추어 왔으며 반려동물의 생애주기별 필요 영양성분, 에너지 요구량, 소화기능, 면역력, 피부질환, 섭식행동 등에 대한 연구를 진행하고 있으며 지금까지 600편 이상의 논문을 발간

- 2019년 중국의 반려동물 붐을 겨냥해 중국 텐진(天津)에 반려동물 사료공장을 세울 예정이며 투자금액은 1억 달러(약 1천120억원) 이상이며 자본금은 4천만 달러. 11만㎡ 면적의 공장에서 매년 25만 톤의 제품을 생산할 계획
- 견종/묘종에 따라 구강구조, 씹는 패턴, 선호하는 사료의 질감, 필요한 영양 성분이 다른 점을 고려해 견종/묘종별 사료를 출시했으며, 견종별 전용 사료는 건식 11종류와, 습식 4종류, 묘종별 전용 사료는 8종류를 보유하고 있음

☐ 타이유니언(태국)

- 해산물 기반 식품 생산 업체로, 자사의 OEM 생산 노하우를 바탕으로 하여 벨로타(Bellotta), 마르보(Marvo), 칼리코베이(Calico Bay), 파라마운트(paramount) 등의 펫푸드 브랜드를 운영하고 있음
- 미국 조지아주에 위치한 US Pet Nutrition 공장은 2010년에 설립되어 상온에서 보관 가능한 반습식 형태의 펫푸드(Chubs)를 생산하고 있으며 이외에도 타이유니언은 미국 전역에 6개의 유통센터를 두고 있고 영업을 확대 중

☐ 페이디(중국)

- 중국 반려동물 식품업체로선 최초로 A주식 시장에 상장했으며, 동물성 개껌·식물성 개껌·육포 등 간식을 주로 취급
- 식물성 개껌의 이윤이 전통적인 동물성 가죽 원료 개껌 보다 높은 편(2018년 상반기식물성 개껌의 이윤은 약 37%, 동물성 개껌의 이윤은 약 33%), 2018년 회사 전체 이윤은 35%로 비교적 안정된 모습을 보이고 있음
- 페이디는 반려동물 치발기 연구개발과 생산에 주력해 미국과 유럽, 호주 등 해외에 수출하고 있으며, 동물 가죽으로 만든 치발기는 전년 동기 대비 32.8% 증가한 4억 5000만 위안, 식물유래 성분으로 만든 치발기는 43.8% 늘어난 4억 3000만 위안을 기록함
- 다년간의 축적으로 중국의 손꼽히는 ODM 제조업체로 등극
- 페이디의 주력 브랜드에는 세계 최초 반려동물 연령별 구강 케어 솔루션 제품인 '츠녕(Chewnergy)', 반려동물 고급 육류 간식인 '줴옌(MeatyWay)', 다양한 제품군으로 구성된 반려동물 식품 브랜드인 '하오스자(Health Guard)', 뉴질랜드의 천연재료로 만든 고급 사료 및 간식 브랜드인 '스마트 밸런스(Smart Balance)' 등이 있음

☐ 오리젠(캐나다)

- 캐나다 알버티 주에 자체 생산 시설을 두고 있으며, 가장 엄격한 유럽연합의 기준을 준수하고, 캐나다 식품검사국이 승인한 재료 공급자들의 재료를 이용하여 제품을 생산함
- 건조한 고기분말을 사용해 조리 전 많은 물을 첨가해야하는 저렴한 브랜드의 사료와 달리, 오리젠은 재료의 천연 영양분을 보존하기 위해 신선한 고기 재료들을 낮은 온도 (90°C) 에서 천연 육즙 만으로 스팀 쿠킹하며, 물을 전혀 섞지 않음
- 오리젠의 사료는 AAFCO(미국사료협회)의 엄격한 성분 기준을 만족시키며, 사람도 먹을 수 있는 휴먼그레이드 등급에 해당되어 높은 신뢰를 받고 있음

(2) 국내 플레이어 동향

- ☐ 반려동물 사료시장의 높은 성장에 풀무원, 동원, 정관장 등의 식품기업은 고급화로 수입 강세 시장서 차별화 모색
  - 천연 반려동물 사료의 수요가 진화하고 있다는 유로모니터의 보고서와 더불어 국내에서 기능성 사료, 우수 곡물 또는 성분을 강조한 제품의 판매가 급증하면서 국내 기업들은 프리미엄 반려동물 사료와 간식으로 반려인들을 맞이하고 있음
  - 펫케어 지출 항목 중 반려동물의 사료 및 간식 구매 비용이 가장 큰 비중을 차지하는 것도 대형 식품·유통 업체들이 잇달아 반려동물 식품 분야에 뛰어드는 이유로 분석됨

- ☐ 정관장
  - 고급 사료인 '지니펫 더홀리스틱' 3종(홍삼&신선 연어, 홍삼&호주산양고기, 홍삼&국내산오리)을 리뉴얼하여 기존보다 단백질 함량을 늘리고 6년근 홍삼성분을 더해 면역 기능을 강화

- ☐ 풀무원
  - 친환경 및 동물 복지 인증을 받은 제품을 원하는 소비자가 늘어난 점에 착안하여 유기 인증 획득 농장에서 방목해 스트레스 지수를 낮춘 닭을 얻은 닭고기를 원료로 하고, 소화흡수율을 높이는 가수분해 공법을 적용하여 제품을 제작함

- ☐ 한국야쿠르트
  - '펫쿠르트 리브'와 '펫쿠르트 스낵볼 3종(베지·미트·씨푸드)', '펫쿠르트 덴탈스틱 2종(조인트·스킨)' 등을 출시
  - 핵심 제품인 펫쿠르트 리브는 1포당 유산균이 100억 CFU(균수 측정단위) 투입된 반려동물 전용 프로바이오틱스이며 한국야쿠르트의 특허 기술이 반영된 덕분에 하루 1포만으로도 장 건강에 도움을 줄 수 있으며, 분말 타입으로 돼있어 사료나 간식에 뿌려 급여함

- ☐ 동원F&B
  - 뉴트리플랜 고메트릿' 3종(닭가슴살&연어껍질말이, 소떡심&연어껍질말이, 돼지귀&참치말이) 출시
  - 뉴트리플랜 고메트릿은 동원산업이 엄선한 횟감용 참치와 연어를 넣어 만든 제품. 닭가슴살, 돼지귀, 소떡심 등을 참치와 연어껍질로 일일이 말아 저습 건조해 원재료의 맛과 식감을 살렸으며 특히 쫀득한 돼지귀와 소떡심은 반려견들이 오랫동안 씹을 수 있어 스트레스 해소와 구강 건강관리에 도움

- ☐ 하림펫푸드
  - 더리얼 아이스크림은 사람과 반려동물을 동일시하는 '펫 휴머니제이션(Pet Humanization)' 트렌드를 적극 반영한 제품
  - 사람이 먹을 수 있는 식재료만 100% 사용했다는 점이며 유당 분해 효소가 없는 반려견을 위해 매일유업의 '소화가 잘되는 우유(락토스프리)'를 활용

☐ 굽네치킨
- 저칼로리 고단백 간식인 '듀먼 댕댕이 치킨텐더'를 선보임
- 국내산 닭안심살을 오븐에 통으로 구워 고기 본연의 풍미를 최대화한 제품. 적당히 수분을 머금은 부드러운 식감으로 이빨과 잇몸이 약한 반려견도 맛있게 먹을 수 있다는 점이 특징

☐ 에이티바이오
- 사료, 간식 등 펫푸드 종합 생산 업체인 에이티바이오는 펫푸드 생산을 통해 제조업 매출 100억을 달성하여 2017년 중소기업청장 표창을 받음
- OEM, ODM 업체이나 간식, 껌, 사료(건식 사료 포함), 영양제의 기초적인 제형 개발 및 파트너사의 제품 혁신을 담당하고 있음

☐ 경보제약
- 하루 한번 혓바닥 또는 입천장에 붙이면 구강관리가 가능한 제품인 '이바네착'을 출시
- 강아지는 사람보다 7배 빠르게 치석이 생성되지만 구강관리가 쉽지 않아, 3세 이상 성견의 80% 이상은 치주질환을 앓는 점에서 착안함

☐ 대주펫푸드
- 기존 보양간식 제품인 '저요저요'에 기능성과 영양을 높인 '저요저요 부스터' 3종을 출시
  - 고양이에게 흔히 나타나는 질환 3가지를 예방하는 데에 도움을 주는 기능성 원료를 첨가
  - 건강한 면역체계 유지를 위한 '저요저요 이뮨부스터', 구강건강에 도움을 주는 '저요저요 덴탈부스터', 관절 및 연골 건강에 도움을 주는 '저요저요 조인트부스터' 등이 있음

다. 국내 연구개발 기관 및 동향

(1) 연구개발 기관

[반려동물 식품/기능성 사료 분야 주요 연구조직 현황]

기관	소속	연구분야
한국한국한의학연구원	한의기술응용센터	사료 첨가용 조성물
한국생명공학연구원	산업바이오소재연구센터	사료용 미생물 첨가제 연구
한국식품연구원	맞춤형식이연구단	미생물 발효 사료용 생균제
국립수산과학연구원	전략양식부 사료연구센터	고효율 배합사료 개발·보급 및 표준화 연구, 대체 사료원료 및 기능성 사료개발

(2) 기관 기술개발 동향

☐ 국가 연구개발 지원사업

- 반려동물 피부질환 예방용 기능성 사료 시제품 개발(농림수산식품부)
  - 피부질환 개선에 도움이 되는 기능성 소재별 사료 영양학적 품질 특성 조사, 반려동물 피부질환의 특성 분석, 피부 건강 관련 기능성 소재 탐색 및 발굴(외부 효능 평가팀과 협업), 기능성 소재별 영양학적 품질 특성 조사·분석(사료 영양성분 DB화), 기능성 사료 시제품 개발 과정에서 배합비 설계에 활용 등을 수행

- 반려동물 생애주기별 품종별/연령별/질병별 특성에 맞게 급여할 수 있는 맞춤 사료 큐레이션 개발(농촌진흥청)
  - 강아지/고양이 전체 품종/연령/견종크기에 따른 추천 기능 및 주요 질병 생애주기 데이터수집, 국내 유통 전체 사료 상품 원료/성분/기능/추천급여량 데이터 수집, 강아지/고양이 생애주기 데이터, 사료 정보 통합 분석 큐레이션 인터페이스 설계, 큐레이션 사료의 칼로리 및 기능 데이터 기반 반려동물 정보 매칭을 통해 적정 급여량 계산 인터페이스 구축 등의 연구 수행

☐ 한국축산과학원 - 기능성 물질을 활용한 반려견 건강기능 개선 사료 개발

- 곤충 쌀, 인삼특작, 유제품의 반려견 피부질환 개선, 항비만, 면역증진, 장 건강 효능 검증 연구
  - 갈색거저리의 피부경피 수분증발도 21.8%개선, 도담쌀의 간수치 ALT 감소 및 체중감소 6.3%, 흑삼 IFN-gamma 135% 증가 등

- 해당 기능성 소재를 활용한 반려견 고품질 사료 개발 및 시제품 제작

☐ (사)한국사료협회 - 곡류사료의 이화학적 사료성분 분석 및 DB 구축 연구

- 국내외에서 사료원료로 수입·사용되고 있는 곡류, 강피류, 유박류, 농식품부산물의 연간 사용실태를 파악하고, 단미사료의 DB구축을 위한 연간 분석 시료수 산정 및 지역별 연도별 일반성분, 무기물, 아미노산 등 사료원료의 영양성분 분석 연구

☐ 국립농업과학원 - 동애등에 유충의 사료 가치 분석 및 소재화 연구

- 동애등에 생산단계별 사료 영양 분석(유충생장 일수에 따른 아미노산 등의 사료영양성분 함량 분석) 및 유충 유래 기능성 소재의 산업적 활용을 위한 과학적 근거 확보

☐ 경희대학교 - 반려동물 아토피 증상 완화를 위한 천연소재 조성물 개발

- 동물실험 결과, 어성초 등 천연소재 조성물을 먹인 실험쥐는 대조군에 비해 표피층 두께가 42% 줄었으며, 가려움증 평가에서도 단위시간당 긁는 횟수가 2배 이상 감소함

- 개별 천연소재들이 가지고 있는 독성 등의 부작용도 최대 절반 이하로 감소시켜 사료 첨가제로서의 활용가능성도 기대됨

◎ 국내 반려동물 식품/기능성 사료 관련 선행연구 사례

[국내 선행연구(정부/민간)]

수행기관	연구명(과제명)	연도	주요내용 및 성과
㈜알파벳	반려견 체지방 감소를 위한 퉁퉁마디 탈염 가수분해 소재 유래 프리미엄 펫푸드 개발 사업화	2021 ~ 2022	• 퉁퉁마디 탈염 가수분해 유래 체지방 감소 소재 펫사료 개발 및 상품화 • 퉁퉁마디 탈염 가수분해 유래 체지방 감소 소재가 함유된 펫간식(쿠키, 젤리, 껌) 개발
밸루스바운티	미자원 Sapoi추출물을 활용한 피부병 예방 및 냄새잡는 고부가가치 반려견 향기사료(향기 펫 푸드) 상품화 개발(FRAGRANCE PAT FOOD PRODUCTS)	2017 ~ 2018	• 홍삼박 및 과일껍질류 등 미이용 자원 소재를 활용하여 사포닌 추출물 유래 피부병 예방 및 냄새 잡는 고기능성 애견사료 제품개발 및 사업화 • 사포닌 활성 소재의 원료선정 및 추출물제조 • 사포닌 추출물 기반 유효물질 및 생체 모델계 항피부염증 평가
대구한의대학교	곤충 유래 단백질 가수분해물 추출기술 개발 및 곤충 키토산이 함유된 저알러지 및 혈중 콜레스테롤 개선 기능성 반려동물용 사료 개발	2021 ~ 2022	• 단백질 분해효소(protease)를 활용한 곤충 단백질 가수분해물 추출조건 확립 • 동애등에 유래 단백질 가수분해물 및 키토산 분리 기술 개발을 통한 소재 대량 생산화 • 동애등에 단백질 가수분해물 및 키토산 소재와 이를 활용한 사료 제품의 유효성·안전성 평가 • 단백질 가수분해물 소재 및 곤충 키토산을 활용한 기능성 사료 개발 및 출시
고려대학교	압출적층기술을 이용한 반려동물용 특수용도 사료 제조기술 기반연구	2020 ~ 2022	• 특수용도 반려동물 사료의 3D 프린팅 소재화 가공연구 • 생리 기능성 구현을 위한 효용물질 함입기술 연구 • 특수용도 반려동물 사료의 실용화 기반연구 (3D 프린팅 이후) • 특수용도 반려동물 간식의 3D 프린팅 실효성 검증
노비에스	버려지는 깻묵에서 얻은 물질을 활용한 노견, 노묘용 치매예방 사료 개발	2021 ~ 2021	• 세사미놀 배당체 또는 이를 포함하는 참깨 내지 들깨 추출물을 유효성분으로 하는 치매 예방 및 기능성 사료첨가제 개발 • 참기름 내지 들기름 가공 시 발생되는 부산물인 깻묵을 초음파 추출 기법을 이용하여 추출 후 다시 농축한 분말을 함유한 사료를 급여함으로써 치매 예방 효과를 증가시킬 수 있는 기능성 사료를 개발

4. 특허 동향

가. 특허동향 분석

(1) 연도별 출원동향

☐ 반려동물 식품/기능성 사료 기술의 지난 20년(2000년~2019년)간 출원동향[41]을 살펴보면 2000년부터 2002년까지 출원 건수가 증가한 이후 2003년부터 2008년까지 감소하는 경향을 보이다가, 2009년부터 2019년까지 증가 추세에 있음

☐ 국가별 출원비중을 살펴보면 일본이 전체의 38%의 출원 비중을 차지하고 있어, 최다출원국으로 반려동물 식품/기능성 사료 기술 분야를 주도하고 있는 것으로 나타났으며, 한국, 미국, 유럽의 점유율은 각각 30%, 19%, 13% 순으로 나타남

[연도별 출원동향]

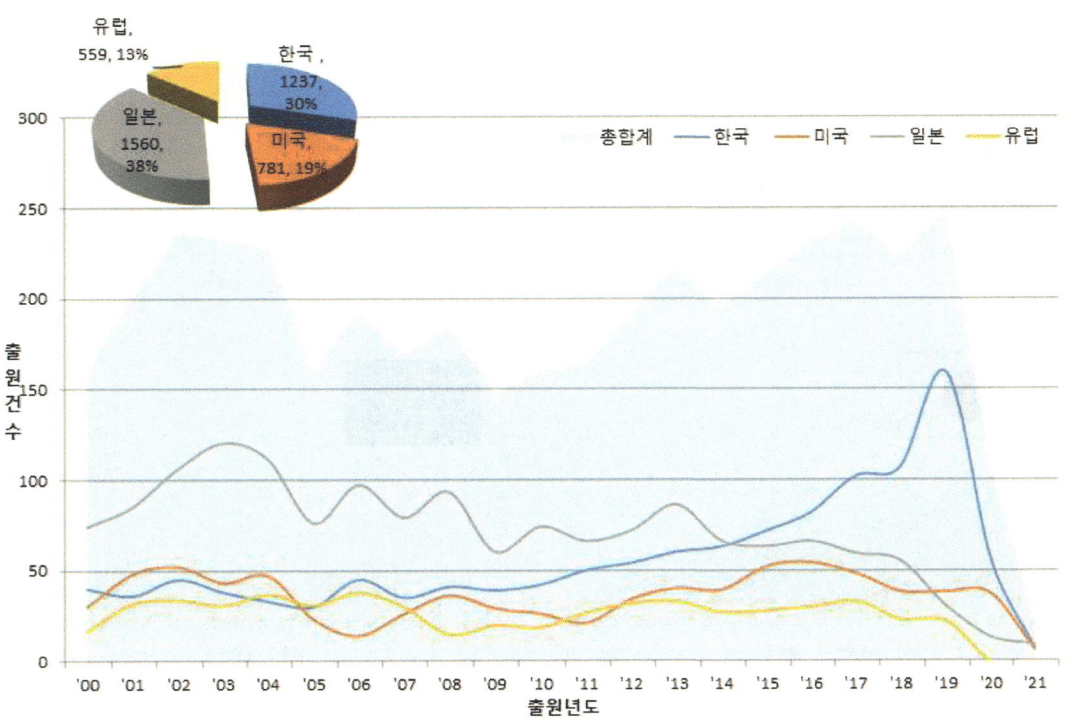

---

[41] 특허출원 후 1년 6개월이 경과하여야 공개되는 특허제도의 특성상 실제 출원이 이루어졌으나 아직 공개되지 않은 미공개데이터가 존재하여 2020, 2021년 데이터가 적게 나타나는 것에 대하여 유의해야 함

(2) 국가별 내·외국인 출원현황

☐ 한국의 경우, 내국인의 출원 비중이 더 높은 것으로 나타났으며, 2015년부터 2019년까지 내국인 출원이 급격히 증가함

☐ 미국의 경우, 내국인의 출원 비중이 더 높은 것으로 나타났으며, 내국인과 외국인에 의한 출원건수는 모두 대체로 일정하게 유지되고 있음

☐ 일본의 경우, 내국인의 출원 비중이 더 높은 것으로 나타났으며, 2000년대에는 내국인에 의한 출원이 더 우세했으나 2010년대에는 내국인과 외국인의 출원 비중이 유사함

☐ 유럽의 경우, 외국인(비유럽인)의 출원 비중이 더 높은 것으로 나타났으며, 내국인(유럽인)과 외국인(비유럽인)에 의한 출원건수는 모두 대체로 일정하게 유지되고 있음

[국가별 출원현황]

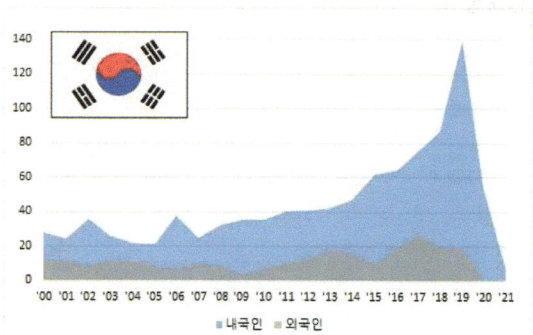
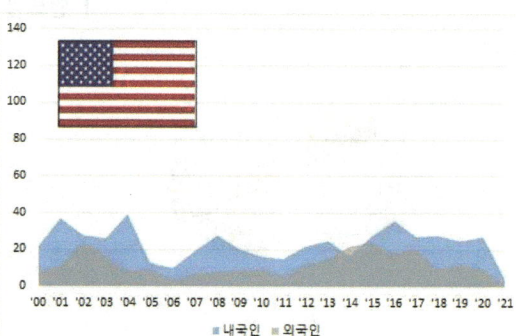
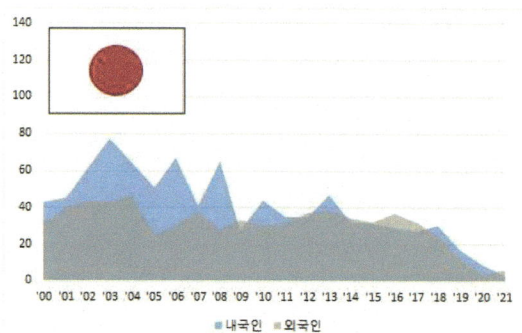
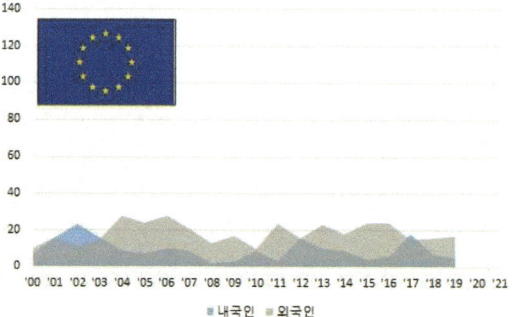

나. 주요 기술 키워드 분석

(1) 기술개발 동향 변화 분석

□ 반려동물 식품/기능성 사료 기술에 대한 구간별 기술 키워드 분석을 진행하였으며, 전체 분석구간에서 Pet Food, 동물사료, 가축용 사료, 사료 첨가제, 사료 성분, 애완동물, 동물 성장 등 사료 첨가제 및 반려동물과 관련된 키워드가 다수 도출됨

- 최근 분석구간에 대한 기술 키워드 분석 결과, 최근 1구간(2013년~2016년)에서는 Pet Food, 동물사료, 사료 첨가제, 사료 효율, 식물 소재, 체중 증가, 지방산 성분, 수분 함량 등의 키워드가 도출됨
- 최근 2구간(2017년~2021년)에서는 이차전지 상태, 제어회로 등 최근 1구간의 주요키워드와 유사한 키워드가 도출되었으며, 사료 첨가제, 고양이 사료, 애완동물 건강 등의 키워드의 비중이 1구간보다 높아짐

[특허 키워드 변화로 본 기술개발 동향 변화]

전체구간(2000년~2021년)

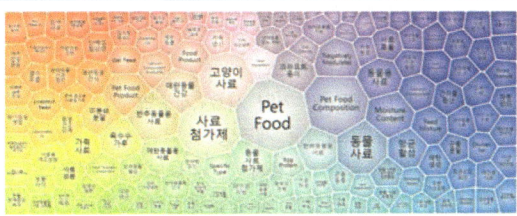

- Pet Food, 동물사료, 가축용 사료, 사료 첨가제, 사료 성분, 애완동물, 동물 성장, 애완동물 건강, 항균 활성, 사료 효율, 불포화지방산, 지방산 성분, Livestock Feed, 영양 밸런스, Gel Feed

최근구간(2013년~2021년)

1구간(2013년~2016년)	2구간(2017년~2021년)

- Pet Food, 동물 사료, 사료 첨가제, 사료 효율, 식물 소재, 체중 증가, 지방산 성분, 수분 함량
- Pet Food, Pet Food Composition, 동물 사료, 사료 첨가제, 고양이 사료, 애완동물 건강, 애완동물용 사료

전략제품 현황분석

(2) 기술-산업 현황 분석[42]

☐ 반려동물 식품/기능성 사료 기술에 대한 Subclass 기준 IPC 분류결과, 동물을 위해 특히 적합한 먹이(A23K)로 다수의 특허가 분류되는 것으로 조사됨

☐ KSIC 산업분류 결과, 다수의 특허가 배합 사료 제조업(C10801) 및 단미사료 및 기타 사료 제조업(C10802)로 분류되는 것으로 조사됨

[기술-산업 분류 분석]

IPC 특허분류별 출원건수

분류	건수
(A23K) 동물을 위해 특히 적합한 먹이	3,725
(A23L) 식품, 식료품, 또는 비알콜성음료; 그 조제 또는 처리	123
(A61K) 의약용, 치과용 또는 화장용 제제	47
(A01K) 축산; 조류 사육; 양봉; 어류 사육; 어업	5
(A01G) 원예; 채소, 화훼, 벼, 과수, 포도, 호프 또는 해초의 재배; 임업;	2

KSIC 산업분류별 출원건수

분류	건수
(C10801) 배합 사료 제조업	1,017
(C10802) 단미사료 및 기타 사료 제조업	656
(C21230) 동물용 의약품 제조업	384
(C20322) 생물 살균·살충제 및 식물보호제 제조업	89
(C21101) 의약용 화합물 및 항생물질 제조업	80

---

42) 해당제품 특허데이터를 대상으로 윕스 보유 기술·산업·시장 동향 분석 플랫폼 'Build' 활용

다. 주요 출원인 분석

☐ 반려동물 식품/기능성 사료 기술의 전체 주요출원인(Top 5)을 살펴보면, 미국, 유럽, 일본 출원인들이 분포하고 있음

- HILL'S PET NUTRITION은 개와 고양이 사료를 생산하는 미국 반려동물 사료 회사로, 반려동물용 다이어트식과 처방식에 관한 기술을 보유하고 있음

☐ 반려동물 식품/기능성 사료 설계기술 관련 국내 주요출원인으로 LG화학, 삼성SDI, 피토가 도출되었으며, LG화학과 삼성SDI의 경우 한국, 미국, 일본, 유럽에 모두 특허를 출원함

[주요출원인 동향]

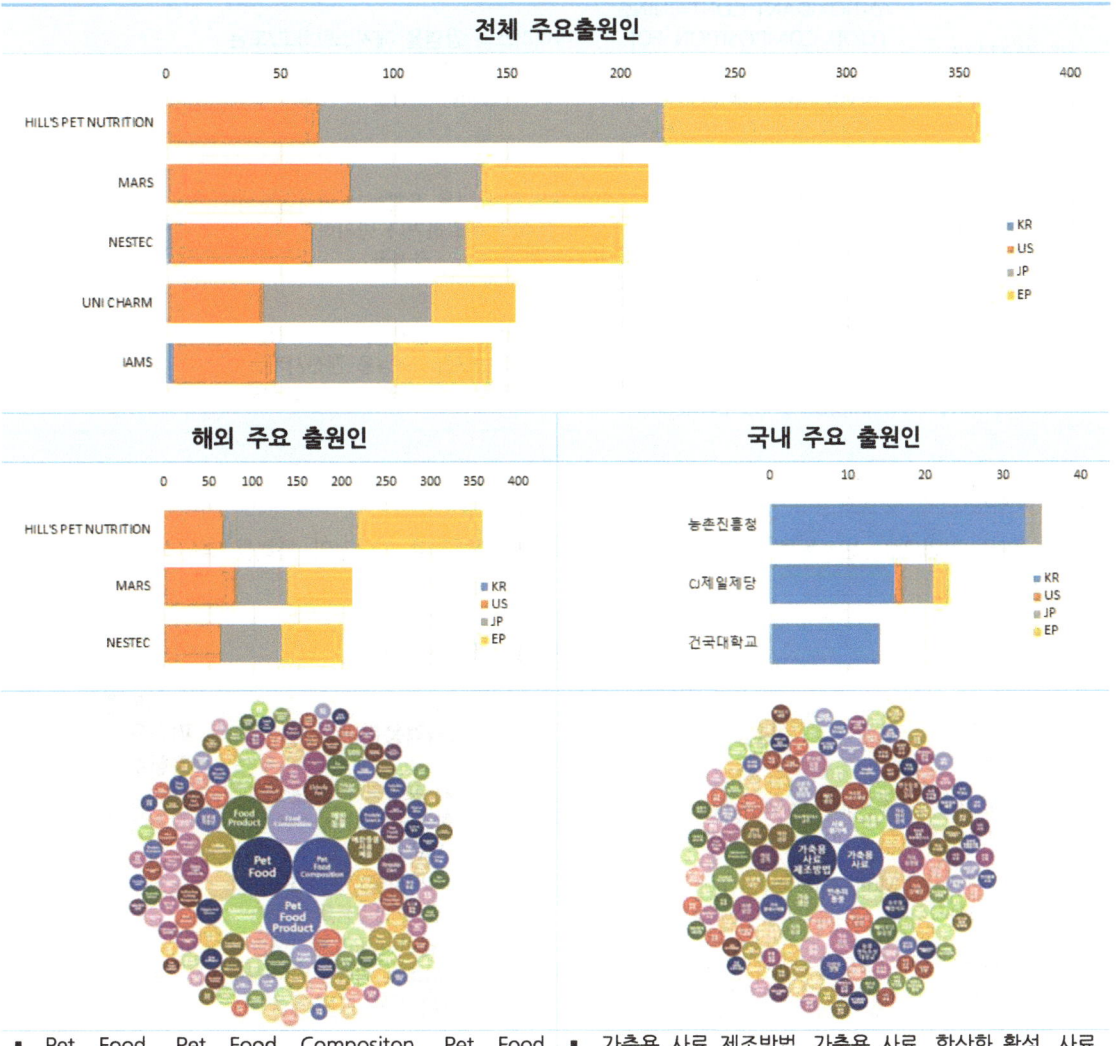

- Pet Food, Pet Food Compositon, Pet Food PRoduct, 애완동물 사료 제품, Food Product, Dry Matter Basis
- 가축용 사료 제조방법, 가축용 사료, 항산화 활성, 사료 첨가제, 락토바실러스 균주, 지방함량, 가축 섭취 기호도

(1) 해외 주요출원인 주요 특허 분석[43]

☐ HILL'S PET NUTRITION

- 미국 기업으로, 반려동물 식품/기능성 사료 기술과 관련하여 359건의 특허를 출원하고 있는 것으로 조사됨

[주요특허 리스트]

등록번호 (출원일)	명칭	기술적용분야	IP 경쟁력	
			피인용 문헌수	패밀리 국가수
US 8592479 (2008.12.16)	ANTIOXIDANT-CONTAINING FOOD COMPOSITION FOR USE IN ENHANCING ANTIVIRAL IMMUNITY IN COMPANION ANIMALS	바이러스의 감염을 레지스팅하고/또는 극복하기 위해 동반 동물의 능력을 강화하기 위한 조성물	10	14
US 8669282 (2008.12.30)	Companion animal compositions including lipoic acid and methods of use thereof	지방산과 염을 포함하는 반려동물의 장애를 치료하거나 방지하기 위한 조성물	38	14
US 8668922 (2008.10.06)	Combination of limited nutrients and enhanced dietary antioxidants to impart improved kidney health	비타민, 인, 단백질, 항산화제를 포함하는 신장 기능을 개선시키는 반려동물의 식품 및 치료용 조성물	4	12

☐ MARS

- 미국 기업으로, 반려동물 식품/기능성 사료 기술과 관련하여 212건의 특허를 출원하고 있는 것으로 조사됨

[주요특허 리스트]

등록번호 (출원일)	명칭	기술적용분야	IP 경쟁력	
			피인용 문헌수	패밀리 국가수
US 8029819 (2002.10.04)	Weight management system for obese animals	반려 동물에서 포괄적 중량 관리를 촉진하기 위한 다이어트 시스템 및 사료 제품	7	8
US 6827957 (2001.09.04)	Multicomponent per food or animal food	내부(연질) 및 외부(쉘) 구성 요소가 있는 이중 질감 반려동물 식품	36	17
US 6656512 (2001.12.27)	Pet food product with coconut endosperm fiber	장내 염증을 감소시키고 방지하는 효과가 있는 코코넛 씨젖 파이버를 포함하는 애완동물 사료 제품	3	17

---

43) 최근 출원특허 중, 등록특허를 기준으로 피인용문헌수 및 패밀리 국가수가 큰 특허를 주요특허로 도출

☐ NESTEC

- 스위스 기업으로, 반려동물 식품/기능성 사료 기술과 관련하여 201건의 특허를 출원하고 있는 것으로 조사됨

[주요특허 리스트]

등록번호 (출원일)	명칭	기술적용분야	IP 경쟁력	
			피인용 문헌수	패밀리 국가수
US 7722910 (2008.01.25)	Pet food composition containing semi-refined gelling agent	육류 및 육류 부산물에서 얻어지는 청크 및 투명 겔화 소스 또는 베이스를 포함하는 애완동물 식품 조성물	9	15
US 8034373 (2005.04.15)	Methods and compositions for reducing oxidative stress in an animal	동물의 산화 스트레스 감소 또는 예방을 위한 아스타잔틴 및/또는 비타민 E를 포함하는 유효량의 조성물	18	6
US 6692787 (2001.11.08)	Method of making a layered canned pet food	상부 표면에 형성된 원추형 오목부를 갖는 그레이비 내에 고체 사료 조각을 포함하는 애완동물 사료 통조림 및 이의 제조방법	7	16

(2) 국내 주요출원인 주요 특허 분석[44]

☐ 농촌진흥청

- 반려동물 식품/기능성 사료 기술과 관련하여 한국, 일본에 총 35건의 특허를 출원하고 있는 것으로 조사됨

[주요특허 리스트]

등록번호 (출원일)	명칭	기술적용분야	IP 경쟁력	
			피인용 문헌수	패밀리 국가수
JP 4908437 (2008.02.05)	비타민 C가 보호되는 반추동물 급여용 사료 첨가제, 이것 제조 방법 및 용도	비타민C 원료를 결합 코팅제로 1차 캡슐화한 1차 캡슐층과 캡슐층 표면을 극도 경화된 유지로 2차 캡슐화한 2차 캡슐층을 포함한 비타민 C가 보호되는 사료 첨가제	3	2
KR 10.0458008 (2002.12.02)	가축 생산성 향상 유산균	가축의 체내에서 생존 가능한 내산성과 내담즙성을 가지고 있으며, 효소분비력도 우수한 락토바실러스 크리스파투스 계산(Lactobacillus crispatus Gyesan) 균주	1	1
KR 10-2046071 (2017.11.14)	갈색거저리를 포함하는 식이 알러지 저감용 사료조성물 및 이의 용도	갈색거저리, 아마인, 콩기름 등을 포함하는 개 또는 고양이 사료용 알러지 저감용 사료 조성물	1	1

☐ CJ제일제당

- 반려동물 식품/기능성 사료 기술과 관련하여 한국, 미국, 일본, 유럽에 총 23건의 특허를 출원하고 있는 것으로 조사됨

[주요특허 리스트]

등록번호 (출원일)	명칭	기술적용분야	IP 경쟁력	
			피인용 문헌수	패밀리 국가수
KR 10-1873899 (2016.08.09)	락토바실러스 살리바리우스 CJLS1511, 상기 균 또는 이의 사균체를 포함하는 동물 사료 첨가제 조성물, 및 상기 사균체의 제조 방법	신규한 락토바실러스 살리바리우스 CJLS1511 균주를 배양하여 사균체를 분리하고, 부형제를 혼합하는 것을 포함하는 사료 첨가제의 제조방법	3	11
KR 10-0838200 (2006.01.10)	과립화에 의한 라이신 발효액을 주성분으로 하는 동물 사료 보충물 및 그 제조 방법	흡습성이 낮고 흐름성이 좋으며 겉보기 밀도가 높고 라이신 함량 조절이 가능한 과립 라이신 및 이를 포함하는 동물 사료 보충물을 생산하는 방법	4	8
KR 10-1052573 (2004.04.02)	균일한 함량을 갖는 과립형 동물 사료 첨가제를 제조하는 방법 및 그에 의하여 제조되는 과립형 동물 사료 첨가제	라이신 생산 균주를 배양하여 농축액을 얻는 단계를 포함하는 과립형 동물 사료 첨가제를 제조하는 방법	4	6

---

44) 최근 출원특허 중, 등록특허를 기준으로 피인용문헌수 및 패밀리 국가수가 큰 특허를 주요특허로 도출

□ 건국대학교

- 반려동물 식품/기능성 사료 기술과 관련하여 한국에 14건의 특허를 출원하고 있는 것으로 조사됨

[주요특허 리스트]

등록번호 (출원일)	명칭	기술적용분야	IP 경쟁력	
			피인용 문헌수	패밀리 국가수
KR 10-1559515 (2015.05.27)	기능성 사료 첨가제 조성물	글루코사민 하이드로클로라이드, 콘드로이틴 설페이트, 메틸 설포닐 메탄, 비타민 C, 비타민 E, 홍화씨, 강황, 톳, 엉겅퀴 및 오가피를 포함하는 동물용 기능성 사료 첨가제 조성물	7	1
KR 10-0867689 (2007.05.09)	기계 발골 계육을 이용한 애완동물용 발효소시지의 제조방법	닭고기를 부분육으로 가공하는 과정에서 발생하는 기계 발골 계육(mechanically deboned chicken meat; MDCM)을 이용한 애완동물용 발효 소시지의 제조방법	4	1
KR 10-1338319 (2011.05.30)	녹차 부산물의 추출물을 함유하는 인플루엔자 바이러스로 인한 동물 질환의 치료 및 예방용 조성물	녹차 부산물의 추출물을 함유하는 인플루엔자 바이러스로 인한 동물 질환의 예방 및 치료를 위한 조성물	2	1

라. 기술진입장벽 분석

(1) 기술 집중력 분석45)

☐ 반려동물 식품/기능성 사료 설계기술에 대한 시장관점의 기술독점 집중률 지수(CRn) 분석 결과, 상위 4개 기업의 시장점유율이 22로 독과점 정도가 높지 않은 것으로 분석됨

☐ 국내시장에 있어서 중소기업의 특허점유율은 60.79로, 반려동물 식품/기능성 사료 기술에서 중소기업의 점유율은 다소 높은 것으로 분석되었으나, 각 중소기업(개인) 출원인은 10건 미만의 소량의 특허를 출원하여 기술 장벽이 높지 않은 것으로 분석됨

[주요출원인 및 한국 중소기업 집중력 분석]

	주요출원인	출원건수	특허점유율	CRn	n
주요 출원인 집중력	HILL'S PET NUTRITION(미국)	359	8.7	9	
	MARS(미국)	212	5.1	14	
	NESTEC(스위스)	201	4.9	19	
	UNI CHARM(일본)	154	3.7	22	4
	IAMS(미국)	143	3.5	26	
	SPECIALITES PET FOOD(프랑스)	69	1.7	28	
	DSM IP ASSETS(네덜란드)	57	1.4	29	
	KAO(일본)	40	1.0	30	
	농촌진흥청(한국)	35	0.8	31	
	NIPPON PAPER INDUSTRIES(일본)	34	0.8	32	
	전체	4,137	100%	CR4=22	
	출원인 구분	출원건수	특허점유율	CRn	n
국내시장 중소기업 집중력	중소기업(개인)	752	60.8	60.79	중소기업
	대기업	21	1.7		
	연구기관/대학	208	16.8		
	기타(외국인)	256	20.7		
	전체	1,153	100%	CR중소기업=60.79	

---

45) 상위 몇 개 기업의 특허점유율을 합한 것으로, 특허동향조사에서는 통상 CR4를 사용하며, CRn값이 0에 가까울수록 시장 독과점 수준이 낮은 것을 의미하고, CR4 값이 40에서 60일 경우(CR1 지수는 50 이상일 경우, CR2 또는 CR3 지수는 75 이상일 경우) 시장의 독과점 수준이 높은 것으로 해석됨
CRn(집중률지수, Concentration Ratio n) = (1위 출원인의 특허점유율) + ... + (n위 출원인의 특허점유율)

(2) IP 경쟁력 분석[46]

☐ 반려동물 식품/기능성 사료 기술의 주요출원인들의 IP 경쟁력 분석결과, IAMS의 시장확보력 및 기술영향력이 가장 높은 것으로 분석됨
- IAMS : 시장확보력(PFS) 1.28, 영향력지수(PII) 1.35

☐ 종합적으로, 1사분면으로 도출된 IAMS, NESTEC, HILL'S PET NUTRITION, MARS의 특허가 시장확보력 및 질적 수준이 높은 특허, 특 기술적 파급력과 상업적 가치가 큰 것으로 해석됨

[주요출원인 IP 경쟁력 분석]

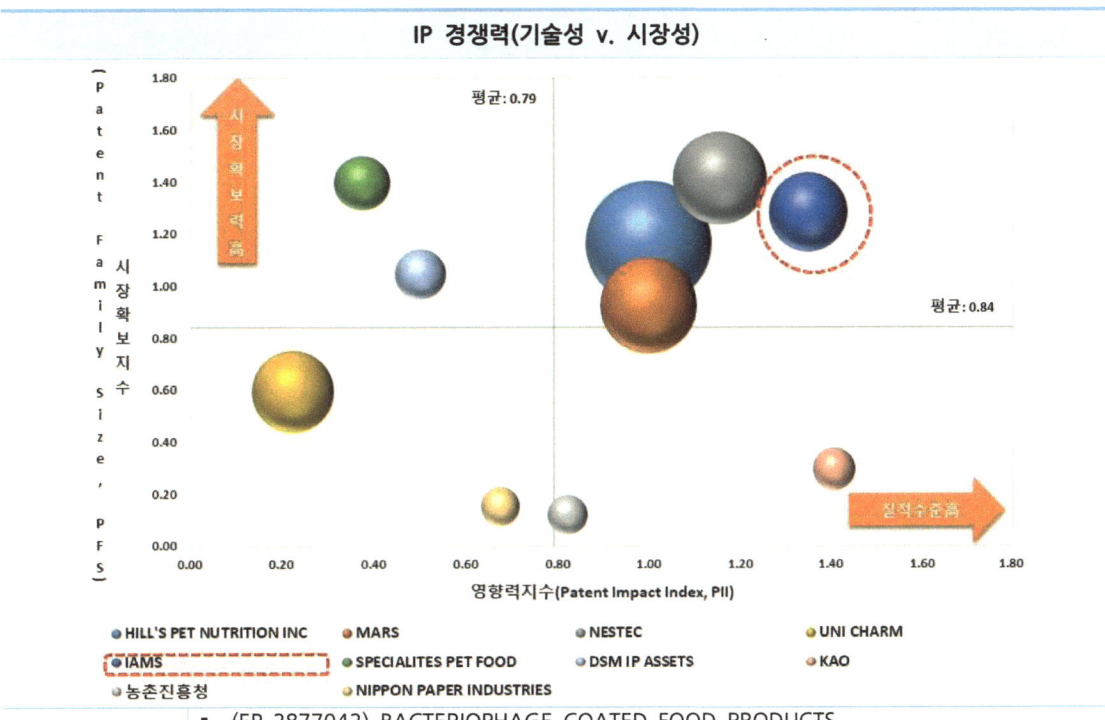

| IAMS | ▪ (EP 2877042) BACTERIOPHAGE COATED FOOD PRODUCTS
▪ (US 9149056) Compositions and methods relating to carotenoids
▪ (EP 2779838) PALATABLE PET FOODS AND METHODS FOR IMPROVING THE PALATABILITY OF PET FOODS |

* **영향력지수(Patent Impact Index, PII)**: 다른 경쟁주체의 기술수준이 고려된 특정한 주체의 '상대적인' 기술적 중요도 또는 혁신성과의 가치 정보가 포함된 기술수준으로, 특허의 피인용 횟수를 특정 기술분야 내에서의 상대적인 값으로 전환시킨 지수임
* **시장확보지수(Patent Family Size, PFS)**: 특정 주체가 특정 기술분야에서 소수의 특정 국가에서만 시장확보를 하고자 하는지 아니면 다수의 세계 주요 국가들에서 시장확보를 하고자 하는지에 대한 분석으로, PFS가 높은 특허는 그만큼 상업적 가치가 큰 기술에 대한 특허인 것으로 해석될 수 있으며, PFS가 높은 출원인은 세계 여러 국가에서 사업을 하고 있는 출원인인 것으로 해석될 수 있음(2020 공공 R&D 특허기술동향조사 가이드라인, 한국특허전략개발원)
* **버블크기** : 출원 특허 건 수 비례

---

46) PFS = 특정 주체의 평균 패밀리 국가 수 / 전체 평균 패밀리 국가 수
 PII = 특정 주체 보유특허의 피인용도[CPP] / 전체 유효특허의 피인용도

5. 요소기술 도출

가. 특허 기반 토픽 도출

☐ 4,137개의 특허의 내용을 분석하여 구성 성분이 유사한 것끼리 클러스터링을 시도하여 대표성이 있는 토픽을 도출

[반려동물 식품/기능성 사료 분야에 대한 토픽 클러스터링 결과]

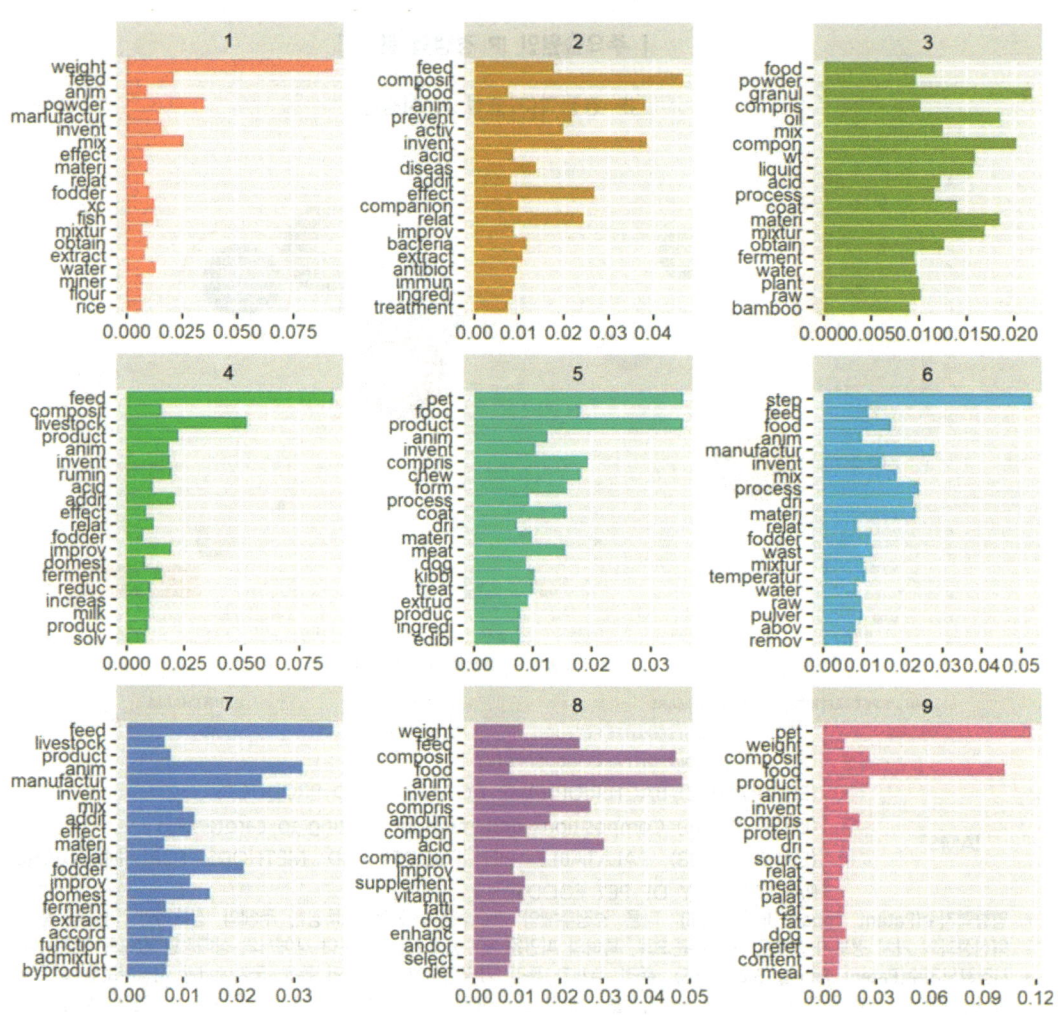

나. LDA[47] 클러스터링 기반 요소기술 도출

[LDA 클러스터링 기반 요소기술 키워드 도출]

No.	상위 키워드	대표적 관련 특허	요소기술 후보
클러스터 01	weight feed animal powder manufacture	• Functional feeds using Horseshoe chinensis, methods of breeding pigs using them, and pork obtained therefrom • Non-antibiotics-functional animal feeds based on Horseshoe chinensis and its production method • Feed for animal based of houttuynia cordata and manufacturing process thereof	식물 소재의 기능성 사료
클러스터 02	feed composit food animal prevent	• Pediococcus acidilactici WRL-1 and use of the same • Leoidin compound having anti-virulence activity and use thereof • Use of novel recombinant enzyme LysSAP26 killing pathogenic bacteria	항균/항바이러스제
클러스터 03	food powder granule compris oil	• LACTIC FERMENTATION BAMBOO SAP • LACTIC FERMENTED BAMBOO POWDER AND LACTIC FERMENTED BAMBOO LIQUID • SUBSTITUTE MILK COMPOSITION FOR YOUNG LIVESTOCK	젖산발효 관련 물질
클러스터 04	feed composit livestock product animal	• Feed additive composition for reducing methane gas produced by ruminant animals • Feed additive composition for reducing methane emission from ruminants comprising Allium fistulosum and tannic acid • Concentrated spent fermentation beer or saccharopolyspora erythraea activated by an enzyme mixture as a nutritional feed supplement	사료첨가제
클러스터 05	pet food product animal invent	• PET FOOD AND PROCESSES OF PRODUCING THE SAME • Pet food and processes of producing the same • Combination rawhide and formulated food pet chew	펫푸드 제조 과정
클러스터 06	step feed food animal manufacture	• an aparatus and method of pectin and flavonoids extract base material using in mandarin • Method and apparatus for producing foodstuffs and feeds • The apparatus and method for production of the pulverized fuel and dry livestock feed from the food waste	음식물로 제조한 사료

---

47) Latent Dirichlet Allocation

전략제품 현황분석

클러스터 07	feed livestock product animal manufactur	• The made way of antibiotics stock raising • The way of mulberry leaves stock raising • The vitamin feed way by edible rind	기능성 가축 사료
클러스터 08	weight feed composit food animal	• Methods and kits related to administration of a fructooligosaccharide • GEL BASED LIVESTOCK FEED, METHOD OF MANUFACTURE AND USE • CANINE HEALTH DIET	기능성 가축 사료
클러스터 09	pet weight composit food product	• WEIGHT REDUCTION AND MAINTENANCE METHOD FOR ANIMALS • MEAT PET FOOD PRODUCTS LACKING WHEAT GLUTEN • WET PET FOOD FORMULATED TO BE SERVED IN A FORM SELECTED BY THE PET OWNER	기능성 반려동물 사료

다. 특허 분류체계 기반 요소기술 도출

☐ 반려동물 식품/기능성 사료 관련 유효특허의 메인 IPC 분석을 통한 요소기술 후보 도출

[IPC 분류체계에 기반한 요소기술 도출]

IPC 기술트리		요소기술 후보
(서브클래스) 내용	(메인그룹) 내용	
(A23K) 동물을 위해 특히 적합한 먹이; 그것의 생산을 위해 특히 적합한 방법	(A23K-010/30)식물 기원의 물질로부터의 것, 예. 뿌리, 씨앗 또는 건초; 균류 기원의 물질로부터의 것, 예. 버섯류 (미생물학적 또는 생화학적 공정에 의해 얻어진 것, 예. 효모 또는 효소를 사용하는 것	식물유래 기능성 조성물
	(A23K-050/40) 육식 동물을 위한 것, 예. 고양이 또는 개	-
(A61K) 의약용, 치과용 또는 화장용 제제(특별한 물리적 형태로 하는 것 A61J; 공기탈취, 살균, 소독, 붕대, 드레싱, 흡수성 패드 또는 외과용품을 위한 재료의 화학적인 사항 또는 재료의 사용	(A61K-035/76) 바이러스; 바이러스분자, 살균바이러스	항바이러스 기능성 사료 조성물
	(A61K-035/741) 활생균(프로바이오틱스)	프로바이오틱스 기능성 사료 조성물

라. 최종 요소기술 도출

☐ 산업·시장 분석, 기술(특허)분석, 전문가 의견, 타부처 로드맵, 중소기업 기술수요를 바탕으로 로드맵 기획을 위하여 요소기술 도출

☐ 요소기술을 대상으로 전문가를 통해 기술의 범위, 요소기술 간 중복성 등을 조정·검토하여 최종 요소기술명 확정

[반려동물식품/기능성사료 분야 요소기술 도출]

분류	요소기술	출처
기능성 조성물 기반 반려동물 식품	프로바이오틱스 기능성 사료 조성물	전문가 추천, IPC 기술체계
	식물유래 기능성 조성물	특허 클러스터링, IPC 기술체계
	항바이러스 기능성 사료 조성물	특허 클러스터링, IPC 기술체계
	파보바이러스 예방 자견용 사료	전문가 추천
반려동물 식품 가공 및 포장	펫푸드 제조 과정	특허 클러스터링
	애견용 습식사료 안정성을 위한 포장용기 개발	전문가 추천
새로운 원료 기반 반려동물 식품	한방재료를 이용한 사료 첨가제 개발	전문가 추천
	잉여 수산물을 이용한 펫푸드 개발	전문가 추천

6. 전략제품 기술로드맵

가. 핵심기술 선정 절차

- [ ] 특허 분석을 통한 요소기술과 기술수요와 각종 문헌을 기반으로 한 요소기술, 전문가 추천 요소기술을 종합하여 요소기술을 도출한 후, 핵심기술 선정위원회의 평가과정 및 검토/보완을 거쳐 핵심기술 확정

- [ ] 핵심기술 선정 지표: 기술개발 시급성, 기술개발 파급성, 기술의 중요성 및 중소기업 적합성
    - 장기로드맵 전략제품의 경우, 기술개발 파급성 지표를 중장기 기술개발 파급성으로 대체

[핵심기술 선정 프로세스]

① 요소기술 도출	→	② 핵심기술 선정위원회 개최	→	③ 핵심기술 검토 및 보완	→	④ 핵심기술 확정
• 전략제품 현황 분석 • LDA 클러스터링 및 특허 IPC 분류체계 • 전문가 추천		• 전략분야별 핵심기술 선정위원의 평가를 종합하여 요소기술 중 핵심기술 선정		• 선정된 핵심기술에 대해서 중복성 검토 • 미흡한 전략제품에 대해서 핵심기술 보완		• 확정된 핵심기술을 대상으로 전략제품별 로드맵 구축 개시

나. 핵심기술 리스트

[반려동물 식품/기능성 사료 분야핵심기술]

핵심기술	개요
파보바이러스 예방 자견용 사료	• CPV-2종 바이러스에 대응 가능한 면역력 증가효과에 대한 Data 확보 • 용도에 맞는 예방(면역), 치료(탈수방지)에 맞춘 사료 영양성분 확보
애견용 습식사료 안정성을 위한 포장용기 개발	• 저장 안정성에 대한 신뢰성 시험(ALT test) Data 확보 • KFDA 기구 및 용기 포장공전에 의거한 기준 및 규격 확보
잉여 수산물을 이용한 펫푸드 개발	• 수산물에 대한 선호도가 높아지는 추세에서 펫푸드는 인간이 먹는 식품과 동급(Human grade)의 안전성을 요구하므로 안전성과 신뢰성 있는 표준 원료 성분비 확보 기술 및 제도화 • 반려동물용 어종에 대한 충분한 R&D 표준 Data 확보
한방재료를 이용한 사료 첨가제 개발	• 피부, 모질, 연령, 관절 등에 차별화된 한방원료 Data 및 실험결과 확보 • 반려동물별 기호성에 맞춘 한방첨가제의 Data 확보
프로바이오틱스 기능성 사료 조성물	• 반려동물에 효과가 우수한 장내 유산균주 확보(특허 또는 인증 확보) • 복합 유산균의 장내 미생물 변화 및 효능 검증(특정 기능성 Data 확보)

다. 중소기업 기술개발 전략

- ☐ 강력한 R&D 체제 하의 상품개발과 품질인증을 무기로 하고 있는 다국적 반려동물 식품회사에 대응할 수 있는 국내 식재료를 이용한 펫푸드 시장으로의 진출도모
- ☐ 중소기업벤처부, 해양수산부, 농림축산부, KFDA 등의 적극적 지원을 받을 수 있는 반려동물 식품가공 기술 개발 및 기능성 식품개발
- ☐ 국내 수산물, 한방, 건강식품 재료 산업과도 밀접한 관계가 있으므로 적극적인 정부와 업계 간 협업지원

라. 기술개발 로드맵

(1) 중기 기술개발 로드맵

[반려동물 식품/기능성 사료 기술개발 로드맵]

반려동물 식품/기능성 사료	국내 식재료를 활용한 반려동물 식품 가공기술 개발 및 기능성 사료 개발			
	2022년	2023년	2024년	최종 목표
파보바이러스 예방 자견용 사료	━━▶			대조군(백신) 대비 시험군의 향상 Data확보
애견용 습식사료 안정성을 위한 포장용기 개발	━━━━━▶			기존제품 대비 안정성 향상 Data확보
잉여 수산물을 이용한 펫푸드 개발	━━━━━▶			최적의 표준 원료성분 기술 및 표시 제도화
한방재료를 이용한 사료 첨가제 개발	━━▶			차별화된 한방원료 Data 및 실험결과 확보와 시제품
프로바이오틱스 기능성 사료 조성물	━━▶			반려동물 별 특정 기능성 Data 확보 및 시제품

(2) 기술개발 목표

☐ 최종 중소기업 기술로드맵은 기술/시장 니즈, 연차별 개발계획, 최종목표 등을 제시함으로써 중소기업의 기술개발 방향성을 제시

[반려동물 식품/기능성 사료 분야 핵심기술 연구목표]

핵심기술	기술요구사항	연차별 개발목표			최종목표	연계R&D 유형
		1차년도	2차년도	3차년도		
파보바이러스 예방 자견용 사료	예방백신 대비 효과 검증	백신대비 50~70% ↑	백신대비 동등 또는 ↑	-	대조군(백신) 대비 시험군의 향상 Data확보	창업성장
애견용 습식사료 안정성을 위한 포장용기 개발	기존제품 대비 안정성 (ALT: Accelerated Life Test)	20% 향상	50% 향상	80% 향상	기존제품 대비 안정성 향상 Data확보	상용화
잉여 수산물을 이용한 펫푸드 개발	반려동물별 표준 원료 성분비 확보	어종별 영양성분 분석	수산물을 이용한 반려동물 식품 가공기술 개발	시제품 생산	최적의 표준 원료성분 기술 및 표시 제도화	상용화
한방재료를 이용한 사료 첨가제 개발	반려동물 적용 용도에 맞춘 한방 사료첨가제 Data 확보	전 연령별 기호성 분석 및 적용성 Data	특정 기능성 효과 분석 Data 확보	-	차별화된 한방원료 Data 및 실험결과 확보와 시제품	창업성장
프로바이오틱스 기능성 사료 조성물	반려동물별로 효과가 우수한 장내 유산균주 확보	장내 유산균주 확보(특허 또는 인증 확보)	장내 미생물 변화 및 효능 검증(특정 기능성 Data 확보)	-	반려동물 별 특정 기능성 Data 확보 및 시제품	선도협력

| 중소기업 전략기술로드맵 2022-2024 |

기능성 식품

초판 인쇄 2022년 05월 20일
초판 발행 2022년 06월 03일

저 자 중소벤처기업부, 중소기업기술정보진흥원
발행인 김갑용

발행처 진한엠앤비
주소 서울시 서대문구 독립문로 14길 66 205호(냉천동 260)
전화 02) 364 - 8491(대) / 팩스 02) 319 - 3537
홈페이지주소 http://www.jinhanbook.co.kr
등록번호 제25100-2016-000019호 (등록일자 : 1993년 05월 25일)
ⓒ2022 jinhan M&B INC, Printed in Korea

ISBN 979-11-290-2983-6 (93560)   [정가 27,000원]

☞ 이 책에 담긴 내용의 무단 전재 및 복제 행위를 금합니다.
☞ 잘못 만들어진 책자는 구입처에서 교환해 드립니다.
☞ 본 도서는 [공공데이터 제공 및 이용 활성화에 관한 법률]을 근거로 출판되었습니다.